本书是国家社科基金一般项目"创新与监管博弈视野下我国P2P网络借贷平台公司的法律规制"(批准号：14BFX174，已结项）的研究成果。

创新与监管博弈视野下
我国P2P网贷平台公司的法律规制

CHUANGXIN YU JIANGUAN BOYI SHIYE XIA
WOGUO P2P WANGDAI PINGTAI GONGSI DE FALÜ GUIZHI

赵 玲 ◎著

中国政法大学出版社

2020·北京

声　　明　　1. 版权所有，侵权必究。

　　　　　　2. 如有缺页、倒装问题，由出版社负责退换。

图书在版编目（CIP）数据

创新与监管博弈视野下我国P2P网贷平台公司的法律规制/赵玲著.—北京：中国政法大学出版社，2020.11
ISBN 978-7-5620-9712-9

Ⅰ.①创… Ⅱ.①赵… Ⅲ.①互联网络－应用－借贷－法律－研究－中国 Ⅳ.①D923.64

中国版本图书馆CIP数据核字（2020）第217788号

出　版　者	中国政法大学出版社
地　　　址	北京市海淀区西土城路25号
邮寄地址	北京100088信箱8034分箱　邮编100088
网　　　址	http://www.cuplpress.com（网络实名：中国政法大学出版社）
电　　　话	010-58908285(总编室) 58908433（编辑部）58908334(邮购部)
承　　印	北京鑫海金澳胶印有限公司
开　　本	720mm×960mm　1/16
印　　张	14.5
字　　数	240千字
版　　次	2020年11月第1版
印　　次	2020年11月第1次印刷
定　　价	59.00元

目录

导　言 …………………………………………………………… 001

第一部分　研究概述

一、研究背景和意义 …………………………………………… 007
二、文献综述 …………………………………………………… 012
三、研究重点与研究难点 ……………………………………… 026
四、主要观点和创新之处 ……………………………………… 036
五、研究思路与研究方法 ……………………………………… 042

第二部分　P2P 网络借贷平台公司的法律规制

第一章　P2P 网贷平台及其金融监管 …………………………… 047
　一、域外 P2P 网贷平台及其金融监管 ……………………… 047
　二、我国 P2P 网贷平台的运营模式 ………………………… 052
　三、我国 P2P 网贷的金融监管 ……………………………… 054

第二章　纯线上模式 P2P 网络借贷平台居间业务法律规制 …… 059
　一、我国纯线上模式 P2P 网贷平台的业务模式及所涉法律关系 ……… 060
　二、我国纯线上模式 P2P 网贷平台居间业务实践中的问题 ……… 063
　三、我国纯线上模式 P2P 网贷平台居间业务法律规制的完善 ……… 065

四、结语 ……………………………………………………… 069

第三章　我国债权让与模式 P2P 网贷平台的法律规制 ……… 071
　　一、我国 P2P 网贷的债权让与模式 ……………………… 071
　　二、债权让与模式所涉法律关系 ………………………… 074
　　三、专业放贷人模式债权转让的问题 …………………… 076

第四章　P2P 网贷资金存管的模式、不足及完善 …………… 079
　　一、P2P 网贷资金存管的法律文件 ……………………… 079
　　二、我国 P2P 网贷资金的存管模式及评价 ……………… 081
　　三、P2P 网贷资金管理的域外立法、实践及启示 ……… 085
　　四、完善我国 P2P 网贷资金存管的法律建议 …………… 087
　　五、结语 ……………………………………………………… 089

第五章　P2P 网络借贷担保模式的问题及法律对策 ………… 090
　　一、P2P 网贷担保模式概述 ………………………………… 090
　　二、我国 P2P 网贷担保的模式及评析 …………………… 091
　　三、P2P 网贷担保模式所涉法律关系及解析 …………… 096
　　四、我国 P2P 网贷担保的实践问题及解决 ……………… 098
　　五、结语 ……………………………………………………… 102

第六章　P2P 网贷保证保险实践中的典型问题及解决对策 … 103
　　一、P2P 网贷保证保险的法律文件 ……………………… 103
　　二、保证保险在我国 P2P 网贷保险实践中的地位及评价 … 104
　　三、我国 P2P 网贷保证保险的涵义、法律属性及所涉法律关系 …… 106
　　四、我国 P2P 网贷保证保险实践中的问题及解决 ……… 108
　　五、结语 ……………………………………………………… 113

第七章　P2P 网络借贷个人征信制度的问题及对策研究 …… 114
　　一、P2P 网贷个人征信的立法现状 ……………………… 114
　　二、我国 P2P 网贷个人征信的涵义与特质 ……………… 116

三、我国 P2P 网贷个人征信模式及评价 ………………………… 118
四、我国 P2P 网贷个人征信制度的缺欠及对策 …………………… 122
五、结语 ……………………………………………………………… 125

第八章　P2P 网贷债权人的法律保护 …………………………… 127
一、P2P 网贷"出借人""债权人"的界定 ……………………… 127
二、合同视角下 P2P 网贷债权人利益受损情况分析 …………… 129
三、P2P 网贷债权人保护法律制度的完善对策 ………………… 133
四、结语 ……………………………………………………………… 136

第九章　P2P 网贷税收法律制度 ………………………………… 137
一、我国 P2P 网贷平台的法律性质与税法规制 ………………… 137
二、P2P 网贷税收法律制度的域外经验 ………………………… 140
三、电子商务域外立法趋势及其启示 …………………………… 142
四、建立促进我国 P2P 网贷发展的税收法律制度 ……………… 144
五、结语 ……………………………………………………………… 146

第十章　P2P 网贷平台退出时网贷债权人利益的法律保护 …… 147
一、P2P 网贷机构退出的法律文件 ……………………………… 147
二、P2P 网贷平台退出的涵义 …………………………………… 148
三、P2P 网贷平台退出程序及所涉主体 ………………………… 150
四、我国 P2P 网贷平台退出相关文件的梳理与评析 …………… 152
五、P2P 网贷平台退出网贷债权人的法律保护 ………………… 154
六、结语 ……………………………………………………………… 159

第三部分　互联网金融平台专题研究

第一章　互联网商业保理平台实践中的问题及对策 …………… 163
一、商业保理的诞生、发展与现状 ……………………………… 163
二、我国互联网商业保理的涵义与性质 ………………………… 164

三、我国互联网商业保理平台的类型及运营模式 …………… 167
四、我国互联网商业保理平台实践中的问题及对策 …………… 169
五、结语 …………………………………………………………… 174

第二章 我国"互联网非公开股权融资"平台的法律监管 ………… 175
一、股权众筹的诞生与发展 ……………………………………… 175
二、股权众筹的涵义 ……………………………………………… 177
三、我国对"股权众筹"的本土化界定及股权众筹所涉法律关系 …… 179
四、我国"互联网非公开股权融资"实践中的问题与监管之不足 …… 180
五、完善"互联网非公开股权融资"监管的对策 ……………… 184
六、结语 …………………………………………………………… 189

第三章 第三方支付平台的法律规制及其完善建议 ……………… 191
一、第三方支付平台的监管法律文件 …………………………… 191
二、第三方支付平台的涵义、模式与所涉法律关系 …………… 192
三、我国对第三方支付平台及其支付行为的法律规制及评价 …… 194
四、完善我国第三方支付平台法律规制的建议 ………………… 200

第四部分 互联网金融其他问题之网络虚拟货币的法律属性及其保护

一、研究背景 ……………………………………………………… 211
二、虚拟货币的界定及法律属性 ………………………………… 212
三、我国虚拟货币实践中的突出问题及对策 …………………… 216
四、结论 …………………………………………………………… 220

参考文献 ………………………………………………………… 221
一、中文参考文献 ………………………………………………… 221
二、英文参考文献 ………………………………………………… 223

后　记 …………………………………………………………… 226

导　言

　　P2P 网贷平台从诞生到发展，再到整改之下的日趋规范，在其长达十余年的发展历程中问题频发，甚至出现非法集资、平台投资人跑路等极端问题。但是，统计数字显示 P2P 网贷成交金额依然高企，反映出 P2P 网贷仍具有强大的生命力。与传统银行贷款、私募或者公募股权融资不同，P2P 网贷业务准入门槛非常低。就银行贷款而言，银行发放贷款之前需要对贷款人资质、信用等进行严格审查。就私募股权融资而言，法律也对发起人资质与投资人资质进行严格限定，如果是公募股权融资，还需要证监会核准。此外，P2P 网贷一般是无担保信用贷款，与传统银行担保贷款存在很大区别。这种准入的低门槛，尽管能使众多中小企业、出借人参与其中，从而践行了普惠金融的理念，但低门槛也意味着高风险。

　　P2P 网贷的出现代表了金融创新，创新往往意味着监管的暂时不足。长时间内我国并未对 P2P 网贷进行及时监管。不过，随着一系列监管文件的密集出台，这种监管缺失的局面已得到根本扭转。监管部门对 P2P 网贷平台，从性质、备案、资金存管等方面进行全方位监管。自 2019 年以来，湖南、山东、重庆、河南、四川、河北、云南、甘肃、山西、大连在内的十个省市发布公告称，辖区内没有一家机构完全合规并通过验收，并宣布取缔辖区内所有网贷平台。[1]但是，这是否意味着 P2P 网贷平台会全部消失？从法律文件的表述来看，符合条件的 P2P 网贷平台持牌经营，不符合条件的则予以清退。因此，未来在市场上可能只会存在为数不多的几家 P2P 网贷平台。在互联网

---

[1] 参见钱箐旎："未来，P2P 网贷平台会全部消失吗"，载 https://baijiahao.baidu.com/s?id=1658956884795968815&wfr=spider&for=pc，最后访问日期：2020 年 3 月 19 日。

技术的支持下，即使只有几家 P2P 网贷平台，也足以满足市场借贷双方的需求。这也为英美法系国家的实践所证明。

监管是对实践中出现的创新及其衍生问题作出的反应。这种反应有可能是被动的，也可能是主动的；有可能是强式的，也可能是弱式的；有可能是高效的，也可能是低效的。如果彻底否认 P2P 网贷平台存在的合理性与合法性，是对市场需求的漠视，也是对市场主体投入成本的漠视，更是对立法资源的浪费。未来的做法应当是严格设定监管标准，如股东资格、市场准入、风险准备金等。

作为连接借贷双方的 P2P 网贷平台，尽管其性质上属于信息中介，但是其毕竟属于资金流通的最关键环节，如果存在伪造标的、挪用、侵占等，必然会对社会公众和经济秩序造成极大的负面影响。事实上，如果市场上的 P2P 网贷平台非常稳健，即使数量不多，也不会影响借贷双方借贷需求的实现，因为互联网的跨地域性使得一国之内即使只有几家 P2P 网贷平台也可以满足市场大众的普遍需求。这也为美国 P2P 网贷严格监管导致市场上只有两家最大的网贷平台 Prosper 和 Lending Club 所证明。因此，应当提高 P2P 网贷平台的准入门槛，如平台投资人资质、平台资本金，并完善平台退出机制。事实上，对 P2P 网贷平台资质进行严格限定，也是从核心环节对 P2P 网贷业务风险进行控制，成本低而收益大。

对于以 P2P 网贷平台为核心所展开的网贷业务而言，监管的核心问题是如何防范、避免 P2P 网贷风险，而其中最核心的问题就是如何保障网贷债权人的债权能够得到及时、足额的受偿。如何保障债权人利益是贯穿 P2P 网贷监管始终的切入点，很多监管制度都围绕这一切入点展开。P2P 网贷平台作为信息中介而不是信用中介，不能提供增信服务，不能为网贷业务提供担保，从而保障了平台的安全性，不至于因平台履行担保义务而使自身牵涉债务之中。但是，监管文件在不允许平台提供担保的同时，也不允许风险准备金模式的继续存在，则有些管制过度。风险准备金模式风险不突出，且国外也有成熟操作经验。它作为保障债权人利益的一种担保模式，可以考虑放开。对于 P2P 网贷资金，监管文件明确规定网贷资金应当存管在商业银行，从而剥夺了第三方支付机构的存管资格。对此，应当在一定条件下放开"点对点模式"第三方支付机构存管业务。此外，作为保障债权人利益的商业保险，在很大程度上取决于市场主体的自由选择。保险公司从自身利益出发决定是否提供保险、提供何种保险，以及如何设定保险费率等。在商业保险中，最能体现 P2P 网贷特质的是履约保险和信用保险。尽管这两种保险模式在实践中已经展开，但并不普及。如果将其作为保障债权人利益的重要方式，关键是要确保 P2P 网贷平台的素质以及借款人的信用。因此，这几乎是一个闭合式循环。在平台和借款人信用高的情况下，保险公司提供商业保险就不会存在任何障碍，反而会成为其稳定的保险费来源。反之，保险公司基于自身风险控制在很大可能上会拒绝提供。因此，保险公司提供保险保障债权人利益，很大程度上是 P2P 网贷在相对成熟、风险可控的条件下所采取的更高层级的对债权人的保障。

上述监管措施实际上是从一种硬性约束角度进行的规制，而最能够防范借贷风险的应当是一种软性约束，即信用约束。尽管何为信用在很大程度上是一种主观判断，但是这种主观判断可以通过客观标准加以衡量。从信用角度对借款人进行把控，能够有效地从源头对 P2P 网贷风险进行防范。鉴于在 P2P 网贷中，个人借款人明显较多，但个人信用体制较之于企业信用体制更为复杂且不够完善，因此对 P2P 网贷中个人信用的把控极为关键。当然，在我国个人信用体制建设的过程中，还应切实把握个人信息权与个人隐私权之间的关系。从理论研究的角度来看，这实际上反映了两种立法理念，一个是社会利益，一个是个人利益。如果从社会利益出发，可以要求法律体现社会本位，将构建完整、健全的个人征信制度置于首位；如果从个人利益出发，则主张个人权利得到根本尊重。从立法者角度而言，则是根据实践需求，在两种不同的价值取向中进行权衡，从而对法律制度进行有选择的设计。

本书以我国 P2P 网贷平台为研究对象，探讨 P2P 网贷平台及网贷行为的法律规制。从平台准入监管，到平台居间行为监管，再到平台退出监管，从而形成系统化的研究架构。

就平台准入而言，探讨了作为纯线上模式 P2P 网贷平台准入标准过低等问题，提出应当强化平台准入要求；就居间行为而言，探讨了平台居中撮合交易的过程中所可能出现的信息不对称、平台侵害出借人利益、借款人侵害出借人利益、出借人资金来源合法性难以考察等问题，进而从资金存管、担保、保险、个人征信等方面提出对策。就平台退出而言，提出在现行监管文件下，除合规经营的 P2P 网贷平台能够得以存续外，其他平台能退尽退，并针对平台退出过程中的债权人保护提出建议。贯穿于平台准入、行为与退出始终的则是对出借人利益的保护，这关系到整个P2P网贷行业能否健康发展，研究重点从P2P网贷平台居中撮合网贷合同，一直到合同履行、救济全流程中的网贷债权人保护。

除上述从市场层面对P2P网贷平台从准入、行为与退出整个过程进行有针对性的研究之外，还从政府层面，探讨宏观视角下P2P网贷所涉税收问题，并指出应在不加新税的基础上适当给予税收优惠待遇等。

除上述针对P2P网贷平台进行微观及宏观层面的考察之外，还关注与P2P网贷平台密切相关的互联网股权众筹平台（公开与非公开）、互联网保理平台，以及第三方支付平台，寻找其共性与个性，对互联网金融平台法律规制的完善提出建议。

第一部分

研究概述

第一部分 研究概述

一、研究背景和意义

（一）研究背景

1. 我国 P2P 网贷行业的发展与现状

21世纪以来，传统金融行业紧紧抓住互联网与大数据技术迅猛发展的时代脉搏，造就了"互联网金融"这一崭新金融业态。与传统金融相比，互联网金融在满足客户群体个性化需求、高效率融资、融资覆盖面广等方面显示出天然优势。P2P 网络借贷（以下简称 P2P 网贷）作为与互联网、小额信贷等密切相关的创新型金融模式近年来获得空前发展。P2P 网贷作为践行"普惠金融"的金融创新模式，与长期存在的作为传统融资模式的直接融资与间接融资存在较大差异，在满足中小企业与个人的融资需求的前提下，在一定程度上改变了金融的价值取向与实现路径。

自"拍拍贷"于2007年在上海成立以来，我国 P2P 网贷平台的数量呈爆发式增长。截至2018年12月月底，平台数量已经累计高达6430家，然后在这一惊人的平台数量背后的却是：停业及问题平台高达5409家，正常运营的平台只有1021家。2018年，P2P 网贷行业当年成交量达17 948.01亿元，累积成交量则接连突破7万亿和8万亿元两道大关（见下图）。截至2018年12月，就 P2P 网贷行业贷款余额而言，排名前100的网贷平台的贷款余额占全行业贷款余额的比例为87.94%。[1]这反映出大型平台有着更强的信用度，能够更有力地吸引借贷双方。

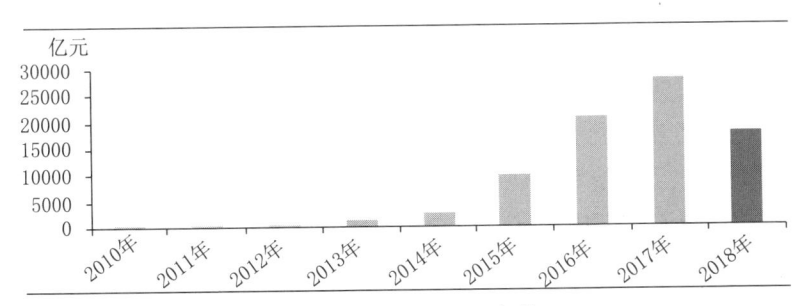

各年 P2P 网贷成交量走势

---

[1] 参见"2018 中国网络借贷行业年报"，载 https://www.wdzj.com/zhuanti/2018report/，最后访问日期：2019年4月15日。

截至 2019 年 6 月月底，P2P 网贷行业正常运营平台数量下降至 864 家，较 5 月月底减少 26 家；正常运营平台的贷款余额为 6871.2 亿元，环比下降 1.87%。[1] 截至 2019 年 9 月月底，6309 家网贷平台只余 621 家。这意味着 90%的平台都已经死亡，而现存平台数量还会继续下降。[2]

就上述统计数字而言，P2P 网贷平台数量的减少反映出我国日趋严格的行业监管所带来的市场挤出效应，除一部分严格合规经营的平台外，大多数平台都面临业务转型，或者退出市场的结局。未来网贷市场上将仅仅存在为数不多的几家大型 P2P 网贷平台，而这也足以满足市场各方的投融资需求，因为互联网的跨地域性能够使为数不多的几家平台就可以满足整个市场的需求。统计数字显示出贷款余额下降，其原因则是复杂的。在宏观经济走势总体趋缓的大背景下，P2P 网贷依然能够达到上述金额的成交量，也反映出了市场上仍有强劲的需求。金额的下降从侧面也反映出了一些现实问题，如监管部门要求"压缩规模"、近一年几家大型网贷平台出现问题，还有一些平台暂停发标等。可以说，市场需求仍然是显著的，但是在监管要求压缩规模的情况下，成交量不如以往也是情理之中的。

2. 我国 P2P 网贷的监管历程

P2P 网贷自在我国诞生之日起，就表现出了强大的生命力和创造力。为使其更好地服务于中小企业、服务于社会经济发展，我国政府从一开始就采取了支持和鼓励态度。2015 年 3 月 5 日，国务院总理李克强在《政府工作报告》中首次提出"互联网+"计划，表明了我国政府对互联网金融的期望和关注。同年 4 月 27 日，国务院发布《关于进一步做好新形势下就业创业工作的意见》，提出要积极规范并发展互联网金融，使之成为"大众创业"的助推；同年 7 月 1 日发布《关于积极推进"互联网+"行动的指导意见》，该意见十五次使用"互联网金融"关键词。上述文件肯定了互联网金融的价值，对 P2P 网贷采取了支持和鼓励态度，但总体上规定得较为原则。

由于存在强大的市场需求，加之长期缺乏有效监管，P2P 网贷平台经历了长时间的野蛮生长。P2P 网贷平台准入标准低，业务不规范，加之其线上

---

[1] 参见"P2P 网贷行业 2019 年 6 月月报"，载 https://www.wdzj.com/news/yc/4594718.html，最后访问日期：2019 年 10 月 5 日。

[2] 参见冉学东、徐晓梅："P2P 网贷的出路：转型是引导，退出是消亡"，载《华夏时报》2019 年 10 月 23 日。

属性使得传统民间借贷所具有的无担保、借款人信用度不高、取证困难等问题在网络环境下被不断放大。大规模的债务人违约、投资人"跑路",以及平台"倒闭"事件,将这个曾经被誉为"金融创新"、"普惠金融"的 P2P 网贷置于风口浪尖。这些问题促使监管部门密集颁布一系列监管文件,在肯定 P2P 网贷价值的前提下,对其进行有效监管。2015 年 7 月 14 日,中国人民银行等十部门发布了《关于促进互联网金融健康发展的指导意见》(以下简称《指导意见》),该文件被视为互联网金融的"基本法",使得长期缺乏监管的 P2P 网贷行业告别"无监管时代"。在《指导意见》中,"网络借贷"出现十一次,"支持"出现十六次,"鼓励"出现十七次。同年 9 月 23 日,国务院发布《关于加快构建大众创业万众创新支撑平台的指导意见》,鼓励互联网企业设立合规经营的 P2P 网贷平台。同年 10 月 29 日,中共中央《关于制定国民经济和社会发展第十三个五年规划的建议》提出应规范互联网金融的发展。

2016 年 8 月 17 日,银监会、工信部、公安部和网信办联合发布的《网络借贷信息中介机构业务活动管理暂行办法》(以下简称《暂行办法》)规定"网络借贷是指个体和个体之间通过互联网平台实现的直接借贷"、"网络借贷信息中介机构……不得直接或间接归集资金,不得非法集资,不得损害国家利益和社会公共利益"。据此,P2P 网贷平台自担保模式被认为非法,平台"去担保化"迅速推进。债权让与模式则因可能涉及非法集资、资金池等问题也存在高度可质疑性。质言之,只有作为纯中介的 P2P 网贷平台才具有合法性基础。尽管作为纯中介的 P2P 网贷平台运作模式相对单纯,但由于牵涉资金流动并融入互联网因素,也极易出现债务人信用确认难、债务人违约取证难等问题,甚至出现平台投资人跑路等极端情况,对 P2P 网贷平台进行全方位、重点监管极迫在眉睫。2016 年 4 月,银监会等十五部门联合发布《P2P 网络借贷风险专项整治工作实施方案》(以下简称《P2P 风险整治方案》)将 P2P 网贷机构划分为合规类、整改类、取缔类三大类,制定差别化措施进行分类处置。

为进一步规范 P2P 网贷平台及网贷行业,切实保障出借人合法权益,2016 年 10 月 28 日,银监会、工信部、工商总局三部门联合发布《网络借贷信息中介机构备案登记管理指引》(以下简称《备案登记管理指引》)。《备案登记管理指引》对新设机构的备案登记申请规定了详细流程。具体而言,发起人办理工商登记并获颁营业执照,向电信行业主管部门申请 ICP 许可文件，获批后再到工商部门申请增列经营项目，然后向地方金融监管部门申请备案，地方金融监管部门办理备案登记后网贷机构就可以开展网贷业务了。2017年，监管部门陆续发布一系列针对P2P网贷平台和网贷业务的重磅监管文件。其中，最重要的两部监管文件分别是2月22日发布的《网络借贷资金存管业务指引》（以下简称《存管业务指引》）和8月23日发布的《网络借贷信息中介机构业务活动信息披露指引》（以下简称《信息披露指引》）。《存管业务指引》第8条规定，网贷机构作为委托人，委托存管人开展网贷资金存管业务，应符合《暂行办法》及《备案登记管理指引》的有关规定。《暂行办法》与《备案登记管理指引》、《存管业务指引》和《信息披露指引》共同组成网贷行业"1+3"制度体系。P2P网贷平台将"合规"作为发展主旋律，在借款限额和银行存管方面均有了较大改善。

在高密度、高强度的监管下，市场产生了很强的挤出效应。一些低质量的P2P网贷平台被挤出市场，在一定程度上实现了政府监管下的市场调节。也有一些平台因资金链断裂、平台实际控制人跑路，或者非法吸收公众存款被警方调查等原因而被迫停止运营。如2018年7月4日浙江地区P2P网贷平台"牛板金"被爆出通过虚构标的，以"牛钱袋"产品挪用出借人资金用于房地产开发，涉及金额高达31.5亿元。当问题由个案演变为多发，当违约方由个体演变为整体时，受侵害的主体不再被局限地视为作为个体的债权人，而是作为整体的债权人，受影响甚至受质疑的不再是某一家或者某几家P2P网贷平台，而是整个P2P网贷行业。据统计，截至2019年6月月底，停业或者出现其他问题的平台数量已经累计高达5753家，而网贷行业所有平台的数量累计也不过6617家。[1]有观点唱衰P2P网贷，认为其是继"股市低迷""房地产泡沫"之后的第三大经济问题。实际上，P2P网贷平台数量急剧减少，正是我国实施严格监管后的市场重新洗牌。问题平台退出，优质平台拓展市场份额，是对之前P2P网贷平台和网贷行业无序发展的有效回应。至于非法集资、挪用侵占、违约等，本身即属于常见的违法行为，对此运用现有法律并在互联网背景下加以适度调整即可以进行应对。

2018年8月13日，P2P网贷风险专项整治办发布《关于开展P2P网络

---

[1] 参见"P2P网贷行业2019年6月月报"，载https://www.wdzj.com/news/yc/4594718.html，最后访问日期：2019年10月15日。

借贷机构合规检查工作的通知》(以下简称《P2P合规检查通知》),并发布《网络借贷信息中介机构合规检查问题清单》(以下简称《问题清单》),要求合规检查于2018年12月月底前完成。通过对P2P网贷平台进行合规检查,引导不合规机构良性退出,积极稳妥地化解存量风险,以保护借贷双方的合法权益。《P2P合规检查通知》要求,按照《暂行办法》以及《存管业务指引》《信息披露指引》等监管文件的具体要求,结合《问题清单》严格执行。从检查主体来看,包括P2P网贷机构自查并报告、行业自律检查并报告,以及各级地方网贷整治办在机构自查和自律检查的基础上就报告内容及数据真实性等进行行政核查。为贯彻落实《P2P合规检查通知》,各地互金协会纷纷制定和发布退出指引,但每项文件后均标注"试行"、"草案"或者"征求意见稿"等字样,统一的退出规则尚未出台。

2018年12月19日,互金整治办、P2P网贷风险整治办联合发布《关于做好网贷机构分类处置和风险防范工作的意见》(以下简称175号文)。175号文要求,各地应在摸清辖内P2P网贷机构底数的基础上,按照风险状况进行分类,明确任务清单。175号文坚持以机构退出为主要工作方向,除部分严格合规的网贷机构外,其余机构尽可能退出,切实加大了整治工作的力度和速度,同时确保机构退出过程有序、可控,防止发生系统性风险和大规模群体性事件。175号文为网贷机构转型指出了三条路径:转型为网络小贷公司、助贷机构,或为持牌资产管理机构导流等。网贷机构的退出意味着其彻底失去市场主体资格,而这种退出多指良性退出,如解散、破产等。

尽管P2P网贷存在这样或那样的问题,但不可否认,其拓展了出借人资金保值增值的途径,满足了借款人对资金的迫切需求。统计数字表明P2P网贷贷款余额依然巨大,反映出其仍具有顽强的生命力。然而,在我国目前个人征信体制还略显不足的情况下,传统民间借贷的风险在互联网领域被进一步放大。在创新与监管的博弈下,在效率与安全的冲突中,监管者必须在两种不同价值之间进行动态选择。在创新所带来的问题或引发的风险危及经济与社会安全时,安全与监管必然得到重视。从目前发展趋势来看,除严格合规的平台能够得以维系外,其他平台基本上都要面临业务转型甚至退出。

(二)研究意义

P2P网贷打破了传统民间借贷的时空限制,实现了小额资金在更广大空间的最优配置,对其进行深入研究有助于使其更好地助力实体经济发展。支持并规范 P2P 网贷，使之与互联网股权众筹、互联网支付，甚至电子货币等，共同开启全新金融模式。完善 P2P 网贷机构内部治理并对其进行有效外部监管，有助于提高其自身素质和社会信用，更好地满足各方投融资需求。

丰富互联网金融理论。互联网与传统业务相结合出现互联网购物、互联网支付；与新兴业务相结合出现互联网众筹、网络电子货币；与借贷相结合则出现 P2P 网贷。对 P2P 网贷进行深入研究，能够丰富并发展"互联网+"经济理论尤其是金融理论，为我国经济宏观架构提供理论支持。深化"互联网+"法学理论。针对互联网特质下的网贷问题，如身份认证、电子证据、执行难等进行对策设计，有助于深化民商法、金融法和证据法等法学理论与制度研究。

由高校、科研机构、实务机构进行合作研究，把握该领域最新发展动态与法律建议，通过与政府监管部门进行沟通，对互联网金融监管创新及立法提出有益建议。为平台加强自身风险控制、提高债权人利益保护力度等提供具体路径，有利于 P2P 网贷平台建设和网贷行业健康发展。对平台退出原因、方式、机制以及其间债权人保护进行研究，有利于市场出清，防范可能出现的经济和社会风险。

二、文献综述

（一）国外文献综述

1. 关于 P2P 网贷平台的实证研究

P2P 网贷发端于金融发达的英美等国，国外学者研究主要集中在完善平台风控措施、降低平台运营成本、提高信息透明度、促进平台发展，以及影响 P2P 网贷交易成功的因素等方面。对于平台在 P2P 网贷中的作用，Sven C. Berger 对美国 Prosper 平台上已完成的 9000 笔交易记录进行研究，提出 P2P 网贷平台所起到的媒介作用可以明显改善借款者的信用水平；Berger 发现 P2P 网贷平台的存在能够有效减少信息不对称，为出借人与投资人提供更为快捷、稳妥的服务。[1]Eric C. Chaffee 和 Geoffrey C. Rapp 提出 P2P 网贷不是一个固化的而是不断发展的概念，国会应当提出既能够反映传统借贷特点，又能够

---

[1] See Sven C. Berger, Fabian Gleisner, "Mergence of Financial Intermediaries in Electronic Markets: The Case of Online P2P Lending", *Business Research Journal*, Vol. 2, No. 1, 2009, pp. 39-65.

促进P2P网贷行业发展的新方法;通过比较单一机构监管与多个机构共同监管,得出支持多个机构共同监管的结论。[1]

2. 关于影响P2P网贷交易因素的研究

对于影响P2P网贷交易成功的因素,Lee通过对韩国一家最大的P2P网贷平台数据进行研究,发现投资者的羊群行为(从众行为)、信息不对称,以及由此产生的道德风险,是导致韩国网贷信用风险的重要因素。[2]Klafft通过实证研究发现,借款人是否拥有自己的银行账户以及自身信用评价的状况在一定程度上决定了借款成功的概率大小,其中借款人拥有自己的银行账户的重要性较信用评级高更为重要;借款人的信用等级以及自身偿债能力的高低,决定了其获得贷款的利率的高低,其中信用等级的重要性较偿债能力更大一些。[3]

3. 关于信息不对称下P2P网贷债权人保护的研究

Akerlof认为,信息不对称是交易中常见的现象,但是这一现象在P2P网贷领域更为突出,投资人无法全面了解借款人真实信息的情况下,容易导致借款人违约甚至携款潜逃,一旦这种现象普遍发生,将会导致信贷市场的危机。[4]Jeremy Michels指出,在网贷中,更多的自愿信息披露,即使是不能被证实的披露,都能够使利率降低,并增加贷款列表中的投标活动。[5]Matthias认为,P2P网贷债权人面临的风险包括平台无法保证借款人信息真实性以及违约贷款难以追回的风险。[6]对于如何避免或减少债务人违约风险,Assadi和Ashta建议从多方面考察借款人信息,如博客、个人评论、个人交流、聊天

---

[1] See Eric C. Chaffee, Geoffrey C. Rapp, "Regulating Online Peer-to-Peer Lending in the Aftermath of Dodd-Frank: In Search of an Evolving Regulatory Regime for an Evolving Industry", *WASH&LEEL*, Vol. 69, No. 2, 2012, pp. 485-533.

[2] See E. Lee, B. Lee, "Herding Behavior in Online P2P Lending: An Empirical Investigation", *Electronic Commerce Research & Applications*, Vol. 11, No. 5, 2012, pp. 495-503.

[3] See M. Klafft, "Online Peer-to-Peer Lending: A Lenders' Perspective", Proceeding of the 2008 *International Conference on e-Learning, e-Business, Enterprise Information Systems, and e-Government*, No. 2, 2008, pp. 371-375.

[4] See Akerlof G., "The market for lemons: Quality Uncertainty and the Market Mechanism", *Quarterly Journal of Economics*, Vol. 84, No. 3, 1970, pp. 488-500.

[5] See Jeremy Michels, "Do Unverifiable Disclosures Matter? Evidence from Peer-to-Peer Lending", *Accounting Review*, Vol. 87, No. 4, 2012, pp. 1385-1413.

[6] See Matthias Raddant, "Structure in the Italian Overnight Loan Market", *Journal of International Money and Finance*, Vol. 41, No. 3, 2014, pp. 197-213.

信息等,并以此评价借款人个人信用,以保障债权人权利。[1]Freedman 和 jin 认为,在贷款活动中,如果贷款方中有借款者的朋友,贷款违约率会更低。[2]Lin 认为,如果一个人拥有丰富的社会关系网络,则其有可能获得更低利率的贷款,而且在合同履行中违约的概率也比较低。[3]

4. 关于众筹及股权众筹的研究

"众筹"最初产生于英国,主要包括借贷型众筹(P2P 网贷)与股权型众筹(一般指私募股权融资)。此后,众筹传至美国,但一般指社会公开股权融资,因此其面临较为严格的监管。

Christopher H. Pierce-Wright 首先对美国证券法的起源进行了分析并在此基础上论证了美国现代证券监管理论,进而以各州有关股权众筹的监管规定为研究对象,对股权众筹的豁免提出了具体建议。[4] Uriel S. Carni 建议为确保众筹资金安全,美国证监会应当要求众筹项目所融资金托管在商业银行。[5] Edoardo D'ippolito 等研究了众筹模式及其风险,提出了诸如信息不对称、筹资人违约、严格监管的匮乏、缺乏投资者保护机制等问题,提出不论众筹项目的性质以及融资规模如何,都应确定众筹的风险管理部门及其职责。[6]

5. 关于互联网商业保理的研究

P2P 网贷债权让与模式与商业保理具有一定共通性。国外保理业务起步较早,实践较为普及,研究较为成熟。Jourbert 阐释了保理合同的内涵,指出保理合同既不是代理合同,也不是居间合同。[7] Shehzad L. Mian 和 Clifford W. Smith 将保理区分为有追索权的保理和无追索权的保理;如果特定交易在

---

[1] See Assadi D., Ashta A., "Does Social Lending Incorporate Social Technologies? The Use of Web 2.0 Technologies in Online P2P Lending", *Working papers CEB*, No. 9, 2009.

[2] See Freedman S., Jin G. Z., "Dynamic Learning and Selection: The Early Years of Prosper. com", *Working Paper*, University of Maryland, 2008.

[3] See Lin M., "Peer-to-Peer Lending: An Empirical Study", *AMCIS*, Vol. 1, 2009, pp. 132-138.

[4] See Christopher H. Pierce-Wright, "State Equity Crowdfunding and Investor Protection", *Washington Law Review*, Vol. 91, No. 2, 2016, pp. 847-886.

[5] See Uriel S. Carni, "Protecting the Crowd through Escrow: Three Ways That the SEC Can Protect Crowdfunding Investors", *Fordham Journal of Corporate & Financial Law*, Vol. 19, 2014, p. 681.

[6] See Edoardo D'ippolito, Matteo Musitelli, Antonella Sciarrone Alibrandi, "Protecting Crowdfunders: Is a MiFID-Mimicking Approach Appropriate?", *European Company Law*, Vol. 13, No. 1, 2016, pp. 27-37.

[7] See Jourbert Nereus, "Legal Nature of Factoring Contract", *S. african L. j*, 1987.

无追索权的基础上完成,在保理合同中保留追索权是一个通常选择;如果一个订单没有满足保理商的信用扩展准则,制造商可以推翻保理商的决定进行交易,但这笔应收账款应在有追索权的基础上完成。[1] Howard Brod Brownstein 介绍并分析了美国应收账款转让平台 TRE 的业务模式。[2] Khaled Soufani 对英国保理市场进行数据分析,得出了影响保理商做出决策的各种因素;指出保理公司选择客户提供金融服务的标准与银行等金融机构不同,保理公司强调发票收取的重要性,这与客户类型、信用票据和产品类型密切相关。[3]

6. 关于第三方支付的研究

在市场准入方面,Peter C. Tucker. 阐释了美国各州对储值类支付机构的法律规定,并通过案例研究评析了当前监管的优劣。[4] Akindemowo Eniola 认为,对储值工具是否构成存款的争议是没有意义的,更应当关注于支付工具分类,建立多层次的支付系统,以弥补监管漏洞。[5] 在沉淀资金管理方面,日本的 Sugiura Nobuhiko 界定了电子货币的性质,认为其沉淀资金类似于银存款,但本国法律并没有具体规定,建议修改立法。[6] 在客户权益保障方面,Ronald J. Mann 以 Paypal 为对象,分析了美国对此类新型支付平台的消费者保护规定,并提出有针对性的法律建议以保护用户的合法权益。[7] 在金融犯罪方面,Naomi Claxton 通过比较美国与欧盟储值卡反洗钱法律规定的不同,得出"欧盟相关立法较为完善、储值卡使用比较规范、非法转移资金现象较少"

---

[1] See Shehzad L. Mian, Clifford W. Smith, "Accounts Receivable Management Policy: Theory and Evidence", *The Journal of Finance*, Vol. 42, 1992, pp. 169-200.

[2] "标题在记录单", On http://www.abfjournal.com/articles/the-receivables-exchange-the-new-face-of-factoring-catching-up-with-recxs-managing-director-of-business-development, Last visit date is February 28, 2017.

[3] See Khaled Soufani, "The Decision to Finance Account Receivables: The Factoring Option", *Managerial and Decision Economics*, Vol. 23, No. 1, 2002, pp. 21-32.

[4] See Peter C. Tucker, "The Digital Currency Doppelganger: Regulatory Challenge or Harbinger of the New Economy", *Cardozo Journal of International and Comparative Law*, Vol. 17, No. 3, 2009, pp. 589-624.

[5] See Akindemowo Eniola, "Recalibrating Abstract Payments Regulatory Policy: A Retrospective After the Dodd-Frank Act", *Kansas Journal of Law & Public Policy*, Vol. 21, No. 1, 2011, pp. 86-120.

[6] See Sugiura Nobuhiko, Translated by Jean J. Luyat, "Electronic Money and the Law: Legal Realities and Future Challenges", *Pacific Rim Law & Policy Journal*, Vol. 18, No. 3, 2009, pp. 511-524.

[7] See Ronald J. Mann, "Regulating Internet Payment Intermediaries", *Texas Law Review*, Vol. 82, No. 3, 2004, pp. 681-716.

的结论。[1]

7. 关于虚拟货币的研究

虚拟货币属于虚拟财产的范畴，但因其具备货币外观而使其区别于其他虚拟财产。对于虚拟财产的研究，同样适用于虚拟货币。在网络游戏发展之初，国外学者便对虚拟财产这一全新概念给予了充分关注。

对于网络游戏中虚拟货币和虚拟财产的价值，Edward Castronova 认为，网络世界的拟真度不断提高，已建立生产、交换、消费制度；虚拟经济将越来越重要并对现实世界产生巨大影响。[2] 对于如何看待虚拟财产与现实财产之间的关系，F. Gregory Lastowka 与 Dan Hunter 指出，虚拟物品与实物财产一样具有价值，用户充分享有其权利；尽管直接将有关实物财产的规定适用于虚拟财产尚存争议，但法律应持开放态度；用户控制的虚拟角色是自身在网络世界的化身，化身所享有的权利理应受到法律保护。[3]

对于虚拟财产的范围及其调整规则，David Nelmark 认为，网络虚拟财产的排他性使其区别于知识财产，其无形性又使其区别于有形财产；随着网络技术的发展，更多的虚拟财产类型将出现；当前法律规则可以适用于网络虚拟财产。[4] Caroline Bradley 和 A. Michael Froomkin 认为，网络世界与现实社会相似，能将应用于现实世界的法律适用于网络。[5]

对于虚拟财产的法律属性与权利归属，Joshua A. T. Fairfield 认为，网络虚拟财产是以互联网为载体的数据编码，存在于虚拟空间，用户可以占有、排他使用。Fairfield 认为，网络虚拟财产能持续存在，这与知识产品的期限性具

---

[1] See Naomi Claxton, "Progress, Privacy, and Preemption: A Study of the Regulatory History of Stored-Value Cards in the United States and the European Union", *Arizona Journal of International & Comparative Law*, Vol. 28, No. 2, 2011, pp. 501-538.

[2] See Edward Castronova, "On Virtual Economies", *Game Studies*, Vol. 3, No. 2, 2003.

[3] See F. Gregory Lastowka, Dan Hunter, "The Law of the Virtual Worlds", *California Law Review* January, Vol. 92, No. 1, 2003, pp. 1-73.

[4] See David Nelmark, "Virtual Property: The Challenges of Regulating Intangible, Exclusionary Property Interests Such as Domain Names", *Northwestern Journal of Technology and Intellectual Property*, Vol. 3, No. 1, 2011, pp. 1-24.

[5] See Caroline Bradley, A. Michael Froomkin, "Virtual Worlds, Real Rules", *New York Law School Law Review*, Vol, 49, No. 1, 2005, pp. 103-146.

有显著区别;它是一种新型财产,提高了经济效率并对现代社会产生巨大影响。[1] Richard A. Bartle 认为,网络游戏归运营商所有,用户不享有所有权;运营商能随意更改其属性,导致其存在并不稳定;网络虚拟财产不属于财产,只属于运营商提供的服务[2]。Daniel C. Miller 也认为,用户对网络虚拟财产不享有所有权,运营商在用户协议中通常主张网络虚拟财产归自己所有。用户在游戏注册时的用户协议通常是出现权属争议的解决依据。[3] Bobby Glushko 则认为,用户协议中有诸多不平等条款,如运营商对游戏规则可以任意更改,因此不能给予用户充分保护。Bobby Glushko 认为,用户协议应侧重保护用户利益,因为较之于运营商,用户明显是弱势一方。[4]

(二) 国内文献综述

1. 关于 P2P 网贷平台的法律性质、网贷风险的研究

关于 P2P 网贷平台法律性质,尽管当前已经将其明确为"信息中介",但此前学者们一直是各抒己见,观点各异。李爱君将其界定为准金融机构。[5] 杜晓山将 P2P 定性为第三方信息咨询服务机构。[6] 尽管观点各不相同,但大多数学者还是倾向于将 P2P 网贷平台定性为民间借贷中介,且这一观点也为我国规范性文件所采纳。

关于 P2P 网贷的风险以及法律规制的不足,董妍从平台、出借人与借款人三个方面分析了 P2P 网贷平台业务所面临的现实风险与法律风险。[7] 龚曼薇、白玉娟具体分析了 P2P 网贷平台的资金池、非法集资,甚至庞氏骗局,提出应针对此类风险的监管对策。[8] 林常娥通过对"陆金所"的研究,针对

---

[1] See Joshua. A. T. Fairfield,"Virtual Property", *Boston University Law Review*, Vol. 85, No. 4, 2005, pp. 1047-1102.

[2] See Richard A. Bartle,"Pitfalls of Virtual Property", *The Themis Group*, 2004.

[3] See Daniel C. Miller,"Determining Ownership in Virtual World: Copyright and License Agreements", *Review of Litigation*, Vol. 22, No. 2, 2003, p. 435.

[4] See Bobby Glushko,"Tales of the Virtual City: Governing Property Disputes In Virtual Worlds", *Berkeley Technology Law Journal Annual Review*, Vol. 22, No. 1, 2007, pp. 507-532.

[5] 参见李爱君:"民间借贷网络平台法律制度的完善",载《福州大学学报》2011 年第 6 期。

[6] 参见杜晓山:"国内外 P2P 网贷机构发展及相关政策思考",载《西部金融》2013 年第 8 期。

[7] 参见董妍:"P2P 网贷平台风险控制研究",载《兰州学刊》2015 年第 4 期。

[8] 参见龚曼薇、白玉娟:"P2P 网络借贷模式的发展现状、风险分析及对策研究",载《经济师》2015 年第 4 期。

信用、操作、流动性、平台四个方面设立了风险评估指标并加以分析论证。[1]莫易娴探究了我国P2P网贷平台缺乏信用评级标准，容易沦为出借人洗钱场所，无抵押贷款模式增加了出借人风险等。[2]苏莉娟、严亮认为，我国社会信用体系不健全、第三方账户监管缺位等，导致P2P网贷存在巨大风险。[3]孙艳军为P2P网贷平台内部管理与风险控制体系的完善提出了具体建议，并为监管与行业自律提供了系统思路。[4]

2. 关于P2P网贷债权人保护的研究

吴晓光指出，应保障网贷债权人的知情权、隐私权与违约救济权，在此三项权利得到有效保障的情况下，债权人利益才能得到切实维护；应给予债权人更多主动权，使债权人能充分了解借款人信息并增强信息可靠性；应完善金融消费者权益保障相关立法。[5]张筱梅主张在确保P2P网贷资金安全方面最好的方式就是引入第三方机构和资金监督；将P2P网贷平台的信息汇集、撮合业务与资金交易业务分开，并建议由信用良好的第三方支付机构负责资金托管、结算与监督，具体制度设计可以参考证券业的资金托管及结算办法。[6]

3. 关于P2P网贷资金托管的研究

对于承担第三方存管职能的机构，赵向伟、郭晓伟对商业银行资金托管进行了有针对性的研究，指出商业银行资金托管面临账户设置、资金划拨等问题，提出可以与第三方支付机构合作，以应对上述问题。[7]尹丽指出，我国很多P2P网贷平台都在各自官网上采取"网贷资金由第三方托管"、"通过

---

[1] 参见林常娥："P2P网络借贷风险管理研究——以'陆金所'为例"，载《财会通讯》2018年第8期。

[2] 参见莫易娴："P2P网络借贷国内外理论与实践研究文献综述"，载《金融理论与实践》2011年第12期。

[3] 参见苏莉娟、严亮："浅谈我国民间网络借贷存在的问题及建议"，载《金融经济》2011年第6期。

[4] 参见孙艳军："论P2P网络借贷平台的法律义务框架"，载《上海金融》2018年第1期。

[5] 参见吴晓光："论P2P网络借贷平台的客户权益保护"，载《金融理论与实践》2012年第2期。

[6] 参见张筱梅："浅析P2P网络借贷的发展现状与应对措施"，载《现代经济信息》2015年第13期。

[7] 参见赵向伟、郭晓伟："试论P2P网贷银行托管的必要性和可行性"，载《中小企业管理与科技（下旬刊）》2015年第12期。

第三方支付平台进行交易"等表述,并以此吸引资金提供方并增强其信心,但实际上平台的实际操作与其表述存在很大差异,甚至存在欺诈之嫌;通过比较商业银行托管与第三方支付机构托管,提出完善P2P网贷资金托管的对策建议。[1]对于P2P网贷资金存管面临的新政策环境,汪正红认为,第三方支付机构被核准可以从事的业务中并不包括资金托管,因此商业银行资金托管才是目前最符合法律规定的模式,但是考虑到商业银行资金托管的不足,可以引入第三方支付机构参与银行托管业务,为P2P网贷平台提供充值、提现和支付通道等服务。[2]

4. 关于P2P网贷担保的研究

对于P2P借贷担保,钱瑾分析了P2P风险准备金的风险,并从合规角度对于如何建设风险准备金制度提供了解决方案。[3]张超宇、陈飞分析了中国P2P网贷平台模式异化的成因及去担保化的必要性,并对P2P网贷平台去担保化提出建议。[4]张海洋提出,信息不对称是导致我国P2P网贷行业中频繁采用担保模式的重要原因,如果能够强化信息披露,担保在P2P网贷中的作用将被弱化。[5]

5. 关于P2P网贷保证保险的研究

顾天翔认为,作为P2P网贷增信方式的风险准备金和第三方担保的实践效果不理想,引入保证保险极为必要,进而界定了保证保险的性质并对其制度完善提出建议。[6]周晓曼、王国华提出,保险公司较担保公司优势更大,尤其是其提供的信用保证保险具有更强的风险转移功能。[7]孙钰祥分析了P2P网贷与保险结合的必要性,同时指出其所面临的困境,进而提出

---

[1] 参见尹丽:"P2P网络借贷平台资金托管问题研究",载《当代经济管理》2016年第1期。
[2] 参见汪正红:"1000多家P2P平台存问题 监管层给18个月整顿",载《21世纪经济报道》2015年12月29日。
[3] 参见钱瑾:"P2P平台风险准备金的法律问题研究",载《西南金融》2016年第8期。
[4] 参见张超宇、陈飞:"P2P网络借贷平台模式异化及去担保化问题研究",载《南方金融》2018年第1期。
[5] 参见张海洋:"信息披露监管与P2P借贷运营模式",载《经济学(季刊)》2017年第1期。
[6] 参见顾天翔:"P2P网络借贷履约保证保险的性质及规制",载《人民司法》2018年第4期。
[7] 参见周晓曼、王国华:"保险公司以信用保证保险拓展资本市场担保业务探究",载《现代经济信息》2014年第5期。

对策。[1]岳晓琳分析了保证保险的法律适用,并对如何加强P2P网贷中保证保险的风险控制提出建议。[2]

6. 关于P2P网贷征信的研究

对于P2P网贷个人征信的意义和模式,雷阳、黄卓提出,P2P网贷行业成功与否的关键在于信息不对称问题的解决程度,建立一种新型征信体制无疑能够满足当前互联网金融迅速发展之所需。[3]黄余送分析了我国征信模式,包括国资背景模式、市场化模式、大数据挖掘模式等,通过借鉴国外网贷平台管理信用风险的经验,对我国网贷征信提出建议。[4]袁新峰探讨了央行征信模式如何适用于互联网金融大环境,在互联网金融征信中如何保障个人隐私权,如何对互联网金融模式下主体信用进行有效评级,并基于前述研究提出互联网金融乃至于整个互联网行业的发展都有赖于构建一个全面的互联网征信体系,并进一步提出如何建构互联网征信。[5]王嵩青、田芸和沈霞将我国P2P网贷自征信模式分为"纯线上模式"、"线上线下结合模式"、"与第三方机构合作模式"和"纯线下模式",并在此基础上对上述模式的利弊、问题与风险进行评析,在此基础上提出规范我国P2P网贷自征信模式的法律建议。[6]李真探讨了征信制度的理论依托与实践价值,并结合我国实践中存在的诸如规范性文件效力等级低甚至缺失、征信标准化进程缓慢,信息共享机制不健全等问题,提出应构建完善的征信体系,落实《征信业管理条例》相关规定。[7]苏本茂提出为促进P2P网贷健康发展,应着力健全个人信用信息数据库,构建多元化征信模式,并在一定程度上与央行征信系统实现信息共享。[8]

7. 问题P2P网贷平台的退出

对于平台退出的研究目前还不多见,能够搜集到的论文主要有贺亚楠的

---

[1] 参见孙钰祥:"保证保险在P2P网贷应用中的风险及策略",载《中国保险》2017年第7期。
[2] 参见岳晓琳:"P2P网络借贷中的保证保险研究",载《浙江保险科研成果选编(2015年度)》。
[3] 参见雷阳、黄卓:"征信体系是P2P回归信息中介的关键",载《征信》2016年第4期。
[4] 参见黄余送:"网络借贷与互联网征信",载《征信》2015年第5期。
[5] 参见袁新峰:"关于当前互联网金融征信发展的思考",载《征信》2014年第1期。
[6] 参见王嵩青、田芸、沈霞:"征信视角下P2P网贷模式的信用风险探析",载《征信》2014年第12期。
[7] 参见李真:"P2P网贷信用征信:金融分析与法律建构",载《当代经济管理》2015年第7期。
[8] 参见苏本茂:"试论普惠金融视阈下P2P网贷征信制度的构建与完善",载《法治论坛》2014年第4期。

《网贷信息中介机构（P2P 平台）退出方案探析》（载《时代金融》2018 年第 35 期）；王东东的《建立 P2P 网贷平台退出机制的探讨》（载《武汉金融》2017 第 5 期）；蒲银的《关于规范 P2P 平台退出机制的建议》（载《黑龙江金融》2016 年第 1 期）；李梦涵的《P2P 网贷平台的退出征兆、出现逾期问题的原因与风险防控》（载《消费导刊》2018 年第 6 期）。

总体而言，这些论文多撰写于各地 P2P 网贷退出指引颁布之前，因此在内容和针对性上略显迟滞。此外，上述论文多是从金融学角度进行的分析，在运用现行法律进行分析并进行对策设计方面仍显不足。鉴于实践对 P2P 网贷平台的退出机制有着迫切需求，加之各方主体尤其是网贷债权人的利益迫切需要保护，因此有必要对 P2P 网贷平台退出时以及退出后各方主体尤其是网贷债权人的利益保护作出规范。但是当前各地互金协会所颁发的地方性行业自治规范，存在内容差异大、不具有法律约束力等问题，严重影响网贷债权人等主体的利益，也不利于社会经济秩序的稳定。

8. 关于互联网商业保理平台的研究

对于应收账款交易平台的法律性质，李昌青认为，美国 TRE 平台除作为信息中介外还拥有一定监管职能；墨西哥 NAFIN 平台与我国应收账款交易平台一样均属于中介，不享有处罚权。[1]叶正欣、万波认为，为使互联网商业保理所需要的信息更加真实，应适度扩大正当收集、使用信息的范围，适当降低个人信息和隐私保护的重要性。[2]同时为解决应收账款质押和转让公示方法不一致，应建立应收账款转让登记制度。[3]孙超认为，应建立应收账款质押通知制度，而这既不会改变债权转让通知生效的法律规定，也不会为所有质押都创立登记制度。[4]

9. 关于第三方支付的研究

对于监管方式，王丹萍认为由于不同企业的经营模式和发展氛围不同，加之行业发展日新月异，需要采取科学的监管方式，由传统"一刀切"模式

---

[1] 参见李昌青："关于应收账款融资网络平台的对比研究"，载《华北金融》2014 年第 12 期。
[2] 参见叶正欣、万波主编：《商业保理法律实务与案例》，复旦大学出版社 2016 年版，第 248 页。
[3] 参见叶正欣、万波主编：《商业保理法律实务与案例》，复旦大学出版社 2016 年版，第 188 页。
[4] 参见孙超："应收账款融资的制度选择及风险防范——金融危机背景下的反思"，载《北京理工大学学报（社会科学版）》2010 年第 4 期。

转为"差异化监管"模式，并逐步建立政策监管体系。[1]艾志锋立足于监管者视角，建议构建"政府监管、行业自律、自我约束、公司治理"的监管系统。[2]

对于备付金及其利息使用，张春燕建议成立一个全国性的消费者保护基金或者将备付金孳息放入监管者设立的风险基金中。[3]

对于客户权益保障，高俊等建议，我国网络支付消费者权益保护中最突出的问题就是在该领域缺乏明确法律规定，对此仍有很大进步空间。[4]欧阳卫民认为，一些支付机构存在霸王条款，损害客户合法权益。他认为，被监管机构应制定具体的支付业务标准，尤其是有关维护客户利益的相关措施，并做好备案。信息披露也是支付机构的重要义务之一，应当及时公开收费项目和标准、提示服务合同的格式条款。[5]

对于利用第三方支付平台进行金融犯罪，徐明认为，难以得知支付平台交易的资金来源及走向，犯罪活动造成的金融风险使人忧虑，如借虚假交易套现、洗钱、偷逃税款等。[6]李莉莎认为，蕴含洗钱风险的支付平台长期游离于我国的反洗钱监管体系，对此需要列举负有反洗钱义务的非金融机构及其义务，将第三方支付平台包含于其中，完善洗钱犯罪的事前防范与事后处罚。[7]

第三方支付在我国已有近20年的实践，学界也对此展开了颇多研究，大多集中于与电子商务支付相关或宏观监管领域，对互联网金融背景下的第三方支付及其发展趋势、第三方支付所涉法律关系涉及不多。

10. 关于虚拟货币的研究

国内学者更多关注于虚拟财产的法律属性，当然对虚拟货币法律属性的

---

[1] 参见王丹萍："第三方支付企业监管差异化研究"，载《上海经济研究》2012年第3期。
[2] 参见艾志峰："中国第三方支付发展研究——基于央行监管视角"，载《武汉金融》2011年第11期。
[3] 参见张春燕："第三方支付平台沉淀资金及利息之法律权属初探——以支付宝为样本"，载《河北法学》2011年第3期。
[4] 参见高俊、胡皓渊、宋永泉编著：《网络交易法律实务》（下册），法律出版社2006年版，第100页。
[5] 参见欧阳卫民：《支付与金融》，中国金融出版社2011年版，第263页。
[6] 参见徐明："第三方支付的法律风险与监管"，载《金融与经济》2010年第2期。
[7] 参见李莉莎："论第三方支付的洗钱风险及其法律监管"，载《金融与经济》2012年第1期。

探讨是包含在对虚拟财产法律属性的讨论之中的。对此,学者观点各异,有"非财产说"和"财产说"。非财产说认为,在英美法系国家,只要具有一般意义上经济价值和支配力即可称为财产;在大陆法系国家,财产是与所有权相联系的:只有人能够取得所有权的物才可称为财产。作为数据信息的虚拟货币不具备此种功能,因此其不属于财产。[1]有学者从"财产属性、劳动价值和交易价值"等出发,认为包括虚拟货币在内的虚拟财产没有现实效应、不可流转、不具有稀缺性,因此不具有财产属性。[2]有学者指出,虚拟财产依赖于互联网技术且受代码控制,客观上缺乏独立性和特定性,不能成为物权客体;虚拟财产的真实表现形式是二进制的电子数据,而非屏幕显示的信息,本质上属于技术和工具范畴,而并非信息本体;数据的工具性和代码的操控性决定了法律对其直接调整的失灵。因此,虚拟财产应作为数据"操作权限"这一新型法益类型进行范畴界定。[3]

有学者持"财产权说",认为虚拟财产属于法律意义上的财产。但对于虚拟财产应属于哪类财产,却观点各异。"单一财产权说"认为,虚拟财产是一种单纯的财产权,具体包括"物权说"、"债权说"、"知识产权说"、"无形财产说"以及"新型财产权说"。有学者在认定物权的本质在于其现实支配性的前提下,论证虚拟货币等虚拟财产属于物权。[4]有学者从后果论角度,认为将虚拟货币等虚拟财产定位为物权比将其定位为债权在配置效率上更优。[5]"债权说"认为,发行者与使用者之间是服务合同关系,虚拟货币作为一种债权凭证,只有当使用者用虚拟货币购买发行者的产品和服务时,使用者与发行者之间的债权债务关系才告结束。"债权说"下对于虚拟货币等虚拟财产的保护,不弱于"物权说"下的保护。[6]有学者认为网络虚拟财产应归属于运

---

[1] 参见李威:"论网络虚拟货币的财产属性",载《河北法学》2015年第8期。
[2] 参见侯国云、么惠君:"虚拟财产的性质与法律规制",载《中国刑事法杂志》2012年第4期。
[3] 参见梅夏英:"虚拟财产的范畴界定和民法保护模式",载《华东政法大学学报》2017年第5期。
[4] 参见林旭霞:"虚拟财产权性质论",载《中国法学》2009年第1期。
[5] 参见许可:"网络虚拟财产物权定位的证立——一个后果论的进路",载《政法论坛》2016年第5期。
[6] 参见王雷:"网络虚拟财产权债权说之坚持——兼论网络虚拟财产在我国民法典中的体系位置",载《江汉论坛》2017年第1期。

营商，因为用户未支付网络虚拟财产相应对价或放弃账号时，运营商可以收回；游戏运营商有权对游戏附加补丁更新，增减网络虚拟财产或是改变其属性；终止运营后失效的网络虚拟财产运营商无需给予用户赔偿；用户间关于虚拟财产的转让，只是运营商服务合同对象的转让。对运营商而言，只是服务对象，即债权人发生了变更，运营商无需关心服务对象是谁。受让人成为服务合同中的新对象，网络虚拟财产拥有者就能享受服务。如此网络虚拟财产成为债权凭证，代表用户所拥有的服务请求权。"知识产权说"认为，作为虚拟货币所有者的服务商享有虚拟货币的著作权，而用户拥有其使用权。[1]在认识知识产权的客体时，应针对其权能的不同进行不同对待。在行使支配和使用权能时，应认为知识产权的客体是信息，在处分时应当认为是处分知识产权本身。[2]持"新型财产权说"的学者，通过对虚拟财产与网络作品的特殊性进行比较与分析，认为虚拟财产是一种新型财产。[3]"混合财产权说"认为，虚拟货币应被视为法律意义上的财产，但这是一种混合型财产权。主要观点有物权与知识产权混合说以及物权与债权混合说。[4]

对于虚拟货币的问题及风险，有学者指出，网络虚拟货币的单向流通会引发市场混乱，操作简单导致安全问题，还会产生虚拟财产维权难，网络虚拟货币犯罪，对现实金融秩序造成冲击等问题。[5]以比特币为代表的去中心化的类金属货币（黄金）虚拟货币面临信用风险、技术风险、缺乏法律界定、传销与洗钱等风险。[6]网络虚拟货币由于易受黑客攻击以及计算机病毒感染等原因，给发行人和投资人带来投资的安全风险，消费者也面临个人信息泄露以及金钱损失等交易风险。[7]

---

[1] 参见石杰、吴双全：《论网络虚拟财产的法律属性》，载《政法论丛》2005年第4期。

[2] 参见李杨：《经验抑或逻辑：对知识产权客体与对象之争的反思》，载《大连理工大学学报》（社会科学版）2011年第2期。

[3] 参见陈维铨：《虚拟财产权是一种新型财产权》，载《学术界》2007年第1期。

[4] 参见刘惠荣、尚志龙：《虚拟财产权的法律性质探析》，载《法学论坛》2006年第1期。

[5] 参见谢灵心、孙启明：《网络虚拟货币的本质及其监管》，载《北京邮电大学学报》（社会科学版）2011年第1期。

[6] 参见娄耀雄、武君：《比特币法律问题分析》，载《北京邮电大学学报》（社会科学版）2013年第4期。

[7] 参见王春林、蒋易良：《虚拟货币的市场经济和法律规范》，载《智库时代》2017年第14期。

对于如何规范虚拟货币，宏观建议居多。有学者指出，我国应在明确虚拟货币含义并认清其存在的缺陷的基础上建立完善的法律体系，规范虚拟货币的发行渠道和发行量；建立有效的工商监管机制，对虚拟货币发行者的信用情况进行审查；在税法上进行补充，抓住时机扩大税源，同时引导居民的消费。[1]有学者建议，明确网络虚拟货币法律地位并建立相关法规；对发行主体实行准入制和准备金制度；限制网络虚拟货币的发行量；严格控制使用范围。[2]有学者从防控虚拟货币洗钱犯罪的角度，提出及时监测和报告违法犯罪活动，提高公众防范意识，加强国际法律协调，加强机构间合作，加强公私合作与信息交流。[3]

对于虚拟货币及虚拟财产，国内外学者给予充分关注，研究范围较广，研究较为深入。但是对于虚拟财产的法律属性，国内外学者的观点不尽相同，相应地对于实践中围绕虚拟货币所发生的争议，所主张适用的法律规范也不尽相同。在当前我国互联网经济迅猛发展，"互联网+"融入国家经济、社会生活方方面面之际，亟需明确网络虚拟货币的法律属性，以对实践争议提供可行的解决方案。

(三) 对国内外研究现状的评价

国外P2P网贷行业起步较早，从各视角展开的研究较为丰富、深入，常见于经济学和法学等学科之中，并呈现出跨学科研究特征。研究主要针对P2P网贷平台的公开数据，从信息不对称、信息披露、借款人信用等角度对影响P2P网贷及网贷利率的因素进行定性和定量分析，同时对P2P网贷平台的自身经营状况对P2P网贷的影响进行实证分析。相对而言，国外研究较为宏观、多基于经济学研究模型得出分析结论，这些结论对于法学研究以及法律对策能够提供支持。但是，对于诸如P2P网贷所涉及的担保、税收、保险等问题涉及不多。

就我国而言，尽管P2P网贷起步不早，但发展迅速、深入。我国学者对于P2P网贷的一些根本问题，如P2P网贷平台的法律性质、网贷交易模式、

---

[1] 参见秦聪："论狭义虚拟货币"，载《中国软科学》2010年第2期。

[2] 参见谢灵心、孙启明："网络虚拟货币的本质及其监管"，载《北京邮电大学学报》（社会科学版）2011年第1期。

[3] 参见师秀霞："利用虚拟货币洗钱犯罪的防控策略"，载《中国人民公安大学学报》（社会科学版）2016年第1期。

网贷风险及债权人保护，以及相应的担保等都有较为全面的研究。在我国，可以获取的P2P网贷平台样本较为丰富，交易数据也非常充分，包括一些重大违规违法事件在内的P2P网贷热点、焦点问题频发，引发学者对这一领域的持续探索。当然，学者躬耕领域不一、研究重点不同，如有关P2P网贷税收、保证保险、债权转让等研究尚不多见。

本研究立足于国内外学者的研究成果，将P2P网贷平台作为研究切入点，围绕平台的法律性质、经营模式、所涉法律关系，探讨居中撮合网贷交易过程中所涉法律问题，如信息披露、个人征信，以及为保障合同履行的担保、保险制度；还涉及国家对P2P网贷平台的宏观监管，如市场准入、运行与退出，以及通过税收对P2P网贷进行的宏观调控等。

P2P网贷平台以互联网为支撑提供贷款信息中介服务，其本质上属于互联网金融范畴。此外，还有股权众筹平台提供的众筹融资服务、互联网非公开股权融资平台提供的私募融资服务、互联网商业保理平台提供的保理服务，以及第三方支付平台提供的支付服务。作为互联网金融公司下设的各类平台，其所提供的各类金融服务共同构成我国互联网金融体系。本研究在对我国P2P网贷平台进行法律探讨的同时，也关注互联网非公开股权融资平台及"私募股权融资"以及商业保理平台及"商业保理"等，并进行了相关研究。事实上，各平台在准入、退出、平台投资人资质、交易主体资质、信息披露与征信制度等方面具有一定共通性，但因其所提供具体业务类型的不同，也存在各种差异。

本研究在金融创新与监管博弈的框架下，针对P2P网贷平台及网贷业务在发展中出现的问题、风险与挑战，探讨我国监管法律制度的发展与演进。在对当前监管文件进行梳理的前提下，对监管制度进行提炼，充分肯定其价值并切实反思其不足，进而提出进一步完善的建议。在此基础上，对我国互联网金融体系中的其他成员进行延伸研究，以丰富我国互联网金融法律理论与制度。

三、研究重点与研究难点

（一）研究重点

以P2P网贷平台为依托展开的网贷牵涉主体众多，主体之间的法律关系较为复杂，不规范操作、不诚信行为以及违法行为所引发的争议极为常见。

当问题不断累积就有可能引发系统金融风险,威胁社会经济稳定。在 P2P 网贷的复杂操作中,重点研究了资金存管、担保、保险、税收,以及个人征信制度。

1. P2P 网贷资金商业银行存管的问题及解决

商业银行目前提供的是资金存管而非资金托管服务的重要原因是商业银行提供资金托管服务面临法律障碍。2012 年 7 月,中国银行业协会下属托管业务专业委员会发布《商业银行客户资金托管业务指引》(以下简称《托管业务指引》),规定了商业银行接受托管的客户资金的范围[1]、委托人与受托人双方权利义务的划分、商业银行的自律规范等内容。实践中,商业银行所进行的资金托管业务包括：特定客户资产管理托管、集合资产管理计划托管、定向资产管理计划托管、私募股权基金托管、社保基金托管、保险公司股票资产托管、保险资金托管、年金托管、大宗商品交易市场交易资金托管以及受托理财资金托管等。在上述托管业务中,除证券投资基金托管依据《中华人民共和国证券投资基金法》(以下简称《证券投资基金法》)进行外,其他均按照《中华人民共和国合同法》(以下简称《合同法》)或者相关部委制定的规章进行。目前,P2P 网贷资金难以划入《托管业务指引》所列举的任何一种客户资金类型,因此只能作为"委托人需要商业银行托管的其他类型资金"来处理,只能依据《合同法》来规范托管的具体业务操作。

对此,如果法律能够在 P2P 网贷资金"存管"外,提供"托管"选项,并由商业银行自行决定是否提供此类业务,将为 P2P 网贷资金管理提供更多可靠选择。根据《托管业务指引》第 6 条所列举的资金托管类型,网贷资金很难被界定为银行资金托管的范畴。商业银行面临的最大潜在风险就是法律风险,新型金融产品的涌现给商业银行托管业务带来前所未有的发展机遇,但在新产品方面的监管却存在缺失和不足。因此,为使托管合法化,应修改《托管业务指引》相关规定,将网贷资金纳入银行托管范畴。此外,P2P 网贷资金托管直接关系到广大债权人的资金安全,所涉面广,所涉利益主体众多,单纯依靠《合同法》的合同机制规定平台与商业银行之间的权利义务,可能会出现银行更多关注托管后平台公司是否按照约定支付服务费以及自己如何

---

[1]《托管业务指引》第 6 条规定,接受托管的客户资金类型包括：融入资金、偿还资金、交易资金、担保资金、专项资金、商业银行托管的其他类型资金。

降低运营成本以实现利益最大化,而对出借人利益保护重视不足的情况。因此,国家需要对 P2P 网贷资金托管模式和执行标准等作出具体规定。

建立银行资金托管制度,需要借款人与出借人都在同一家商业银行开设账户,并与银行签订托管协议。如果借款人与出借人使用的是不同银行的账户进行交易,而网贷资金都集中在一家商业银行托管,首先需要解决的问题就是如何进行资金跨行转账与结算。目前,我国 P2P 网贷行业尚未成立类似于"中国证券登记结算公司"的组织进行统一的资金清算。为解决这一问题,可以参照证券业中央登记结算中心模式,为 P2P 网贷行业搭建中央登记结算平台,对其级别进行设定并对内部机构和运行机制进行设计。中央登记结算平台对全行业的借贷信息按照统一标准进行审查,同时监控操作服务。

2. P2P 网贷第三方担保的问题及解决

当前一些 P2P 网贷平台合作的担保机构仍然是非融资性担保机构。非融资性担保机构设立条件低,资金规模难以切实保障债权人利益。此外,非融资性担保机构较低的设立条件也引发 P2P 网贷平台自建担保机构为债权人提供担保,以规避法律的强制性规定。实践中,一些非融资担保机构超越经营范围从事融资担保业务。按照银监会等七部委 2010 年 3 月 8 日联合发布的《融资性担保公司管理暂行办法》第 8 条第 3 款的规定,在未经监管部门批准的情况下,任何单位和个人都不得经营融资性担保业务。融资性担保属于需要获得许可才能从事的经营项目,除办理登记注册外,还需接受地方政府相关监管部门的业务监管。

即使 P2P 网贷平台与融资性担保机构合作,也存在一系列问题。一是担保机构过度担保。《融资担保公司监督管理条例》第 15 条规定,融资性担保公司的融资性担保责任余额不得超过其净资产的十倍。在互联网金融模式下,融资性担保机构易出现超额担保情况。如河北融投为积木盒子提供高达 5 亿元的担保,总担保额度 500 亿元,远超其担保能力。二是加大借款人的借款成本,增加逆向选择风险。实践中担保机构往往要求借款人提供反担保,而这显著降低了 P2P 网贷融资的效率。此外,担保机构也会向借款人收取一定比例的担保费作为自身承担风险的对价。[1] 随着借款成本的提高,一些相对诚信的借款人可能退出借贷市场,而一些机会主义借款人则会继续借款,逆

---

[1] 参见徐建军:"P2P 去担保化不宜一刀切",载《银行家》2015 年第 3 期。

向选择风险不断加大。对于上述问题,需要强调的是,首先,各 P2P 网贷平台应当注意在特定地域内选择能在此地域内从事担保业务的融资性担保机构;其次,由监管机构对融资性担保机构的担保金额进行监管,防止其超额担保;再其次,针对一般保证与连带保证,应当运用类型化、区别化的思维与方法进行规范;最后,还可以引入集合再担保。

3. P2P 网贷保证保险的问题及解决

基础债权效力瑕疵及解决。P2P 网贷实践中,大量合同都通过互联网达成,易对保险合同效力构成影响。此外,还存在难以确认投保人身份的问题,导致出现投保人不适格或者投保人申报情况与真实情况不相符等情况。对此,在保险人签订保险合同时,应引入确认机制以确保网贷合同有效。如果无法通过面对面的方式对合同进行考察,可以采取网络视频等方式确认投保人身份,并通过短信、电话回访等方式再次确认,以降低自身风险。如果网贷合同被撤销或者被宣告无效,保险人享有抗辩权,有权拒绝履行保险合同。此时,保险公司面临的并不是法律风险,更多的是一种信誉风险。

多个主体、不同阶段中的信息不对称及解决。P2P 网贷保证保险中,信息不对称存在于保险人、被保险人、投保人和 P2P 网贷平台等多个主体在不同阶段所进行的行为选择之中。中国保监会发布的《关于加强互联网平台保证保险业务管理的通知》(以下简称 6 号文)规定了 P2P 网贷平台的信息披露义务,这种义务被特定化为"与保证保险相关的信息披露义务",但这些信息并不构成影响保险公司作出决定的关键信息。至于 P2P 网贷平台其他信息披露义务则并没有在 6 号文中提及,对此可以按照《信息披露指引》处理。尽管《信息披露指引》第 19 条规定,即使本指引没有规定,但是如果不披露可能会导致借款人、出借人产生错误判断的,网贷机构还应当将此类信息予以及时披露。但这种概括性描述并不能构成保险公司获得更多关系自身是否提供以及如何提供保险服务所需的额外信息的依据。此外,《信息披露指引》第 21 条还规定,没有按照《信息披露指引》进行信息披露的当事人,按照《暂行办法》第 40 条和第 41 条的规定,应当承担行政责任甚至刑事责任。但是该《暂行办法》基于其行政管理法的本质并未对民事责任有所涉及。对此,各保险公司可以会同保险行业协会共同制定相关信息披露指南,在明确借款人,也就是潜在投保人,以及 P2P 网贷平台负有对保险公司的信息披露义务的基础上,不断细化相关信息披露义务的内涵。一般而言,这种信息披露义务包括强制信息披露义务与自愿信息披露义务。针对虚假信息披露，还应规定有效的制裁措施。

保险合同条款设计的困难及解决。实践中，真正与保险公司展开 P2P 网贷履约保证保险合作的 P2P 网贷平台并不多。除 P2P 网贷平台自身素质欠缺外，两者合作率低的另一个重要原因就是保险公司难以确定保险费率。对此，可以由保险公司会同行业协会共同制定并发布体现 P2P 网贷保证保险特色的费率核定标准，引导保险公司科学设计个性化保险产品、制定精细化保险费率。除保险费率外，还应当科学设计保证保险合同中的其他条款。2016 年 12 月，保监会下发《关于进一步加强互联网平台保证保险业务管理的通知（征求意见稿）》，规定了承保金额上限和净资产比例要求。此外，监管部门还应不断跟进实践，根据市场调研情况进行统计分析，以规范性文件的形式细化产品结构，提示可能出现的新风险，并注意保持前后监管措施之间的有效衔接。

4. P2P 网贷税收法律制度的不足及完善

推进营业税改增值税。目前金融业仍然是"营改增"最难的税目。一个关键障碍就是如何确认进项税额。对此，可以对部分金融业务试点按照增值税简易计税方法，同时合理设定比例税率。金融服务业"营改增"既会涉及从事金融业务相关主体所适用税率以及征税主体的变化，也会引发中央与地方在税收分成上变化，从而导致彼此对税收收入的博弈。但是无论如何，营改增都应当以不增加纳税人税负为基本原则，避免"黄宗羲定律"再现。

扩大个人所得税改革。我国当前实行的是"综合+分类"所得税制。随着个税改革的不断推进，更多收入或将纳入综合征税，从而更好地发挥个税缩小收入分配差距的调节作用，更好地实现税负公平。

对违法所得或收入征税。实质课税原则强调，当"形式"（外观）与"实质"（事实）不一致时，应根据"实质"而非"形式"判断行为是否符合课税要素，进而适用税法课税。税法对收入或所得作出的判断是中性的，依据税法对不合法行为产生的经济后果征税并不影响对行为效力的认定。

建立 P2P 网贷税收优惠制度。为促进 P2P 网贷健康、合理发展，应避免给相关主体施加不必要的税收负担，实行税收优惠措施。对于 P2P 网贷平台适当减征或免征增值税和所得税。对贷款方给予增值税和个人所得税减免优惠。按照资金投放领域，实行税收优惠。对于资金投放于"三农"、战略新兴产业、环保产业等国家鼓励的领域,可以比照相关法律和政策给予税收优惠。

5. P2P 网贷个人征信制度的不足及完善

立法层级不高及对策。如前所述,我国有关征信的规范性文件主要有《征信业管理条例》(2013)、《征信机构管理办法》(2013)、《关于做好个人征信业务准备工作的通知》(2015),以及《征信机构监管指引》(2015)。上述规范性文件或是国务院的行政法规或是中国人民银行的部门规章,效力等级普遍不高。至于 P2P 网贷个人征信,当前规范性文件并没有专门涉及,而是散落在 P2P 网贷平台相关规范性文件中。尽管没有必要针对该行业征信进行单独立法,但在行业规范性文件中对 P2P 网贷个人征信进行有针对性的规定也是有必要的。对此,可以从三个层面加以建构。第一个层面是完善征信行业管理规范性文件,建立一个既有综合性法律,又有针对授信机构、个人信息保护的行政法规等的征信法律体系。第二个层面是针对互联网金融领域诸多行业的征信,寻找彼此之间的共性与个性,对于共性问题可以采取专项立法模式,以丰富我国征信法律体系的层次。第三个层面是对于 P2P 网贷行业征信,由 P2P 网贷行业规范作出专门条款规定。

征信机构的法律属性不清晰、机构之间信息共享不畅及对策。尽管《征信业管理条例》将征信机构界定为"依法设立、主要经营征信业务的机构",但目前我国仍然欠缺针对征信机构的专门规定,导致征信机构的法律属性模糊。对此,应明确不同类型征信机构的法律属性,有针对性地制定准入条件、征信范围、信息使用范围,以及相关权利保护。目前,P2P 网贷平台自征信数据库与 NFCS、商业机构征信数据之间未实现有效共享。信息割裂降低了征信效率,加大了运营成本。对此,监管部门应制定信用信息共享标准,按照统一框架在金融信用信息基础数据库与其他征信机构数据库之间建立稳定的、标准化的信息共享和交流机制。即使在目前阶段难以实现大范围的征信信息共享,也可以尝试在互联网金融或 P2P 网贷领域内,通过行业协会实现该层面的信息共享。

P2P 网贷中个人信息权保护不足及对策。尽管法律对于个人信息权进行了明确规定,但鉴于个人信息范围极其广泛,所涉行业极其多样化,因此难以进行列举式描述,导致在个人信息收集、处理和使用过程中适用法律存在一定障碍。对此,可以采取本质描述与现象列举的方式,以涵盖不断发展的各行业对个人信息的理解与需求。但无论如何,机构获取个人信息权利,都要受到被征信人对其信息被征信机构采集的知情权和同意权的约束。当然，信息主体同意必然意味着时间与摩擦成本，为配合我国信用体制快速建立的需求并提高征信效率，可以考虑采取美国法律中的"默示同意"与"异议权"制度。此外，应规定征信机构负有审慎保护个人信息的义务，并在违反义务的情况下承担法律责任，以促使征信机构着力健全安全系统和内部风控。

（二）研究难点

P2P网贷以资金流转为主线，牵涉主体之间的法律关系，并涉及一系列问题甚至风险。其中，关于P2P网贷平台对于出借资金来源的监控、债权让与模式的潜在违法性，以及网贷个人征信中个人信息权保护等都具有深入研究价值。

1. P2P网贷出借人资金来源的监控

我国规范性文件要求P2P网贷平台所承担的信息审核义务主要集中在对借款人的资金流向和还款方面，缺乏对贷款人资格主体和资金来源的审核机制和实施细则。实践中，对于资金来源是否合法，P2P网贷平台确实没有能力审核，只能在网站上刊登声明，要求出借人确保资金来源合法。[1]但事实上，P2P网贷平台单纯以公告方式要求出借人保证资金来源以及资金使用的合法性是不充分的。对此，应当要求P2P网贷平台对出借人资金来源负有审核义务，以要求P2P网贷平台关注大额资金出借以及可疑资金。但是，P2P网贷平台的事前审查义务到底应到何种程度？如果P2P网贷平台在审查出借人的基本信用后，厘定了其出借资金的额度范围，是否可以要求对方提供材料予以证明？或者P2P网贷平台只是作形式审查？事实上，P2P网贷平台没有能力把握资金是否合法，但可以在履行自己义务的时候发现大额交易与可疑交易。《中华人民共和国反洗钱法》（以下简称《反洗钱法》）第3条规定，金融机构和特定非金融机构应当……履行反洗钱义务。2018年10月10日，央行、银保监会、证监会联合发布《互联网金融从业机构反洗钱和反恐怖融资管理办法（试行）》规定了互联网金融从业机构，包括但不限于网络支付、网络借贷……等机构的反洗钱义务。上述机构应当建立和健全反洗钱

---

[1] 如"积木盒子"网站刊登"资金来源合法承诺"：您须保证并承诺：……您所用于出借的资金来源合法，并非毒品犯罪、黑社会性质组织犯罪……等任何犯罪，或者其他任何非法活动所得及或其产生的收益……；您不会将在积木盒子平台出借资金及或其产生的收益用作任何反国家、恐怖融资等违法犯罪活动……。

和反恐怖融资内控机制、有效进行客户身份识别、提交大额和可疑交易报告、开展涉恐名单监控，以及保存客户身份资料和交易记录。此类制度在P2P网贷平台中的建立与深化尚需时间，因此需要持续深入研究。

2. 特定债权让与模式的违法性分析

我国P2P网贷平台债权转让模式主要包括三种：普通债权转让模式、投资人债权变现模式和专业放贷人模式。2016年4月国务院办公厅发布的《互联网金融风险专项整治工作实施方案》要求P2P网贷平台"未经批准不得从事资产管理、债权转让、股权转让、股市配资等业务"。该文件并未直接禁止P2P网贷平台从事债权转让业务。实践中，普通债权转让模式和投资人债权变现模式法律风险较小。专业放贷人模式是P2P网贷平台采用较多且风险较大的模式。

不论哪种类型的债权让与，都可能涉嫌非法吸收公众存款或者擅自发行公司企业债券。首先，涉嫌非法吸收公众存款。非法吸收公众存款具体包括两种：本身即不具有法定主体资格但吸收公众存款，以及虽然本身具有法定主体资格，但采用的是高息揽储等非法方法吸收公众存款。2010年12月13日最高人民法院发布的《关于审理非法集资刑事案件具体应用法律若干问题的解释》第1条规定，同时具备下列四个条件的，应当认定为构成非法吸收公众存款行为：（1）没有经过批准或者借用合法经营的形式吸收资金；（2）进行社会公开宣传；（3）承诺在一定期限内还本付息或者给付回报；（4）向社会不特定对象吸收资金。在满足司法解释第1条规定的情况下，自然人作为借款人借款金额超过20万元或者向30人以上借款的，单位作为借款人借款金额超过100万元或者向150人以上借款的，借款人则有可能构成非法吸收公众存款罪。第3条规定，"……具有下列情形之一的，应当依法追究刑事责任：（1）个人非法吸收公众存款超过20万元的，单位非法吸收公众存款超过100万元的；……"。据此，在证券发行模式下，P2P网贷平台非法融资100万以上的，可认定为非法集资，100万以下则不用承担刑事责任。按照2014年3月25日最高人民法院、最高人民检察院、公安部发布的《关于办理非法集资刑事案件适用法律若干问题的意见》的规定，"为他人向社会公众非法吸收资金提供帮助，……，构成非法集资共同犯罪的，应当依法追究刑事责任"。据此，如果P2P网贷平台未能对借款人的借款金额进行限制或者未能对出借人数进行控制，那么很有可能构成非法集资罪的共犯。

其次，如果拆分后份额的购买人超过 200 人，则涉嫌构成擅自发行股票、公司企业债券。《中华人民共和国证券法》（以下简称《证券法》）第 180 条对这一行为的法律责任作出规定：责令停止发行，退还所募资金及利息，并处以罚款。最高人民法院《关于审理非法集资刑事案件具体应用法律若干问题的解释》第 6 条规定，……累计超过 200 人的，应当认定为《中华人民共和国刑法》（以下简称《刑法》）所规定的"擅自发行股票、公司、企业债券"。如果构成犯罪，则按照"擅自发行股票、公司、企业债券罪"定罪并追究刑事责任。

实践中，债权转让还涉及商业保理公司、融资租赁公司、交易所的债权和收益权等复杂情形。在商业保理公司直接参与交易的模式下，保理公司与 P2P 网贷平台签订协议。商业保理公司可以将自己与应收账款债权人之间的回购协议和担保等一并转让给投资者。《暂行办法》第 10 条第 8 项规定，P2P 网贷平台不得开展类资产证券化业务，不得实现以打包资产、证券化资产等形式的债权转让行为。2017 年，北京市监管部门下发《网络借贷信息中介机构事实认定及整改通知书》（以下简称《事实认定及整改通知书》）明确规定，P2P 公司"对接保理公司"资产系上述第 10 条第 8 项所界定的行为。据此，"P2P+保理"不符合网贷监管办法，存在被取缔整改的风险。除前述"P2P+保理"外，保理公司还将保理资产通过金交所挂牌，再通过 P2P 平台进行交易。这一行为涉嫌违反《暂行办法》第 10 条第 7 项关于 P2P 平台不得代销银行理财、券商资管、基金、保险或信托产品等金融产品的规定。金交所资产是否属于"金融产品"存在争议，如果被定性为金融产品，则 P2P 平台违反了该规定。北京市监管部门下发的《事实认定及整改通知书》明确规定，P2P 资产端对接金融交易所产品也属于上述第 10 条第 8 项所界定的行为。

3. P2P 网贷中个人信息权的法律保护

长期以来，我国对个人信息并未在法律层面规定，相关内容散见于相关规范性文件中。2010 年 7 月 1 日实施的《中华人民共和国侵权责任法》（以下简称《侵权责任法》）第 2 条第 2 款规定了隐私权，但未涉及其具体内容，因此还要从学理和判例角度对其内涵和外延进行认定。2013 年工信部颁布《电信和互联网用户个人信息保护规定》对个人信息保护作出相对全面规定，此后几乎所有互联网单行立法均对个人信息保护作出规定，如 2015 年就发布

《互联网广告管理暂行办法》《网络出版服务管理规定》《暂行办法》《移动互联网应用程序信息服务管理规定》等。2015年11月1日,《中华人民共和国刑法修正案（九）》（以下简称《刑法修正案（九）》）将"出售、非法提供公民个人信息罪"和"非法获取公民个人信息罪"合并为"侵犯公民个人信息罪"。司法实践中，侵犯公民个人信息罪的定罪、量刑标准尚不明确，法律适用存在争议。2017年10月1日实施的《中华人民共和国民法总则》（以下简称《民法总则》）第111条明确规定"个人信息"受法律保护，尽管法律对于个人信息权进行了规定，但鉴于个人信息范围极其广泛，所涉行业极其多样化，因此难以进行列举式描述，也导致在个人信息收集、处理和使用过程中适用法律存在一定障碍。实践中，在个人信息的采集、保护、公开等征信经营活动中没有可以直接适用的配套具体准则，阻碍了中国征信市场的健康发展。[1]

尽管《征信业管理条例》第13条、第14条规定："采集个人信息应当经信息主体本人同意""禁止采集宗教、基因、血型等个人信息""在未明确告知不良后果并取得书面同意外，不得采集有关个人收入、存款、有价证券等信息"，但由于互联网数据来源广泛、数据量大、主体分散，在数据采集之前对被征信主体进行充分告知并取得同意十分困难，且许多机构通过采集用户网络痕迹进行征信。网络的无界性使得采集的信息也没有界限，导致机构的信息采集很容易超出法定边界而进入隐私范畴。网络征信信息来源于电子商务、社交网络、网络借贷等，因此不但会采集到财产数据、网络交易类型、支付等信息，也会涉及生活习惯、行为方式、兴趣偏好等，而这部分内容难以被认定为征信所必须。实践中，用户很容易丧失自主权，只能被动接受机构对禁止或限制类信息的采集。此外，许多机构出于成本等考虑未对个人信用信息进行积极保护；还有一些机构存在技术漏洞，导致个人信息泄露；部分机构内控机制不健全，内部人员贩卖个人信息获取非法利益。

较之美国更多关注社会征信体制，欧盟及其成员国将立法重点置于个人信息和数据保护。欧盟制定一系列保护个人信息和数据的公约，如1981年欧共体《有关个人数据自动化处理之个人保护公约》确定了敏感数据限制处理

---

[1] 参见苏志伟、李小林：《世界主要国家和地区征信体系发展模式与实践——对中国征信体系建设的反思》，经济科学出版社2014年版，第25页。

原则、数据安全原则等；1995年《关于保护个人数据处理所涉及的个人保护以及保障该信息自由流动的指令》警惕数据化对个人隐私可能造成的侵害，关注于个人隐私权的保护，并特别规定权利受侵害时的救济措施；2002年《关于电子通信领域个人数据处理和隐私保护的指令》规定了个人隐私保护等。德国作为欧盟重要成员国，尽管没有制定专门征信业管理法，相关规定只是散见于商法等法律中，但有关个人数据保护的法律却很完善。2002年德国颁布《联邦数据保护法》，对个人数据进行细致严密的保护；《消费者金融法》对个人信息共享作出限制性规定。欧洲各国P2P网贷发展程度不同，但是对于特定的金融技术和模式创新，一般都是通过补充、修订现有法律给予鼓励。

我国社会信用体制还未充分建立，这对经济和社会现代化极为不利。对此，可参照美国做法建立完善的社会信用体制，并在此过程中参照欧盟做法加强对个人信息的保护。个人信用信息法律保护框架的核心体系是调整个人信用信息开放、保护，及其平衡关系的法律构成的体系。[1]对此，应明确个人信息的范畴，但个人信息是一个内涵和外延都极其广泛的术语，加之各行业对个人信息需求的不同与理解的差异，难以对个人信息范围作出统一界定。

四、主要观点和创新之处

（一）主要观点

1. 提高P2P网贷平台准入门槛

按照当前规范性文件的规定，平台公司只需到行政主管部门注册并领取营业执照，再到工信部门申请ICP许可证，之后再到行政主管部门申请在经营范围中增加"互联网信息服务"一项，即可展开网贷业务。按照《备案登记管理指引》第3条，网贷信息中介机构除完成登记注册、领取营业执照，还应在10个工作日内向当地金融监管部门申请备案登记。

上述规定强化了监管机关对P2P网贷平台的监管，在一定程度上保证了P2P网贷平台的质量。但事实上，将P2P网贷平台作为普通公司，适用公司法的一般规定，显然是不充分的。由于金融服务具有专业性和潜在风险性，作为金融信息中介的居间人应具有特定的经营资质。除对平台成立后的居间行为进行监管外，更应对平台成立前，换言之，平台设立中的事项进行规制，

---

[1] 参见白云：《个人信用信息法律保护研究》，法律出版社2013年版，第183页。

如设立条件与程序、当事人的义务与责任等，以从源头控制平台自身风险。具体而言，应对平台最低注册资本额、出资缴纳方式与期限、发起人资质、组织结构、内控制度、技术条件等作出详尽规定。据悉，监管部门将出台文件，对P2P网贷平台注册资本金等诸多事项作出更为严格的规定。目前，该文件正在征求意见中。

就发起人资质而言，尽管平台发起人的资质并不能完全等同于P2P网贷平台的资质，因为P2P网贷平台往往是由职业经理人打理，但是发起人完全可以控制经理人的选择，从而间接决定P2P网贷平台的素质。更何况如果其是大股东，显然可以直接控制P2P网贷平台，此时P2P网贷平台的素质绝对取决于其发起人。如果在P2P网贷中发生侵占、挪用、欺诈等行为，尽管平台及其主要负责人需要承担法律责任，投资人在滥用股东权利的情况下也必须承担连带清偿责任。但是，对于诸如出借人等主体而言，寻求事后违约、侵权救济，以及揭开公司法人面纱救济等，显然过迟且成本过高。对此，建议对P2P网贷平台投资人资格进行特别限制，如最近五年不得受过刑事处罚；最近三年未担任破产企业或者行政解散企业的主要负责人，且本人对破产、解散不负主要责任；具有法学或者经济学教育背景，且从事相关行业满三年等。

2. 试行"点对点"第三方支付机构存管

《暂行办法》将存管机构仅限定于商业银行，主要是基于对银行信用度与业务能力的信任，也是基于对第三方支付机构"资金池存管模式"所引发的"伪存管"现象的立法反应。但是，第三方支付机构"点对点存管模式"能够较为有效地满足P2P网贷资金安全的要求，加之第三方支付机构能够满足客户全天候资金划拨需求，这一模式依然具有存续的土壤。

目前，第三方支付机构为金融机构开立虚拟账户受到了规范性文件的限制。《非银行支付机构网络支付业务管理办法》第8条规定，支付机构不得为金融机构，以及从事信贷、融资等金融业务的其他机构开立支付账户。因此，即使《暂行办法》将存管机构扩大到第三方支付机构，在《非银行支付机构网络支付业务管理办法》的限制下，第三方支付"点对点存管模式"的适用也将局限于公民个人之间的借贷。

事实上，一种适宜的存管模式并不应当单纯以第三方机构的主体性质来判断，而更应当以存管账户是否独立来判断。因此，只要P2P网贷客户资金最终存管在商业银行，只要是以"商业银行"或者"第三方支付机构"为户名单独开设的专用存款账户或者专用支付账户，再为借款人和出借人开设二级子账户或者虚拟账户即可。用户完全可以通过密码、短信验证等方式对资金的转移和使用情况进行监控，从而确保网贷资金安全。

P2P 网贷资金第三方存管的推行，并不是监管部门对 P2P 网贷的遏制，而是出于对网贷行业健康发展的考虑，同时也是为了保障出借人合法权益的需要。商业银行作为存管人，具有资质、信用、风控等优势，但同时也存在效率较低、存管成本高、资金结算受限等不足。而第三方支付机构"点对点存管模式"由于其自身发展的合理性和可行性，不应"一刀切"地被完全抛弃。对此，笔者提出以下建议：一是不单纯以托管机构的主体性质简单地否定"点对点托管模式"，而是通过对存管账户独立性的判定来优化存管模式；二是修改《托管业务指引》相关规定，拓展商业银行托管业务，将网贷资金纳入银行托管范畴，同时制定规范性文件对具体模式和执行标准作出规定。

3. P2P 网贷"风险准备金模式"宜合法化

风险备付金来源于出借人出借的资金，汇集于 P2P 网贷平台并交于商业银行存管。对于该部分资金，如果 P2P 网贷平台内部治理存在缺陷，很容易出现挪用或侵占等问题，严重侵害借贷双方的权益。但是问题在于，类似于银行等金融机构同样汇集了大量客户资金，尽管偶发侵占或挪用，但情况极其少见。因此，问题并不在于资金的汇集，而在于资金管理的主体与机制。事实上，英国 Zopa 所设置的 Safeguard 安全基金，其资金就来源于 Zopa 向借款者按照一定比例所收取的手续费。该基金由一家非营利性信托机构 P2PS Limited 负责保管，并在借款人违约时以该资金偿还违约者所拖欠的本息。因此，重点在于加强 P2P 网贷平台准入监管，加强 P2P 网贷平台内部治理，在平台自身素质提高的情况下，赋予平台一定的汇集资金的功能也是可以考虑的。

P2P 平台风险准备金的主要问题在于 P2P 平台挪用，以及准备金规模过小不足以偿付债务。从法律上讲，风险准备金应属于借款人，而实践中风险准备金明显属于各 P2P 网贷平台。对此，首先，明确风险准备金归属于投出借人共有，只是由 P2P 平台代为管理。其次，由评估机充分考察历史数据，依据科学计算的方法，确定风险准备金的提取方式与金额。再其次，强调 P2P 网贷平台信息中介的性质，要求其不得在风险准备金之外用自有资金对债权人进行偿付。最后，在明确风险准备金所有权不属于 P2P 网贷平台的前提下，辅之以银行独立账户"存管"，使风险准备金真正独立于 P2P 平台。

4. P2P 网贷保证保险价值的发挥有赖于 P2P 网贷业务自身的规范

P2P 网贷业务与保险相结合，能够降低资金出借方的风险，为 P2P 网贷行业的健康发展提供一定保障。保监会发布的文件也足以证明监管层对 P2P 网贷保证保险业务的肯定与鼓励。但风险最终是在不同主体之间所进行的错位配置，在一般的保险险种下，保险公司风险相对较小，而债权人债权无法得到保障的风险则相对较大；而在保证保险下，保险公司显然风险更大，而债权人债权则能够得到更为充分的保障。监管者自然会在诸多价值取向中进行权衡。事实上，如果 P2P 网贷平台素质较高，保险公司显然倾向于提供保证保险，因为这不失为其保险费的重要来源；反之，对于保险公司而言，提供普通的财产险、人寿险服务，则是更为现实可行的选择。

保险公司作为理性的市场主体，自然会根据市场规则以及合作对象的资质对保险险种进行选择性供给。如果仅仅为促进 P2P 网贷发展而利用保证保险以实现三重目的：保证债权人安全、扩大保险公司业务以及鼓励互联网金融发展，结果往往会事与愿违，最终使保险公司成为风险承担者。事实上，西方许多国家的借贷保险并不是采用保证保险，而是采用由借款人购买人寿保险、健康保险和意外伤害保险等，对出借人的利益予以保障。在我国当前实践中，如何使 P2P 网贷商业保险作为一项单纯的市场活动吸引保险公司参与，是取决于多方面因素的，如 P2P 网贷平台的素质、社会信用体系是否健全等。因此，推进并深化 P2P 网贷保证保险是一项持续而复杂的工作，是一种在 P2P 网贷业务不断成熟与完善的前提下的对等适用。相应地，P2P 网贷保证保险的理论与实践是一个不断积累与深化的过程。

5. P2P 网贷个人征信制度的完善与个人信息权的保护应在动态中平衡

健全的个人征信制度是保障出借人利益的重要途径，但是存在征信与个人信息权、隐私权保护[1]之间的协调与冲突。信息是数据的含义，数据是信息的载体。接收者对信息进行识别后，以声音、符号、图像、数字等数据形

---

[1] 个人信息的范畴要大于隐私。个人信息是与特定自然人相联系的、反映个人特征的、具有可识别性的类型化信息，包括个人身份、工作、财产等。隐私主要是自然人所享有的不为、也不愿为外界所知的个人秘密。个人信息权和隐私权都属于人格权范畴。个人信息权包括个人对信息被收集、使用等的知情权，以及自己使用或者授权他人使用的决定权等；对于可以公开且必须公开的个人信息，个人也享有一定的控制权，如有权了解在多大程度上公开、向谁公开，以及他人基于何种目的使用等。因此，大陆法系学者又将个人信息权称为"信息自决权"。个人隐私权是指个人所享有的维护个人私密生活安宁、个人秘密不被公开、个人私生活自主决定权。

式进行储存和传播。数据权依据主体不同可以分为数据公权和数据私权。平台享有数据公权,有权对交易客户的交易数据进行正常管理和利用。客户享有数据私权,有权获得平台交易保护,以及利用自身或其他客户相关数据。欧盟则侧重于个人信息权和隐私权的保护,这导致2016年4月14日欧洲议会通过了规制个人数据或个人信息的《通用数据保护条例》(General Data Protection Regulation,简称GDPR)。尽管美国传统上认为数据是商业化操作的结果,但在Facebook和剑桥分析公司数据泄露丑闻爆发后,这种观点备受质疑。在我国,数据被视为企业的经济、技术优势甚至财富,但是在Kittok因泄露个人隐私在欧洲被罚款数百万美元后,我国学界和商界对个人隐私权和数据权的保护给予了更多关注。尽管我国实践对征信体制的建立、健全具有迫切需求,市场繁荣在一定程度上也有赖于平台对其数据公权的行使,但是考虑到个人作为弱势方其权利应得到强调,加之国际立法趋势,个人信息与数据权保护的必要性也随之上升。

个人信用信息法律保护框架的核心体系是调整个人信用信息开放、保护,及其平衡关系的法律构成的体系。[1]对此,应明确个人信息的范畴,但个人信息是一个内涵外延都极其广泛的术语,加之各行业对个人信息需求的不同与理解的差异,难以对个人信息范围作出统一界定。对此,可以采取本质描述与现象列举的方式,以涵盖不断发展的各行业对个人信息的理解与需求。但无论如何,机构获取个人信息权利,都要受到被征信人对其信息被征信机构采集的知情权和同意权的约束。

(二) 创新之处

1. 视野创新

以创新与监管博弈为视角对当前P2P网贷问题与风险予以解读,并基于市场与政府、制度创新与路径依赖、法律与社会等角度提出对策。在互联网技术日新月异的当下,随着个人与企业投融资需求的不断释放,传统正规金融难以满足各方需求,在这种情况下,作为普惠金融的P2P网贷应运而生。但作为任何一种新型事物,都有可能获得支持也有可能遭受各方质疑。政府作为监管者在与金融创新的动态博弈中或偏向创新与效率,或偏向保守与安全。

---

[1] 参见白云:《个人信用信息法律保护研究》,法律出版社2013年版,第183页。

对于金融类制度创新而言,其具有极大的可借鉴性或称为可移植性,在市场经济作为全球共同经济平台,在互联网技术几乎遍及全球各个角落,当资金融通突破时空限制时,P2P 网贷成为一个全球共通的现象。较之于作为其起源国的英美,我国 P2P 网贷拥有更丰厚的土壤。人口众多、幅员辽阔,都成为 P2P 网贷兴起,短期内迅速发展的重要原因。尽管如此,我国长期存在信用体制不健全、投资者投资知识匮乏、风险意识不强等因素,从而导致 P2P 网贷行业爆发出一系列问题甚至导致局部金融风险。一些传统路径依赖因素的存在,对 P2P 网贷这一制度创新不可避免地形成掣肘。

需求创造它的供给,P2P 网贷短期在我国迅速发展显然说明了其具有极其深厚的社会土壤,具有极其强大的社会需求,然而对于这种社会需求甚至可能是非理性的社会需求,显然需要立法者进行判断,由监管者进行监管,并通过法律加以引导。在存在信息不对称、市场主体认识缺陷等因素的情况下,监管者显然应当介入这一领域而不是放任其自由滋生。

2. 理论创新

课题基于多学科理论及观点,提出金融创新风险与互补性理论、制度自生自发与移植等作为规制平台公司的理念与方法。这一方面取决于该新型金融制度本身的价值与风险,也取决于监管者是否勇于面对新生事物挑战的监管态度,是否拥有完善的监管技能与手段,以及是否在整个社会体系中拥有有形的或者无形的互补性的配套制度,如征信制度、保险制度,以及主体投融资风险与诚信意识等。因此,任何法律对策的设计都不是孤立地针对某一个突发问题或者某一类经济社会风险而独立制定的,而是在整个国家甚至全球的社会治理框架下,充分考虑到一国历史与现状、文化传统与法律制度等各方面综合因素的基础上设计出来的。这不仅对于监管者设计监管对策而言是必要的,对于社会理解监管者的监管对策也是必要的。

P2P 网贷本身作为一项移植而来的新型金融模式,在我国互联网技术高度发展的支持下,在我国甚至取得了较其母国更快的发展速度,以及更大的普及面。对于这一金融创新,我国立法者在承认其经济与社会价值的前提下,也针对其弊端、问题与风险积极采取监管对策以及其他法律对策。对此,采取域外立法与经验的比较与借鉴显然是节约制度设计成本的重要选择。当然,同一种制度在不同国家或者地区的发展显然会具有自身国特色,因此自生自发而形成的制度更具适应性。如对于 P2P 网贷的定性,美国将其定性为证券发行，而我国将其定性为民间借贷；美国将提供资金一方界定为投资人，而我国则将其界定为出借人。探讨更适合本土的制度设计，从法律定性到法律关系，再到业务流程，再到问题与对策，将更具针对性。

3. 对策创新

对于 P2P 网贷平台及以网贷平台为居间人所达成的网贷交易，采取系统化对策设计。从 P2P 网贷平台的市场准入、居间行为，再到 P2P 网贷平台的退出整个流程进行分析与对策设计。对于市场准入，提出除现行规范性文件所要求的备案之外，还应从发起人资质、注册资本金、内部治理等方面进行严格监管，以从源头抑制 P2P 网贷风险。对于 P2P 网贷平台居间促成的网贷交易，重点从 P2P 网贷平台以及借贷双方探讨交易中的典型问题及对策；为确保 P2P 网贷顺利进行，从 P2P 网贷资金存管、担保、保证保险、个人征信制度等微观层面进行制度设计，并从宏观角度，探讨促进 P2P 网贷发展的税收制度。对于 P2P 网贷平台的退出，建议在各地颁行的退出指引的基础上，形成统一的退出制度，并强调在退出过程中对债权人进行有效保护。

五、研究思路与研究方法

（一）研究思路

搜索并整理国内外重点期刊的论文、论著，奠定文献基础；基于文献和理论梳理，构建"金融创新与监管"、"政府监管与市场自治"、"宏观监管与微观对策"等分析框架；收集数据进行统计分析，针对 P2P 网贷平台进行个案研究，对实践中的典型问题进行分析，并得出结论；提出全面、具体的法律对策，并通过理论模型予以测试。

梳理文献，明确研究思路与框架。本研究搜集和梳理了 P2P 网贷国内外相关文献，从理论资料、实证调研资料、法律法规资料、统计分析资料等进行分类归纳，提炼观点，用于确定研究思路、构建理论框架，确定研究重点，寻求理论与制度突破。

把握实际，揭示制度需求。P2P 网贷尽管在我国诞生时间不长，但是其不仅满足了中小企业和个人的融资需求，也为出借人提供了资金增值渠道，在短时间内得到迅猛发展。但是其问题亦极为突出，甚至引发一定经济、社会风险。对此，明确核心问题并提出对策，在满足社会需求的基础上，实现

P2P网贷的良性发展。

对照我国问题，借鉴域外经验。P2P网贷产生于英国并在美国及其他国家得以发展，尤其在我国发展势头更为迅猛、普及面更为广泛。尽管我国P2P网贷具有本土特色，但借鉴域外成熟经验并加以适度改造，可以有效节约制度设计成本。

系列专题，遵循法理逻辑。在前述基础上，形成系列专题研究，从P2P网贷平台这一网贷核心载体的法律规制出发，分别研究网贷资金存管、网贷担保、网贷保险、网贷个人征信以及网贷税收制度等。上述专题按照P2P网贷平台的规制、P2P网贷的基本模式与流程进行安排，并围绕债权人保护主体实现彼此之间的契合。

标本兼治，形成对策方案。提出对策是研究的最后环节。主要是对立法体例设计、重要概念界定、制度分工与协调、条文表述（法言法语、条款项定位）等一系列立法技术问题进行研究，将前述实质性研究成果外化为一系列立法对策。

（二）研究方法

跨学科研究法。法学作为一门社会科学，其研究方法是多样化的。不仅包括法学特有的规范分析法，还包括经济学、社会学，乃至哲学、伦理学等多学科研究方法。从多重研究视角对P2P网贷进行审视、把握，探求其产生根源、现存问题、发展态势，并寻求最恰当的规制方案，以实现监管与创新之间的动态平衡中，最大化地保障借贷双方利益以及社会经济秩序。

比较研究法。总结域外P2P平台实践经验，考察其问题与风险，通过统计形成类型化结论；考察域外网贷行业监管立法与实践经验，在对我国平台实践与网贷监管立法与实践进行有效把握的基础上，对我国后续立法提供参考。

调查研究法。本研究坚持专业调查和社会调查相结合的方法。专业调查主要针对从事P2P业务的专门机构，社会调查则主要针对普通公众，力求从不同角度寻求对同一法律问题的认识，保证调查结果的真实性和可信性。本研究以访问调查为主。访问调查具有直接、灵活、随机、方便等优点，可适用于对某一问题的定性研究与定量研究。

个案研究法。调研P2P机构操作规程样本，并按照"表现—问题—风险—对策"展开个案研究，为课题研究提供实证材料。针对P2P网贷不同模式，选择拍拍贷、陆金所、红岭创投等 P2P 网贷平台为具体研究对象，在梳理网贷业务操作流程的基础上，结合实践中的典型案例，明确各环节所可能出现的问题，探讨现实与潜在风险，并寻求有效对策。

第二部分
P2P 网络借贷平台公司的法律规制

第一章
P2P 网贷平台及其金融监管

一、域外 P2P 网贷平台及其金融监管

（一）英国借贷型众筹平台及金融监管

P2P 网贷诞生于英国。2005 年，英国第一家真正意义上的 P2P 网贷平台 Zopa 成立。Zopa 采取纯中介式运作模式，居间撮合交易并收取一定费用。同时，Zopa 还设置安全基金，为借款人的本息提供保障。

2013 年，英国决定将 P2P 网贷平台纳入英格兰银行下属的金融行为监管局（FCA）的监管。金融行为监管局并没有将网贷命名为 P2P，而是将其视为众筹当中的借贷型众筹。众筹包括两种模式，一为借贷型众筹，即本书所述的 P2P 网贷；二为股权型众筹，是指投资人为了成为股东而通过网络平台对某一公司或某一项目进行的投资行为。金融行为监管局认为，上述两种众筹模式的风险不同，应针对不同模式的众筹采取不同的监管手段。

对于借贷型众筹进行的监管主要包括两个方面：以金融行为监管局发布的监管文件为主，监管文件中未提及的标准，则以行业协会制定的行业标准作为补充。具体包括以下七个要点：第一，关于市场准入的要求。P2P 网贷平台必须获得牌照才能经营；未获得牌照而经营的，将会被处以重罚；第二，对已经获得牌照的平台提出最低运营资本的要求。要求每个 P2P 网贷平台在 2 万英镑和动态营运资本中选取最高值作为最低运营资本[1]；第三，要求客户资金与平台资金分开管理；第四，投资者必须能够获得足够的保护，具体包括网站必须明确揭示风险、利率和费用的标示必须公平和明确等；第五，对

---

[1] 参见黄震等："英美 P2P 监管体系比较与我国 P2P 监管思路研究"，载《金融监管研究》2014 年第 10 期。

未到期债权需要建立事先准备机制，以免平台在破产时对金融消费者利益造成损失；第六，必须建立纠纷解决机制，使客户投诉能够得到及时有效的处理；第七，建立平台报告制度。平台必须定期向监管机构 FCA 提交财务报告、客户资金报告、贷款信息报告以及客户纠纷意见处理报告等[1]。

此外，英国 P2P 网贷行业的监管模式较之于其他国家监管模式的最大特点之一就是英国的自律性行业组织在监管中发挥了重要作用。2011 年，Zopa、Ratesetter 和 Funding Circle 三家 P2P 网贷公司在英国成立了 P2P 金融协会。此后，协会一直按照章程积极开展行业自律[2]。他们制定了平台设立的最低标准，减轻了监管当局的工作压力，使当局能够更好地展开监管。英国政府明确指出，各 P2P 网贷公司在开展业务时，不仅要遵守国家制定的规范性文件，也要遵守 P2P 金融协会所制定的行业标准和规范。英国当局的决定，促进了行业自律协会的积极发展，也促进了整个 P2P 行业的规范和发展[3]。

（二）美国 P2P 网贷平台及金融监管

自 Zopa 诞生以来，其模式被美国、欧洲大陆、日本等国家或者地区所借鉴。2006 年，美国第一家 P2P 网贷平台 Prosper 成立。2007 年，Lending Club 成立。2008 年，Prosper 被美国州政府勒令停业，直到 2009 年恢复业务时，其已元气大伤。现在，Prosper 的规模只是 Lending Club 的一半左右。

Prosper 的标签是：美国金融史上第一个 P2P 网贷平台。凡是拥有社会保障号、个人税号、银行账号的美国公民都可以在其网站注册，进行借贷交易。客户在平台注册后会获得相应的信用评级，最高为 AA 级，最低为 HR 级（High Risk）。借款人需要进行征信，提供有关钱款使用方向的说明，并表明自己能够接受的利率。投资者首先需要将款项存放于 Prosper，再以类似拍卖的程序进行竞拍。投资者可以看到借款人登记的信用状况，也可以通过向借款人提问以确定其信用状况。最终借款人的借款达到其预期的借款目标时，Prosper 就会按照当时最高的借款利率，放款给借款人。

尽管 Lending Club 成立在后，但却是美国也是全球最大的 P2P 网贷平台。Lending Club 与 Prosper 相同，都采取"线上纯信息中介"模式。Lending Club

---

[1] 参见彭冰："P2P 网贷与非法集资"，载《金融监管研究》2014 年第 6 期。
[2] 参见吕祚成："P2P 行业监管立法的国际经验"，载《金融监管研究》2013 年第 9 期。
[3] 参见中国人民银行济南分行课题组等："我国互联网金融监管的法律规制研究"，载《金融发展研究》2014 年第 10 期。

商业模式中，核心环节是与 WebBank 的合作。WebBank 向借款人发放贷款，然后将债权转让给 Lending Club，Lending Club 再以债权收益权凭证的形式出售给投资者，即投资人购买的是 Lending Club 发行的"会员偿付支持债券"。如果借款人不能按期偿付，投资人独自承担投资损失，Lending Club 不会给予补偿[1]。Lending Club 发挥的是信息媒介的作用，其本身并不提供资金担保。

2008 年爆发的次贷危机不仅改变了美国的市场结构，也在某种程度上转变了监管当局的态度。《多德-弗兰克华尔街金融改革和消费者保护法》（以下简称《多德-弗兰克法案》）等法案的出台，以及美国证券交易委员会（SEC）干预 P2P 市场的发展，都在不同程度上反映了 P2P 网贷行业的市场状况与监管态度。美国监管当局对 P2P 市场的监管开始由注重市场自律转变为注重强化政府管控。

对 P2P 网贷平台的监管并不是由美联储进行。因为美国最初将 P2P 网贷公司视为与银行无异的金融机构。就银行的成立而言，在美国各州注册银行，既可以不加入联邦的美联储体系，也可以不加入州联储体系。这就意味着，在美国不存在所谓银行牌照和准入问题。从这个意义上，在美国创立银行更像创立一家一般公司，不需要由某个政府部门颁发牌照[2]。就经营与银行存贷款业务相类似业务的 P2P 网贷平台而言，也无须履行比银行成立手续更为严格的手续。因此，对 P2P 网贷平台的监管也无需由央行进行。

2008 年，美国证券交易委员会认定所有 P2P 交易的性质为证券发行与投资，因此每一笔业务均需要申请注册。Lending Club 主动采取相应措施以应对美国证券交易委员会的监管，其主动关停相应业务，并且准备申请注册。但是，当时的 P2P 巨头 Prosper 却不为所动，以致在通知期限到期时，美国证券交易委员会以 Prosper 违反 1933 年证券法案为由，责令 Prosper 限期关停[3]。关停一段时间后，Prosper 元气大伤，虽然成立在先，但其先前占尽的市场早已在这场战役中被 Lending Club 所抢占。直到现在，这一局面仍未被打破，Lending Club 依然遥遥领先。

---

〔1〕 参见张建刚、田静："Lending Club 上市对中国 P2P 网络借贷发展的启示"，载《互联网金融》2015 年第 7 期。

〔2〕 参见郝继涛："P2P 网贷：中美冰火两重天"，载《经理人》2014 年第 1 期。

〔3〕 参见美国 1933 年证券法案，载 https://www.sec.gov/litigation/admin/2008/33-8984.pdf，最后访问日期：2015 年 2 月 27 日。

2010年，美国总统签署并颁布《多德-弗兰克法案》，旨在改善金融体系问责制和透明度。由于美国政府将P2P网贷平台以及网贷公司视为与普通银行、证券机构等无异的金融机构，美国政府并未对其实行特殊管制，而是将其归属于美国证券交易委员会监管。然而该法案对P2P网贷平台的影响却远不如对一些大型金融机构影响大，但其依然导致P2P市场的深刻变革，具有自己的独特威力[1]。由于美国证券交易委员会的管制，P2P市场中的其他中小竞争者纷纷倒台，只有Lending Club和Prosper这两家巨头产业存活了下来，几乎相当于对美国P2P行业市场进行了一次整顿[2]。

对于借贷双方的监管，美国当局更愿意将其分开进行。对于投资者（investors）的监管，主要是由证券监管部门来管理。因为投资者大多将自己的资金以购买证券等形式转移出去；对于借款方（borrowers），则由不同的金融服务机构来监管。美国采取的是以一个部门为主，多个部门共同监管的监管模式。除美国证券交易委员会外，美国消费者金融保护局（CFPB）、联邦贸易委员会（FTC）和联邦存款保险公司（FDIC）均对P2P实施监管。美国消费者金融保护局针对达成具体交易的借贷双方的行为进行保护，将交易双方视为金融交易的消费者，一方面对其行为进行监管，另一方面对他们的合法权益进行适时维护。联邦贸易委员会的监管与美国消费者金融保护局类似[3]，也是通过对放款人和借款人的保护，进而对相关行为进行监管[4]。联邦存款保险公司则是从联邦监管的角度，提供存款延伸保险，实现对资金池的监管[5]。

当然，上述监管方式也被一些学者质疑，他们仍在探索新的监管方式。美国审计局（GAO）曾发布报告，指出P2P涉及一个非常广阔的领域，美国政府不禁止也不极力推崇该金融模式的发展。对其监管，也是按照普通债权

---

[1] See Magee. J., "the Dodd-Frank Wall Street Reform and Consumer Protection Act: Peer-to-Peer Lending in the United States: Surviving After Dodd-Frank", North Carolina Banking Institute, 2011, pp.139-174.

[2] 参见史煜成："美国SEC对P2P网贷平台的监管及其对行业发展的影响"，载《经营管理者》2014年第10期。

[3] 参见杨立新、王占明："全球消费者行政设置述评"，载《河南财经政法大学学报》2013年第1期。

[4] 参见中国人民银行济南分行课题组等："我国互联网金融监管的法律规制研究"，载《金融发展研究》2014年第10期。

[5] 参见吴军、孙晓骏："建立存款保险制度势在必行"，载《中国保险》2005年第2期。

和证券化交易的处理方式来进行。尽管一些学者也提出了一些新的监管方案，如美国著名学者 Eric. C Chaffee，以及 Geoffrey. C Rapp 在其合著中指出，P2P 是一个不断变化发展的金融产业，对其监管不应停滞不前，应随势而变。他们预想建立一个专门机构作为 P2P 的监管机构，但是他们也意识到该制度在现实生活中被执行起来存在两个难题。一方面，P2P 网贷是一种相对较新的金融现象，监管当局有时也处在混沌迷乱之中。另一方面，P2P 网贷平台创新能力强，各种新模式层出不穷，发展规模也是日新月异。对于监管当局而言，如果想要判定一部统一的可以长久使用的文件来管控 P2P 行业并非易事。

美国现阶段对 P2P 采取的监管方式十分恰当且符合其国情。第一，较之于制定一部新法律，运用既有规范性文件且该文件能够被有效适用，将能够有效节约立法成本，因此没有必要再制定新法律去管理和控制一种新型金融形式。第二，P2P 风险仍然可控。尽管 P2P 网贷平台的发展规模和速度比传统银行业显著，但这并不意味着 P2P 的业务量和总体规模可以超越传统金融行业。因此，监管者对其既不应过分推崇也不应过分抗拒。第三，美国管制 P2P 网贷平台的出发点之一是为了保护消费者合法权益。美国证券交易委员会联和消费者金融保护局可以更全面地保护借贷双方的利益。第四，从鼓励金融创新的角度出发，对 P2P 网贷平台的监管不应过分严苛。当前大多数金融创新、产业创新，乃至一项新发明都被人们所推崇，P2P 也不例外。

总体而言，美国对 P2P 网贷平台的监管经历了由宽松到严格，由自由真空到归口于美国证券交易委员会监管的转变。尽管美国本土学者对美国证券交易委员会的监管还存有疑问，但是美国证券交易委员会事实上维持了 P2P 行业的有序发展，结束了美国的 P2P 行业的监管真空。至于未来监管走向，应与美国 P2P 网贷平台的发展相结合。但无论采取哪种模式，都应从维持国家经济平稳、健康发展的角度出发。

(三) 简评

英国是 P2P 网贷的发源地，尽管美国 P2P 网贷在英国之后发展起来，但其规模和影响都非常大。两国监管模式的共同点之一就是都非常注重对投资者利益的保护。但两者对 P2P 性质的认定不同而且采取的监管模式也不同。美国根据 1933 年证券法案将 P2P 领域中买卖债权凭证的行为视为证券行为，对其适用证券法案的要求，人数众多的借款人被定义为证券发行人。但是，为了更加便捷地管理，美国证券交易委员并未将借款人视为证券发行人，而是将网贷平台视为证券发行人，要求其履行注册和信息披露义务。英国对于P2P网贷型众筹，归口英格兰银行下属的金融行为监管局监管。就设计并完善我国监管模式而言，实际上并无统一标准或者规律可循，这最终取决于我国的实际情况，以及既有的监管模式。

二、我国 P2P 网贷平台的运营模式

（一）纯线上模式 P2P 网贷平台的运营模式

P2P 公司搭建互联网平台，借款人在平台上发布借款需求，出借人参与竞标，P2P 网贷平台撮合双方达成交易，并从中收取一定服务费。一旦借款人丧失还款能力，投资者只能风险自负。纯线上模式意味着获取借贷信息、信用风险控制、交易达成、审查放款等全部流程都在互联网上完成，更意味着平台不介入交易、不吸储、不放贷、不提供担保，以及不垫付本息。这是一种最原始的 P2P 网贷平台的运作模式，平台自身性质和职能明确，所涉法律关系简单。尽管较之于自担保模式或者债权让与模式，纯信息中介模式对出借人的吸引力不强，但其单纯的运作模式，使各方角色更加明晰，避免P2P 网贷平台作为担保人承担"信用中介"职能所导致的角色重叠和风险陡升等问题。

（二）债权让与模式 P2P 网贷平台的运营模式

按照《暂行办法》的监管思路，P2P 网贷平台的债权转让类产品的生存空间已被严格压缩，合规的仅仅是 P2P 平台提供的不涉及用户资金的纯信息中介的债权让与模式。我国 P2P 网贷债权让与模式主要包括两类：出借人债权变现模式和专业放贷人模式。

出借人债权变现模式，是指原出借人将其投资的标的转让给平台上的其他出借人，原出借人实现资产变现。平台并不介入此类债权转让，债权人与受让人之间达成协议，履行向债务人的通知义务即可。目前，P2P 网贷平台都提供该种交易模式。对于银行作为债权人的情况，如果该债权并非不良债权，其是否可以转让是存在争议的。如果允许此类债权的转让，将不可避免地出现企业之间变相借贷的行为，扰乱市场金融秩序，因此不应当被允许。如果针对不良资产形成的金融债权，按照最高人民法院颁布的一系列司法解释，债权人可以将债权转让给金融机构或者社会公众投资者等主体。对于非银行金融机构的民事主体可否进行民间借贷金融债权的转让，则取决于是否

第二部分　P2P 网络借贷平台公司的法律规制

属于《合同法》所规定的除外情形。

这一模式还涉及债权真实性问题。如果针对同一平台的借款人，债权真实性一般有所保障；但是如果是其他债权，则可能存在虚构问题。如果"出借人"与"借款人"之间的债权是伪造的，则会导致债权受让人的债权无法实现。对于此类债权转让，P2P 网贷平台应充分审核其真实性以及借贷双方的资信状况。此外，即使债权是真实的，如果债权转让未能有效通知债务人，债务人仍有可能向原出借人履行偿债义务。在原出借人不诚信的情况下，则有可能侵占该资金。P2P 网贷平台应在债权转让的同时，协助履行通知义务。

专业放贷人债权转让模式。专业放贷人通常为平台的实际控制人、平台财务，或者平台易于控制的其他个体，他们以自有资金向借款人放款后取得债权，再把债权按金额、期限打包错配，小额分散给出借人，并承诺到期回购债权。在此种模式下，P2P 网贷平台承担着借款人的信用审核以及贷后管理等职责。具体操作模式如下：

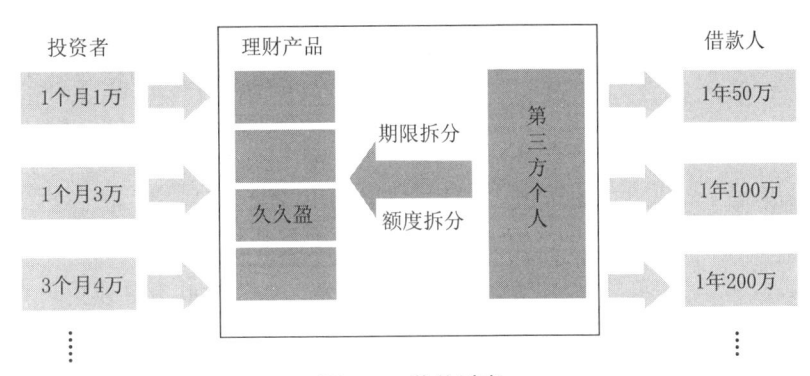

图 1-1　普益财富

为使"自有"资金快速"增加"，专业放贷人会采取延期结账的办法，提高自己的可贷资金量。加之收取的服务费、管理费等各项费用，专业放贷人可贷资金量可以达到其本金的 1.3 倍之高甚至更多，从而形成了资金杠杆。放贷人在多次放贷后，此类杠杆就会多次叠加，进而形成了杠杆风险。除风险较大外，《暂行办法》要求平台只能作为纯信息中介，专业放款人模式显然不符合这一监管思路。《暂行办法》第 10 条第 2 项禁止 P2P 网贷信息中介机构"直接或间接接受、归集出借人的资金"，尽管大多数情况下，平台投资人或者与平台有密切关系的其他人是专业放贷人，但是也不排除有其他放贷人的存在。实践中，这一模式的潜在违法性极强。

三、我国P2P网贷的金融监管

（一）监管主体与内容

1. 监管主体

在金融领域，我国实行分业经营、分业监管模式。银监会[1]根据授权，统一监督管理银行、金融资产管理公司、信托投资公司以及其他存款类金融机构，维护银行业的合法、稳健运行。我国P2P网贷面临长时间的监管缺失，这也是我国P2P网贷平台得以迅速发展的另一个维度的原因。

2011年8月23日，银监会发布《关于有关人人贷有关风险提示的通知》，指出银监会是P2P的监督管理机构。2015年7月，央行等十部门发布《指导意见》，指出"网贷业务由银监会负责监管"，原则上明确了P2P网贷平台的监管主体。2016年8月17日，银监会等四部门发布的《暂行办法》设计了中央与地方双层监管体制。具体而言，银监会负责P2P网贷行为的监管，地方省政府负责网贷机构的监管。《P2P风险整治方案》对中央与地方在P2P网贷整治活动中的职责分工作出了明确规定。

按照《P2P风险整治方案》，中央设立网贷风险专项整治工作领导小组，该小组成员由多部委代表组成。银监会是组长单位，相应地，领导小组办公室也设在银监会。银监会负责统筹P2P网贷风险整治，具体负责制定规则、培训部署、划定"红线"，并进行督导汇总。地方各省级政府具体负责本地区P2P网贷的风险整治，并由省金融办与银监会省级派出机构共同设立"专项整治联合工作办公室"。该办公室会同其他地方政府部门，组织实施专项整治工作，建立风险事件应急制度和处置预案等。

20世纪90年代，我国将金融监管权统一收归中央，此举有利于金融监管措施能够被整齐划一地采取，也有利于金融秩序的稳定。但是，在全国一盘棋下，一些地区的金融资源被转移到经济发达地区用于经济建设，不利于调动其他地区的积极性和主动性，甚至导致一些地方的经济长期处于低迷状态。近年来，随着金融业态的细化，诸如小贷公司、融资担保公司等准金融机构

---

[1] 2018年4月8日，中国银行保险监督管理委员会成立。这意味着，2003年4月28日成立的银监会和1998年11月18日成立的保监会正式退出历史舞台。

的监管权限被下放到地方,地方金融监管机构得到了一定程度的发展。各地政府也纷纷设立金融办,对本地区的准金融机构进行监管。

我国一些地方政府也出台了对 P2P 网贷平台的监管文件,如温州和鄂尔多斯。在这些地区,民间资本相对较多,社会资本需求较大,民间资本的安全性直接关系到经济是否稳定。2014 年 2 月 28 日,温州颁布《温州市民间融资管理条例实施细则》,明确将 P2P 网贷纳入民间借贷管理范围,将其划分到民间融资信息服务企业类型加以监管。鄂尔多斯也是如此。但是,由于大多数 P2P 网贷平台提供跨地域交易,仅依靠某一地方政府,难以对 P2P 网贷平台进行有效规制。因此,各地政府之间的协同监管对于 P2P 网贷平台的规范发展而言至关重要。

此外,我国已经成立自律性行业协会,如中国小额信贷联盟(China Association of Microfinance,CAM)。该机构实行会员制,宗旨为通过为会员机构提供服务和支持,提高小额信贷机构的覆盖面和可持续性以及行业的整体能力和水平,为没有充分享受金融服务的群体(特别是贫困和低收入人口)提供普惠金融服务[1]。再如 2011 年上海地区成立的"金融信息服务行业专委会",大部分成员都为 P2P 单位。2012 年,该行业自律协会提出国内首个 P2P 准入标准,并在实践中发挥了良好作用,使上海 P2P 网贷行业较其他地区更加成熟和稳定[2]。对于市场可以通过自身调节控制的,应该放开权限,让市场"价值规律"发挥作用;而针对行业中存在的个别问题或是指引性要求,应赋予自律性组织自我调节权。具体而言,行业协会可以出台相应文件,对于市场中的不道德行为进行谴责,也可以拟定相关标准作为全行业参考。在 P2P 网贷领域,美国和英国都承认并相当依赖自律性行业组织的力量。

2. 监管内容

较之于对市场主体的准入与退出的监管,我国监管机构长期关注于行为监管。银监会的《暂行办法》对 P2P 网贷平台划定了"十三条红线",禁止 P2P 网贷平台从事自融、自担保、项目拆分、发售理财等产品、股权众筹、吸收存款、设立资金池等。不过,《暂行办法》允许 P2P 网贷机构引入第三

---

[1] 参见中国小额信贷联盟官方网站:http://www.chinamfi.net/,最后访问日期:2015 年 3 月 8 日。

[2] 参见赵毅:"互联网金融的监管困境与反思",载《学理论》2014 年第 32 期。

方机构担保，也允许其与保险公司合作。

事实上，作为市场主体的平台准入和退出也应是监管重点。在我国，P2P 网贷平台公司按照《中华人民共和国公司登记管理条例》（以下简称《公司登记管理条例》）注册，并依照《互联网信息服务管理办法》和《互联网站管理工作细则》在工信部门进行网站备案。此外，《备案登记管理指引》还要求新设 P2P 网贷机构在金融监管部门进行备案登记。比较而言，在美国成立 P2P 网贷平台的门槛较高。美国监管部门不仅要求平台公司在申请登记的时候必须满足资本和资历的要求，还要求平台满足 IPO 标准。这也是两家最大的 P2P 网贷平台 Prosper 和 Lending Club 基本占据了整个美国市场的原因。市场准入门槛较高使得美国 P2P 网贷市场格局十分清晰，也为监管部门进行有效监管提供了便利。质言之，美国以准入的高成本，换取了保护债权人利益与市场秩序的低成本。尽管 P2P 网贷平台性质上属于信息中介，但是毕竟参与资金融通，这也是为何 P2P 网贷平台在我国诞生时，学者将其定性为"准金融机构"的原因。鉴于 P2P 网贷与一般行业不同，在这一领域不宜降低甚至还应当提高平台准入门槛。

2016 年，银监会等部委联合印发《P2P 风险整治方案》，将网贷机构划分为合规类、整改类、取缔类三大类，制定差别化措施进行分类处置。2018 年 8 月，网贷整治办下发《P2P 合规检查通知》提及，截至 2018 年年底的 P2P 网贷合规检查应采用分类处置方式。为贯彻落实上述规范性文件，各地互金协会制定和发布退出指引。但每项文件后均标注"试行""草案""征求意见稿"等字样。随着网贷行业的合规化，未来暴雷、跑路等恶性退出的网贷平台会越来越少，类似普通公司解散、破产清算的情况会随之增多。对于自然终止经营的平台，需要由规范性文件加以指引。对此，监管部门应明确平台退出原则、标准及方式，并成立督导小组或者将督导工作具体委托市场监督管理部门等负责。

（二）金融监管的完善

1. 注重流程监管

第一，加强对 P2P 网贷平台市场准入的监管。一方面，应出台市场准入标准，适度提高市场准入门槛。在设立要求方面，由于目前我国公司设立门槛降低，"一元钱即可成立公司"，对于 P2P 平台这种金融性较强的公司而言,可以适当在注册资本方面提高标准[1];另一方面,对平台负责人以及高管而言,应适度提高其任职资格,如要求负责人及高管在经济方面没有犯罪记录,在一定年限内没有重大欠款现象,或在其他破产或濒临破产的实体企业中未担任主要负责人等要求。对平台公司市场准入的监管是监管的首要步骤,也是管理 P2P 市场的第一道防线。

第二,完善国家征信系统。一方面,建立国家征信体系可以减少信息不对称,保护出借人资金安全,减少平台公司运营风险。在欧美国家 P2P 行业中,利率的确定采取的是"相对自主化模式",即利率的浮动范围首先是由 P2P 平台根据借款人的自身情形确定一个浮动区间。我国 P2P 网贷平台的利率是由借款人先行确定最高利率,而具有相似情形的借款人为获得资金会选择不同承受能力的利率。这样的"利率纯自主化模式"加大了资金出借方对借款人能力评估的难度。如果拥有完善的征信体系,出借人可以依靠个人征信体系对借款人的信用状况、还款能力甚至信用记录进行更准确的把握与判断,进而能够使出借人对自身资金安全进行合理评估。另一方面,对恶意借款人也能够起到震慑作用。对于已进行的 P2P 交易也会进入征信体系,借款人基本不会因小额贷款而铤而走险,降低自己的信用度。因此,我国施行个人征信体系能够在一定程度上降低借款人恶意欠款的概率。但是,我国在这方面仍与发达国家存在较大差距。2015 年 3 月李克强总理在"两会"政府工作报告中指出,在新的阶段里,中国政府要努力加快完善个人征信体系,建立全国统一的社会信用代码制度和信用信息共享交换平台,并且鼓励互联网金融的创新,鼓励电商平台的发展。

第三,推动第三方支付平台的完善。无论是银行,还是类似支付宝等第三方支付平台,在我国金融创新中都起到了很大作用,其中一个重要原因就在于其作为支付方能够保证资金的安全和中立。我国目前有些平台与第三方机构合作,有些平台则是自己作资金池,更有些平台表面上在与第三方合作,实际上却控制着资金,从而加剧了资金的不稳定性。近些年来 P2P 网贷平台负责人跑路事件深刻说明了资金独立的必要性。

第四,建立 P2P 网贷平台的退出机制。退出机制的建立不仅是为了完善

---

[1] 参见罗俊、宋良荣:"英国 P2P 网络借贷的发展现状与监管研究",载《中国商贸》2014 年第 23 期。

我国对P2P行业的监管，也是为了保护广大投资者的利益。建立退出机制后，即使平台公司已经退出市场，但仍应继续对破产之前尚未到期的客户交易进行维护和管理。

2. 强化动态监管

无论何时，对新兴事物监管模式和监管路径的探索都不应故步自封。制定专门针对P2P的规范性文件的困难就在于P2P金融模式发展迅速，创新能力极强。在对P2P网贷平台进行监管时，监管部门应不断适应变化的实践，适时调整监管政策，实行动态监管。一种行之有效的办法是政府与大学联合，成立互联网金融研究中心。这些研究中心的优势在于，拥有最优秀的科研团队并能把握最新的发展动态，可以随时与政府监管部门进行有效沟通，对互联网金融监管创新提出有益建议。

P2P网贷适应了我国民间资本的投资需求，迎合了小微企业和个人的融资需求，成为我国正规金融的有益补充。加之其与互联网相结合，较其他非正规金融模式而言具有更为广阔的发展空间和迅猛的发展态势。在这种情况下，我国监管当局表明了对P2P网贷的支持态度。但是，网贷毕竟是一种处于互联网环境下的金融创新，其优势和风险都被互联网予以放大。为避免成也萧何败也萧何的尴尬局面，我国监管部门应及时出台规范性文件，加强对P2P网贷的监管，将其纳入法治化轨道，切实服务于我国国民经济发展。

第二章
纯线上模式 P2P 网络借贷平台居间业务法律规制

P2P 网贷满足了中小企业和自然人日益增长的融资需求，成为我国正规金融的有益补充。在长期监管缺失的环境下，P2P 网贷平台经营模式各异，出现了债权让与模式、自担保模式和纯线上模式。2015 年 7 月 14 日，中国人民银行等十部门发布的《指导意见》、2016 年 8 月 24 日银监会等四部门颁布的《暂行办法》均明确了我国 P2P 网贷平台的"信息中介性质"。此后，所谓自担保模式被视为违法，而债权让与模式如果能够避免 P2P 网贷平台自身作为债权受让人，而只是作为交易平台提供撮合交易以实现债权转让，其实质上等同于纯线上模式。

P2P 网贷践行了以互联网支持民间借贷的模式，P2P 网贷平台则在这种新型民间借贷中发挥了交易枢纽的作用。它连接借贷两端：一端是产生借贷需求的资产端，对接借款人；另一端是提供借贷供给的资金端，对接出借人。由于资产端和资金端双重巨大需求，P2P 网贷规模不断攀升、平台数量在一定时期迅猛增加。为对 P2P 网贷平台进行更有效的监管，切实保障借贷双方，特别是债权人的合法权益，2016 年 10 月银监会等三部门发布《备案登记管理指引》。2017 年监管部门又陆续发布一系列针对 P2P 网贷平台和网贷行业的重磅监管文件，其中最重要的两部监管文件分别是《存管业务指引》和《信息披露指引》。《暂行办法》与《备案登记管理指引》《存管业务指引》《信息披露指引》共同组成网贷行业"1+3"制度体系。此后，各家 P2P 网贷平台将"合规"发展作为主旋律，在借款限额和银行存管方面均有了较大改善。

作为居间促成借款人与出借人达成借贷交易的信息中介，P2P 网贷平台本身是否规范以及规范程度如何均影响甚至决定了整个 P2P 网贷的规范性以及借贷资金的安全。如何进一步加强对 P2P 网贷平台的法律规制，是切实保障出借人和借款人双方利益的切入点，也是促进 P2P 网贷行业健康、持续发展，进一步发挥其正规金融有益补充作用的重要举措。这里以纯线上模式P2P网贷平台为研究对象，分析以其为中介所形成的P2P网贷法律关系、P2P网贷平台居间促成交易中的问题与风险，通过对域外经验的比较与借鉴，对我国P2P网贷平台法律规制的完善提出对策建议。

一、我国纯线上模式P2P网贷平台的业务模式及所涉法律关系

（一）纯线上P2P网贷平台的业务模式

P2P网贷业务主要涉及借款人、P2P网贷平台和出借人三方主体。P2P公司搭建互联网平台，借款人在平台上发布借款需求，出借人参与竞标，平台撮合双方达成交易并从中收取一定服务费。当借款人向平台申请信用贷业务时，平台要求其提交包括个人基本信息、财务状况、收入证明、银行存款及贷款记录等资料并进行初步审核，根据情况决定是否派专人到其住所进行实地尽职调查。在取得所需各项信用资料后，平台进行风控审核，以确定借款人的还款意愿与还款能力。符合标准的，平台协助借款人发布借款需求并披露相关信息，投资者决定是否向其出借资金。决定出借资金的，双方签订借款合同，债权债务关系成立。借款到期后，借款人履行还款义务。借款人不能履行还款义务的，投资者可授权网贷平台代为催缴，或通过诉讼、仲裁等法律手段进行维权。在这种模式下，一旦借款人丧失还款能力，投资者只能风险自负。

纯线上模式意味着获得客户的渠道、信用风控、交易、放款等全部流程都在互联网上完成，更意味着平台不介入交易、不吸储、不放贷、不提供担保，以及不垫付本息。这是一种最原始的P2P网贷平台的运作模式，其所涉法律关系简单，平台自身职能明确。尽管较之于自担保模式或者债权让与模式，纯线上模式对出借人的吸引力更弱，但其相对单纯的运作模式，使各方角色更加明晰，避免诸如P2P网贷平台兼具担保人角色导致身份重叠而引发的信用风险等问题，更有利于保障债权人合法权益。在我国，拍拍贷是最早采取纯中介模式的P2P网贷平台，也是运作模式最为成熟的一家。

（二）纯线上模式P2P网贷平台业务所涉法律关系

通过把握复杂的法律关系网络，分析任何一个环节可能出现的问题，寻找现行规范性文件的不足，为进一步规范P2P网贷提出可行法律建议。在P2P网贷中，主要有四方主体：借款人、出借人、P2P网贷平台和第三方机

构共形成三种主要法律关系：（1）借贷双方之间的借贷法律关系；（2）P2P网贷平台与借贷双方之间的居间法律关系；（3）对于由商业银行提供资金存管的平台，在银行与借贷双方之间还存在实质上的委托法律关系，尽管形式上的委托人是P2P网贷平台。

1. 借贷双方之间的借贷法律关系

广义上的民间借贷，是指出借方为非金融机构的借贷。狭义上的民间借贷，是指参与借贷的一方主体是自然人的借贷。[1]P2P网络模式下的民间借贷，由于出借方不是银行等金融机构，一方主体也不限于自然人，因此在出借人与借款人之间形成的借贷法律关系，从性质上来讲属于广义上的民间借贷法律关系。从法律层面的界定来看，2015年9月1日起施行的《最高人民法院关于审理民间借贷案件适用法律若干问题的规定》（以下简称《民间借贷规定》）也采取了广义上的民间借贷的概念，并将其表述为"民间借贷是指自然人、非金融机构法人以及其他组织之间所进行资金融通"。[2]

P2P网贷实践中，出借方一般是自然人和不具有金融业务许可资质的企业。其中，最常见的是自然人作为出借人与其他自然人之间进行的网贷，此外自然人与企业之间的借贷也占相当比例。对此，我国立法和司法解释一直持肯定态度。只要借贷双方意思表示真实，且已经实际交付，在不违反法律效力性规定且不违反公序良俗的情况下，该借贷关系则被认为合法有效。但是，如果借贷双方是不具有金融业务许可资质的企业，其借贷合同的效力如何？对此，行政主管部门和司法部门长期以来均认定其无效。但是，随着实践中企业、其他组织之间的借贷频繁发生，实务界主张适度放开企业间借贷法律限制的呼声日益高涨。更多观点认为，中小企业发展需要大量资金，但是其目前仍难以从正规金融获得足够资金。P2P网贷有利于化解企业尤其是中小企业融资难的问题。如果出借资金的企业并不是以资金融通为其经常性业务，并不依赖于此获取利润，企业之间的借贷本身并不会扰乱金融秩序。

---

[1] 参见《最高人民法院关于人民法院审理借贷案件的若干意见》（以下简称《借贷若干意见》）。

[2] 《合同法》《借贷若干意见》《关于审理联营合同纠纷案件若干问题的解答》《关于企业相互借贷的合同出借方尚未取得约定利息人民法院应当如何裁决问题的解答》《关于依法妥善审理民间借贷纠纷案件促进经济发展维护社会稳定的通知》以及《民间借贷规定》等法律、司法解释均对民间借贷作出规定。

只要该借贷合同不存在法律所规定的无效事由,则不应将其视为无效。2015年实施的《民间借贷规定》为最高人民法院在司法解释层面对此作出的反应,对于企业、其他组织之间的民间借贷采取了有条件认定有效的态度。[1]

2. P2P网贷平台与借贷双方之间的居间法律关系

按照《合同法》的规定,所谓居间,是指居间人提供媒介服务,以促成当事人达成合同,并以此获取报酬。在居间法律关系中,居间人有义务向委托人报告订立合同的机会、提供相应的媒介服务,并有权利获得委托人支付的报酬。如果居间人在提供居间服务的时候有欺诈行为,如故意隐瞒与订立合同有关的重要信息或者故意告知虚假信息,导致委托人利益受到损害的,居间人不得要求委托人支付报酬,而且还要对委托人承担损害赔偿责任。一些P2P网贷平台在其网站上表明了其中介机构的法律属性,如拍拍贷[2]、宜人贷[3]、红岭创投[4]。

3. 第三方机构与借贷双方的资金存管关系

为保障资金安全,P2P网贷资金的支付需要通过第三方机构完成。从合同性质看,第三方机构支付合同是在借贷双方借贷合同基础之上附随成立的,第三方机构承担受托付款人和资金保管人的角色。从本质上可以将其理解为接受借贷双方的委托进行收付款而形成的委托代理合同。《存管业务指引》将P2P网贷平台作为委托方。但问题在于,P2P网贷平台本身作为借贷双方的受托人居间促成交易,资金所有权不属于P2P网贷平台,P2P网贷平台将资金委托第三方机构存管,显然属于转委托。当然,如果此类转委托取得了借贷双方的授权,可视为有效。但是,对此应在合同中予以明确。

---

[1]《民间借贷规定》第11条规定,法人之间、其他组织之间以及它们相互之间为生产、经营需要订立的民间借贷合同,除存在合同法第五十二条、本规定第十四条规定的情形外,当事人主张民间借贷合同有效的,人民法院应予支持。第12条规定,法人或者其他组织在本单位内部通过借款形式向职工筹集资金,用于本单位生产、经营,且不存在合同法第五十二条、本规定第十四条规定的情形,当事人主张民间借贷合同有效的,人民法院应予支持。

[2] 参见"关于拍拍贷",载http://www.ppdai.com/help/aboutus,最后访问日期:2018年5月10日。

[3] 参见"宜人贷简介",载https://www.yirendai.com/specialpage/safeguard/,最后访问日期:2018年5月10日。

[4] 参见"红岭创投简介",载https://www.my089.com/disclosure/about,最后访问日期:2018年5月10日。

二、我国纯线上模式 P2P 网贷平台居间业务实践中的问题

（一）P2P 网贷平台存在的问题

P2P 网贷平台准入标准过低。按照当前规范性文件的规定，平台是依照《公司法》规定的条件和程序设立并办理登记的普通公司，一般注册为咨询公司。其法律属性是金融"信息中介"而非"信用中介"，基本业务流程等同于普通的中介公司。在公司法理上，P2P 网贷平台是独立法人，平台以自身名义签订的合同或从事的行为，最终由平台承担法律责任，平台投资人只是以出资额为限承担有限责任。但事实上，P2P 网贷中介业务不同于一般信息中介业务，其两端皆为人数众多的出借人与借款人，加之与借贷相关的担保、保险、存管等交易或者行为，资金流动复杂、潜在风险巨大，对于 P2P 网贷平台及其投资人的资质显然应作出更高要求。

P2P 网贷平台对客户信息的收集、整理仍不规范。原则上讲，平台在收集个人信息时不得侵犯客户个人隐私。但当前规范性文件并未对个人隐私作出明确规定，也未将其确立为一项独立人格权。从法理层面可以将其理解为：自然人享有的、保证其私人生活安宁以及私人信息不被他人非法占有、知悉、收集、利用和公开的人格权。即使属于为 P2P 网贷顺利展开而准许 P2P 网贷平台收集的个人信息，如姓名、身份证号码、电话、住所、社会关系等，在未经客户准许的情况下，也不得擅自披露。实践中，一些 P2P 网贷平台将逾期不还款的借款人纳入黑名单并予以披露，涉嫌侵犯借款人的隐私权。此外，P2P 网贷平台依托互联网，而网络自身缺陷也极易引发安全风险。自 2013 年以来，P2P 网贷平台经常遭到黑客攻击，其中最常见的就是流量攻击，导致网站瘫痪，引发投资者恐慌，造成极为不利的社会影响。

P2P 网贷平台对网贷资金的管理也是问题频发。银监会 2017 年 2 月 22 日发布的《存管业务指引》规定，网贷机构作为委托人，委托存管人开展网贷资金存管业务。但问题是，不论是借款人缴纳的风险互助金，还是平台自身提供的风险准备金或法律援助基金，均属于独立财产，不属于 P2P 网贷平台。P2P 网贷平台作为委托人的角色似乎有些不恰当。此外，P2P 网贷平台在管理上述专项资金时，都以平台名义在合作银行开立账户，由平台管理并使用该资金，作为真实所有人的借贷双方反而无权管理、使用。《存管业务指引》还规定，网贷资金存管业务，是指商业银行履行网贷资金存管专用账户的开

立与销户、资金保管等职责的业务。存管人不对网贷交易提供保证或担保，不承担借贷违约责任。据此，P2P 网贷平台账户与客户资金账户采取分账式管理，但是如果客户资金依然控制在 P2P 网贷平台，一样容易形成随意管理和恣意使用。

（二）出借人一方存在的问题

出借人一方存在的突出问题是难以确保出借人资金来源的合法性。P2P 网贷中，出借人只需在 P2P 网贷平台进行注册，不需要提供证明其资金来源合法性的材料。以拍拍贷为例，申请人以邮箱注册拍拍贷账户即可完成注册从而获得出借资金的资格，换言之，平台并不要求申请人进行实名注册。加之，平台没有足够的渠道对资金来源的合法性进行有效识别，导致 P2P 网贷极易沦为网络洗钱的场所。尽管《暂行办法》要求 P2P 网贷机构应履行客户身份识别、可疑交易报告等反洗钱义务，但这只是原则规定，对于如何具体操作则未加以说明。

（三）借款人一方存在的问题

P2P 网贷的借款人多为低收入群体或小微企业，因其难以从银行等正规金融途径获得贷款而转向网络平台，从而大大增加了后续可能发生的违约风险。为防范此类风险，P2P 网贷平台根据借款人的个人信息，对其信用等级进行划分。但是从信息源头考察，借款人提交的个人信息有可能存在不真实之处，P2P 网贷平台根据不真实信息对借款人作出的信用分级也必然有失准确。即使 P2P 网贷平台依据真实信息作出信用评级，但这种信息也只是限于本平台使用，其他 P2P 网贷平台无法获得该借款人的个人信用信息。此外，尽管中国人民银行提供个人征信系统服务，但 P2P 网贷平台并未直接接入，P2P 网贷自然人参与者的全国性信用评价系统仍未建立。这些都严重影响平台对借款人的信用评价，直接影响发放贷款的质量。

此外，借款人易涉嫌非法吸收公众存款。2010 年 11 月 22 日，最高人民法院通过《关于审理非法集资刑事案件具体应用法律若干问题的解释》，第 1 条规定，构成非法吸公众存款行为，须同时具备下列四个条件：（1）未经批准或者借用合法形式吸收资金；（2）进行社会公开宣传；（3）承诺在一定期限内还本付息；（4）向社会不特定对象吸收资金。尽管 P2P 网贷平台提供的是一种居间服务，但是如果借款人构成非法吸收公众存款罪，作为居间人的 P2P 网贷平台则有可能构成非法吸收公众存款罪的共犯。

自由设定利率易导致高利贷、高利转贷等。《合同法》第 211 条规定，在不违反国家有关限制借款利率规定的前提下，自然人之间的借贷可以由双方自行约定借款利率。《民间借贷规定》第 26 条规定，如果双方所约定的利率并没有超过年利率 24%，人民法院对该约定利率予以支持；如果约定的利率超过年利率 36%，那么超过部分的利息无效。实践中，为满足法定要求，部分 P2P 网贷平台将年利率降至 20%~30% 之间，甚至采取更低利率，但是同时推出"会员制"套餐。如果借款人不办理该套餐业务，就不能申请网贷。如果将该套餐费用计算在内，借款人在申请网贷时，实际利率甚至可能超过 50%。此外，P2P 网贷平台采用诸如"价格优先""时间优先"等标准来确定借款利率。尽管这种自由设定利率模式在一定程度上体现了市场供求状况，但也极容易导致高利转贷，情节严重的，则涉嫌《刑法》第 175 条规定的高利转贷罪。

三、我国纯线上模式 P2P 网贷平台居间业务法律规制的完善

（一）加强对 P2P 网贷平台的法律规制

1. 提高 P2P 网贷平台准入门槛

P2P 网贷平台是 P2P 网贷业务的核心参与者，在某种意义上，P2P 网贷平台的素质直接决定了 P2P 网贷的成败。长期以来，P2P 网贷平台只需办理工商登记并获颁营业执照，然后向工信部门申请办理后置审批手续获得"ICP 许可证"，之后再到工商部门申请将自身经营范围增加"互联网信息服务"项目，此后即可开展网贷业务。此后，《备案登记管理指引》第 3 条要求新设立的 P2P 网贷机构应在其成立后 10 个工作日内向其工商登记地的地方金融监管部门申请备案。

上述规定强化了监管机关对 P2P 网贷平台的监管，在一定程度上保证了 P2P 网贷平台的质量。但事实上，将 P2P 网贷平台作为普通公司，适用公司法的一般规定，实际上增大了平台的运营风险。由于金融服务具有专业性，作为金融信息中介的居间人应被要求具有特定的经营资质。除对平台本身进行规制外，更应对平台成立之前，换言之，平台设立过程中的事项进行严格把控，从源头控制平台风险。因此，应当对平台公司最低注册资本、资本缴纳方式、发起人资质、组织结构、内控制度、技术条件等作出详尽规定。据悉监管部门将出台新文件，对 P2P 网贷平台注册资本金等诸多具体要求提出

更为严格的规定。此外，还可以设立专门机构对其资质进行专业分析和评估，以减轻登记机关压力。

就发起人资质而言，尽管平台发起人的资质并不能完全等同于 P2P 网贷平台的资质，因为 P2P 网贷平台往往是由职业经理人打理，但是发起人完全可以控制对经理人的选择，从而间接决定 P2P 网贷平台的资质；更何况如果其是大股东，显然可以直接控制 P2P 网贷平台，此时 P2P 网贷平台的资质绝对取决于其发起人的资质。如果在 P2P 网贷中发生侵占、挪用、欺诈等行为，尽管平台及其主要负责人要承担法律责任，投资人在滥用股东权利的情况下也要承担连带清偿责任，但对于诸如出借人等主体而言，寻求事后违约、侵权救济，以及揭开公司法人面纱救济，显得过于迟缓且成本过高。对此，建议对 P2P 网贷平台投资人资格进行特别限制。如最近五年不得受过刑事处罚；最近三年不得担任破产企业或者行政解散企业的主要负责人且对破产、解散负有主要责任；具有法学或者经济学教育背景，且从事相关行业满三年等。

2. 明确 P2P 网贷平台有关资金管理方面的职责

《存管业务指引》第 4 条规定，资金存管的委托人是 P2P 网贷中介机构。问题在于，P2P 网贷平台是否具有委托人资格，资金事实上是借款人或者出借人享有所有权，P2P 网贷平台作为中介机构显然谈不上所有权问题，因此其作为委托人有所不当。对此，应明确 P2P 网贷平台接受借贷双方当事人的委托，再委托商业银行存管资金，当然接受存管的商业银行必须符合《存管业务指引》所要求的基本条件。

2015 年 7 月 18 日，十部门发布的《指导意见》第 14 条要求 P2P 网贷从业机构应选择银行业金融机构作为资金存管机构。2015 年 12 月 28 日中国人民银行发布的《非银行支付机构网络支付业务管理办法》也体现了这一倾向。[1] 2017 年 2 月 22 日，银监会发布的《存管业务指引》第 5 条规定，P2P 网贷资金的存管人，是指为网贷业务提供资金存管服务的商业银行。纵观《指导意见》和《存管业务指引》，其采用的均是"存管"，而非"托管"，一字之差

---

[1]《非银行支付机构网络支付业务管理办法》第 9 条规定："支付机构不得经营或者变相经营证券、保险、信贷、融资、理财、担保、信托、货币兑换、现金存取等业务。"该规定限定了支付机构的业务范围，要求其不得直接办理非支付业务，潜在要求其与传统金融机构合作。

事实上降低了商业银行的义务与责任。至于非银行第三方支付机构是否可以作为存管机构，目前来讲尽管不符合立法取向，但在后续制度不断完善的情况下，第三方支付机构仍然存在与 P2P 网贷机构合作的空间。

(二) 强化 P2P 网贷平台对出借人的约束

1. 监控网贷资金来源

目前，我国规范性文件要求 P2P 网贷平台承担的信息审核义务主要集中在借款人的资金流向和还款方面，缺乏对出借人的资格和资金来源的审核机制和实施细则。实践中，对于出借资金的来源是否合法，P2P 网贷平台没有能力审核，只能在网站上刊登声明，要求出借人确保资金来源合法。如"积木盒子"网站上有关于资金来源合法的承诺："当您……进行资金出借时，须保证并承诺：您所用于出借的资金来源合法，并非毒品犯罪、黑社会性质组织犯罪……等任何犯罪或者其他任何非法活动所得及或其产生的收益，且您是该资金的合法支配权人……。"

但事实上，P2P 网贷平台单纯以公告方式要求出借人保证资金来源与使用的合法性显然是不充分的。《反洗钱法》第 3 条，要求金融机构和特定非金融机构应当依法采取预防、监控措施，建立健全客户身份识别等制度，切实履行反洗钱义务。2018 年 10 月 10 日央行、银保监会、证监会联合发布《互联网金融从业机构反洗钱和反恐怖融资管理办法（试行）》规定了互联网金融从业机构，包括但不限于网络支付、网贷等机构的反洗钱义务。具体包括：建立、健全反洗钱和反恐怖融资内控机制、进行客户身份识别、提交大额和可疑交易报告、开展涉恐名单监控，以及保存客户身份资料和交易记录。建议细化客户识别机制，不仅要进行形式识别，还要运用大数据技术进行实质分析。

2. 强化 P2P 网贷平台在追究出借人责任中的作用

纵观出借人受侵害的案例，不难发现大多数都源于借款人欠款不还。对此，债权人可以提起违约之诉或者侵权之诉。从举证责任与权利实现的便利度考虑，合同之诉更有利于债权人债权的实现，因此本章着重探讨违约之诉。根据合同相对性原则，只有合同一方当事人才能基于合同对另一方提出请求或提起诉讼。非合同当事人、第三人不能依据借贷合同向借款人提起诉讼。债权人可以直接向借款人提起诉讼，不过其也可以根据其与 P2P 网贷平台之间的居间合同，要求其提供借款人和保证人的信息、借款合同等材料，协助其向法院提起诉讼。

但是，单纯由债权人提起诉讼，由于其力量单薄且收集证据不充分，无法有效保障债权人的合法权益。《合同法》第 79 条规定，债权人可以将合同债权全部或者部分转让给第三人。据此，债权人可以与 P2P 网贷平台达成合意，把追偿债务的权利转让给 P2P 网贷平台，由平台对债务人提起诉讼。目前，债权转让救济方式已得到司法实务界的支持。如上海点荣金融信息服务有限责任公司与上海山石久渡服饰有限公司、李某强争议案。上海点荣公司是一家提供居间服务的平台，在其撮合达成的借款合同中，当事人约定在借款人违约的情况下，全体出借人同意将债权转让给上海点荣金融信息服务有限责任公司，由其统一向借款人进行追索。法院认为，该协议没有违反《合同法》第 79 条的规定，且债权转让已经通知本案被告，上海点荣金融信息服务有限责任公司有权以自己名义提起诉讼。

（三）加强 P2P 网贷平台对借款人的约束

1. 加强对借款人信用的审核

在美国，P2P 网贷平台大多直接聘请专门征信公司提供借款人信用评分和征信报告。[1] 我国采取的是央行主导的国家征信体制，但目前 P2P 网贷平台仍无法直接接入央行征信系统，实践中主要依靠 P2P 网贷平台自征信体系来判断借款人的信用等级。在 P2P 网贷平台居中撮合的交易中，出于对用户隐私的保护，用户原始资料仅保存于后台，用户只能看到量化后的信用分值，出借人仅仅凭借这些信息进行选择。对此，建议除关注借款人姓名、身份证号等基本信息外，还应特别关注"借款人还本付息的总额"与"还款周期内个人年收入"之间的比率，如果该比率小于 1，说明借款人具有全款还本付息的能力；如果大于 1，则说明借款人的承诺可能无法得到切实实现，平台应对此进行充分的风险提示。此外，还可以健全"借贷双方互评"业务。尽管 P2P 网贷平台已展开此类业务，但这种评价只停留在文字层面，主观性较强，真实性存疑，也容易遭到恶评。对此，建议借鉴淘宝平台的售后评价制度，建立系统化的评分标准与评价功能。此外，还应打造 P2P 网贷平台之间"网贷征信系统"共享机制，实现客户评价指标和黑名单的共享，以减少套取利

---

[1] 参见刘绘、沈庆劼：“我国 P2P 网络借贷的风险与监管研究”，载《财经问题研究》2015 年第 1 期。

息差及恶意借款人继续在其他网贷平台申请贷款的情况。[1]

2. 防止触碰非法吸收公众存款的法律底线

网贷具有分散性特点，一笔款项的借款人可能成百上千，远远超出30户。对此，P2P网贷平台应结合司法解释，从借、贷两方入手：核实借款人身份，确定单笔交易金额，以及累计最高融资额限制，以使筹集资金的规模不触碰规范性文件所规定的底线；确定出借人的人数上限。

3. 解决网贷利率过高所引发的问题

长期以来，我国实行金融利率管制，导致央行基础贷款利率显著低于市场利率，导致投机率偏高。[2]P2P网贷采取自由设定利率模式，以人人贷为例，平台会根据借款人的信用状况、借贷及还款记录等资料确定一个利率范围，借款人在该利率范围之内自行设定挂牌利率。[3]人人贷平台所设定的借款利率在7%至24%之间，符合当前规范性文件的规定。不过，为降低当事人触犯高利转贷罪等风险，平台还需要将利率控制在合理范围之内。

一些P2P网贷平台设定"会员业务"收取借款人会员费，导致实际借贷利率超过年利率36%的法律界限。但是对于P2P网贷平台的"擦边球"行为，监管部门往往无从监管。从出借人角度而言，其并没有获得高利贷额外收益，这部分收益被P2P网贷平台所获得，因此无法认为某一特定借贷合同显失公平。只要P2P网贷平台所推出的"会员业务"是正规的，不存在欺诈，监管部门也无从指摘。不过，监管部门可以对收取"会员费"的额度与比例进行监管，防止其突破"合理性"框架。

四、结语

P2P网贷平台作为金融信息中介，有效地将互联网技术融入民间借贷，适应了时代发展，反映了社会需求。其提供的撮合服务，极大地满足了中小企业和个人的融资需求以及出借人闲置资金的投资需求，并成为正规金融的

---

[1] 参见李爱君："民间借贷网络平台法律制度的完善"，载《福州大学学报》（哲学社会科学版）2011年第6期。

[2] See Huang, Y., Wang, B., "Cost Distortions and Structural Imbalances in China", *China & World Economy*, Vol. 18, No. 4, 2010.

[3] 参见廖理、李梦然、王正位："聪明的投资者：非完全市场化利率与风险识别——来自P2P网络借贷的证据"，载《经济研究》2014年第7期。

补充。然而，正如其他创新，P2P网贷平台也存在诸多问题，如准入门槛低、非法集资风险、对借款人信用把控不严格所引起的违约、平台投资人跑路等。问题的集中爆发甚至引发社会舆论对P2P网贷行业合理性的质疑。事实上，任何新生事物都必然存在不足甚至缺陷，对此应在充分发挥其功效的同时，抑制其风险。对于P2P网贷平台，应通过制度设计，从宏观和微观层面对其进行有效的法律规制，以确保其作为金融信息中介在服务社会的同时，促进P2P网贷行业的健康发展。

第三章

我国债权让与模式 P2P 网贷平台的法律规制

按照《暂行办法》的监管思路，P2P 网贷平台的债权转让类产品的生存空间已被严格压缩，目前合规的仅仅是 P2P 平台提供的不涉及用户资金的纯信息中介的债权让与模式。在这种模式下，P2P 网贷平台不承担信用流动性风险，同时为出借人提供 P2P 信贷的搜索、信用评级和推荐等增值服务。目前，《暂行办法》明确禁止 P2P 网贷平台提供资产证券类产品，对专业放款人模式并未明确禁止。但是，专业放贷人模式中 P2P 网贷平台因债权真实性等问题而导致风险较大，不宜成为主要模式。目前，可以通过 P2P 网贷平台进行的是同一平台出借人的债权转让。

一、我国 P2P 网贷的债权让与模式

（一）出借人债权变现模式

出借人债权变现模式针对的是同一平台的出借人，即原来的出借人将其投资的标的转让给平台上的其他出借人，原出借人实现资产变现，这是网贷平台提高投资者资产流动性的重要方式。此类债权转让不产生资金杠杆、流动性风险，属于民法调整的平等主体之间的债权转让，且平台自身没有介入债权转让交易，债权人与受让人之间达成协议，履行向债务人的通知义务即可。P2P 网贷从性质上讲属于民间借贷，因网贷而形成的债权属于民间金融债权。

就银行作为债权人的情况而言，如果该债权并非不良债权，该债权是否可以转让是存在争议的。如果允许该债权转让，可能出现企业之间变相借贷。如果是针对不良资产形成的金融债权而进行的债权转让，按照最高人民法院颁布的《关于审理涉及金融资产管理公司收购、管理、处置国有银行不良贷款形成的资产的案件适用法律若干问题的规定》（已失效）、《关于金融资产

管理公司收购、处置银行不良资产有关问题的补充通知》、《关于审理涉及金融不良债权转让案件工作座谈会纪要》等一系列司法解释、司法政策的规定，债权人可以将债权转让给金融机构或者社会公众投资者等主体。

对于非银行金融机构的民事主体所进行民间借贷金融债权的转让，《合同法》第79条规定，债权人可以将合同的权利全部或者部分转让给第三人，但有下列情形之一的除外：(1) 根据合同性质不得转让；(2) 按照当事人约定不得转让；(3) 依照法律规定不得转让。因此，网贷债权是否能够转让，取决于其是否属于《合同法》所规定的除外情形。

(二) 专业放贷人债权转让模式

我国法律禁止非金融机构放贷，但按照《中华人民共和国民法通则》(以下简称《民法通则》) 第90条"合法的借贷关系受法律保护"的规定，对符合法律规定的私人放贷应予以保护。对私人放贷，适用《合同法》及相关司法解释。

专业放贷人模式下，放贷人通常为平台的实际控制人、平台财务或平台易于控制的其他个体。他们以自有资金向借款人放款后，取得相应债权，再把债权按金额、期限打包错配、小额分散给出借人，并承诺到期回购债权。P2P网贷平台通过对第三方债权进行金额拆分和期限错配，将其打包成类似于理财产品的债权包，供出借人选择。由此，借、贷双方经由第三方个人产生借贷关系的模式使原本"一对一"、"一对多"或者"多对一"的P2P借贷关系变为"多对多"的债权关系。在该模式下，P2P网贷平台也承担着借款人的信用审核以及贷后管理等相关职责。

为使"自有"资金快速增加，专业放款人经常采用延长结账周期的办法"盘活"代收费用，提升可贷资金量。由于代收借款人的一些服务费、管理费等各项费用较高，在一轮放贷之后及债权转让之后，专业放款人可支配的资金可达到其本金的1.3倍甚至更高，从而形成了资金杠杆，多次放贷后，杠杆多次叠加，导致了资金杠杆风险。根据《暂行办法》，P2P网贷平台只能作为纯信息中介，显然专业放款人模式不符合监管思路，但不可否认《暂行办法》也并未明文禁止这一模式。尽管《暂行办法》第10条第2项规定，网贷信息中介机构不得从事或者接受委托从事下列活动：直接或间接接受、归集出借人的资金。但该条款也不能作为禁止专业放贷人模式的依据，因为尽管大多数情况下，平台投资人或者与平台有密切关系的其他人是作为专业放贷人，但是也不排除有其他放贷人的存在，因此第 2 项的规定并不能作为直接禁止专业放贷人模式的依据。

此前宜信公司采取的模式就是债权让与。这种模式的核心交易结构分为两步：首先，宜信公司的创始人唐宁（或其他宜信公司高管）作为第一出借人，将个人自有资金借给需要借款的用户，并签署《借款协议》，唐宁获得了大笔债权，所有的债务债权关系都集中在自然人身上，规避了我国禁止企业放贷的相关规定。然后，宜信公司再把唐宁获得的债权进行拆分，打包成类固定收益的组合产品，以组合产品的形式销售给投资者，但实质上是债权转让的过程。宜信公司对唐宁的债权进行了两个层面的拆分，金额拆分和期限拆分，经过这两个拆分后，一笔大额债权就划分为多笔小额、短期的债权。与将一笔债权整体出售相比，经过金额拆分和期限拆分后的销售难度就大幅度降低。

（三）资产证券化债权转让模式

美国学者加德纳把信用中介分为以市场为基础的信用中介和以银行等金融机构为基础的信用中介两大类，也就是我们通常理解的直接融资和间接融资。并将以市场为基础的信用中介，即直接融资，理解为资产证券化。资产证券化是一种结构融资方式，过程复杂多变，涉及多方主体。核心主体包括发起人、特殊目的载体（SPV）和投资者。

发起人又称为原始权益人，是指拥有可证券化资产原始产权的经济主体。发起人包含两类：第一类是应收账款的原始权益人；第二类是通过在二级市场交易获得应收账款。发起人将这些应收账款组合后出售给特殊目的载体。在宜信模式的债权让与过程中，专业放贷人类似于发起人。

特殊目的载体是资产支持证券的发行人，是构架资产证券化整个流程的主角。SPV 可以对资产池的现金流进行重新安排，装入不同期限、不同利率性质（固定或浮动）、不同优先级的证券中，从而对资产进行分层，发行不同等级的证券，供消费者选购。在我国，一般由信托公司来担任 SPV。信托一般按委托人的意图经营管理信托财产，信托的经营风险一般由委托人或受益人承担，信托投资公司只收取手续费和佣金，不保证信托本金不受损失和最低收益。信托投资公司终止时，信托财产不属于清算财产，可以将投资者和其他当事人的风险与发起人的破产风险有效的隔离，从而使以资产为信用的融资成为可能。

P2P 网贷中，出借人与借款人达成的借贷协议一般包括这样的本金保障条款:"贷款到期时,如果出借人无法收回本金和利息,可以将债权转让给平台,平台会先行垫付本金给出借人,然后将此笔坏账划入平台自己名下,再由平台对贷款人进行追偿。"P2P 网贷平台通过其他合作机构获得打包资产的债权,再以转让这批资产债权的方式在平台发布标的募资。此类业务涉及消费信贷类、抵押类等多种资产类别。虽然部分资产包的底层资产也满足小额分散的条件,但如果采取打包形式的债权转让,转让过程中资金和资产的匹配难以核实、资产信息不透明风险难以把控,并且还涉及第三方增信。从宜信对债权的数额拆分和期限拆分以满足投资者的需求来看,宜信公司的角色类似于特殊目的载体。但宜信并未将债权进行破产隔离,因此较信托公司少了一层风险防范机制。

投资者是对资产支持证券具有需求的主体。由于资产证券化结构复杂,一般要求投资者拥有相关专业知识并具有承担风险的能力。《信托公司集合资金信托计划管理办法》规定:合格投资者是指符合下列条件之一,能够识别、判断和承担信托计划相应风险的人:(1)投资一个信托计划的最低金额不少于 100 万元人民币的自然人、法人或者依法成立的其他组织;(2)个人或家庭金融资产总计在其认购时超过 100 万元人民币,且能提供相关财产证明的自然人;(3)个人收入在最近三年内每年收入超过 20 万元人民币或者夫妻双方合计收入在最近三年内每年收入超过 30 万元人民币,且能提供相关收入证明的自然人。而在宜信债权让与模式中,并未对出借人的资格作出要求。

2005 年 4 月 20 日,中国人民银行、银监会联合发布的《信贷资产证券化试点管理办法》,由信托机构开展资产证券化业务。2013 年 3 月 15 日,证监会发布的《证券公司资产证券化业务管理规定》(已失效),由证券公司开展资产证券化业务。P2P 网贷中的债权转让模式虽有资产证券化的本质,却无法适用上述两项规定,其业务完全游离于法律之外。此外,此种模式与网贷机构"信息中介"以及网贷"小额分散"的基本要求相悖。《暂行办法》第 10 条第 8 项已明令禁止此类业务,目的是防止混业经营带来的风险。

二、债权让与模式所涉法律关系

(一)普通债权转让模式所涉法律关系

放贷人将资金出借于借款人,两者之间形成借贷法律关系。此后,放贷人通过 P2P 网贷平台将该债权让与真正的出借人,放贷人与出借人之间形成债权转让关系。对于非银行金融机构的民事主体所进行民间借贷金融债权的转让,《合同法》第 79 条规定,债权人可以将合同的权利全部或者部分转让给第三人,但有下列情形之一的除外:(1) 根据合同性质不得转让;(2) 按照当事人约定不得转让;(3) 依照法律规定不得转让。因此,网贷债权是否能够转让,取决于其是否属于《合同法》所规定的除外情形。《合同法》第 80 条规定:债权人转让权利的,应当通知债务人。未经通知,该转让对债务人不发生效力。据此,通知并不是债权转让的必备要件。只是如果没有通知债务人,债务人可对原债权人偿还债务。

(二) 专业放贷人债权转让模式所涉法律关系——以宜信公司为例

1. 唐宁与借款人、出借人之间的法律关系

唐宁与借款人意思表示真实自由,不违反法律法规的情况下签订债权债务合同,形成债权债务法律关系。《民间借贷规定》指出,本规定所称的民间借贷,是指自然人、法人、其他组织之间及其相互之间进行资金融通的行为。唐宁作为专业放贷人,规避了我国禁止企业放贷的相关规定。由于唐宁的行为是一种大规模、长期性的放贷行为,易扰乱金融秩序。一旦法律禁止,唐宁与借款人之间的债权债务关系将不具有合法性。

唐宁单方签署《债权转让协议》,该协议由惠民投资管理公司作为见证人加盖公章,协议列明转让债权清单,含借款人的身份证号码、期限、金额、利率以及资金用途等。若出借人对该债权包无异议,在协议上签字后双方就形成债权转让关系。《合同法》第 80 条规定:债权人转让权利的,应当通知债务人。未经通知,该转让对债务人不发生效力。通知不是债权转让的必备要件。只是如果没有通知债务人,债务人可对原债权人偿还债务。

根据投资合同,出借人无法得知自己出借的款项流向何处,分散给多少位借款人,每一位借款人的资信、基本情况如何,导致信息不对称问题突出。而且根据合同约定,该债权可以在平台上自由流通,从而赋予平台一种金融属性。宜信起着类似于信托公司等金融机构的作用,将唐宁的债权从债权转为证券,改变了原有的法律关系。

《暂行办法》第 10 条第 4 项规定,P2P 网贷平台不得自行或委托、授权第三方在互联网、固定电话、移动电话等电子渠道以外的物理场所进行宣传或推介融资项目;第 7 项规定不得自行发售理财等金融产品募集资金,代销银行理财、券商资管、基金、保险或信托产品等金融产品。事实上,如果

P2P 网贷平台并不参与推荐投资产品，而只是由专业放贷人放款，然后进行债权转让，这本身与通过 P2P 网贷平台所进行的普通债权转让并无本质区别。但是，较普通债权转让更容易涉及非法吸收公众存款。

2. 宜信与借款人、出借人之间的法律关系

对于宜信与借款人之间的关系。有两种观点，一是认为宜信与借款人之间是居间合同法律关系。根据《合同法》第 424 条的规定，"居间合同是居间人向委托人报告订立合同的机会或者提供订立合同的媒介服务，委托人支付报酬的合同"。因此，所谓居间，是指居间人向委托人报告订立合同的机会或者提供订立合同的媒介服务，委托人支付报酬的制度。居间人是为委托人与第三人进行民事法律行为报告信息机会或提供媒介联系的中间人。居间人对委托人与第三人之间的合同没有介入权。但是，宜信不仅提供信息服务，在借款人到期不还款的情况下，还享有追收欠款的权利。但是，认为宜信与借款人之间是居间合同法律关系，则无法完全解释宜信与借款人之间的权利与义务。另一种观点认为，宜信公司与借款人之间是借贷关系。该观点将唐宁和宜信公司混为一体，从而推导出宜信公司非法发放贷款的结论。

对宜信公司与借款人之间法律关系的认定存在困难，主要是由于宜信公司平台业务边界模糊，即究竟是信用中介还是信息中介。2015 年 7 月 18 日，中国人民银行等发布的《指导意见》明确借贷平台为信息中介性质，2016 年 8 月 11 日，银监会等发布的《暂行办法》更明确了 P2P 网贷平台的金融信息中介的属性。因此，宜信公司的此类业务不符合监管规定。

(三) 资产证券化模式下所涉法律关系分析

资产证券化模式下，放贷人将自有资金出借于借款人，放贷人类似于发起人的角色，放贷人将自己对借款人的债权转让于 P2P 网贷平台，P2P 网贷平台类似于证券发行人的角色。将债权作为一种证券发行，投资人予以认购，从而在 P2P 网贷平台与投资人之间形成证券投资法律关系。如前所述，该模式与网贷机构"信息中介"的定位相悖，已被《暂行办法》第 10 条第 8 项明令禁止。

三、专业放贷人模式债权转让的问题

(一) 非法吸收公众存款

P2P 网贷覆盖面大、流通快等特征使参与网贷交易的借款人与出借人数

量非常多。非法吸收公众存款包括两种情形：一是不具有法定主体资格而吸收公众存款；二是虽具有法定主体资格，但采用高息揽储等非法方法吸收公众存款。2010年11月22日由最高人民法院审判委员会通过的《关于审理非法集资刑事案件具体应用法律若干问题的解释》第1条规定，同时具备下列四个条件的，除刑法另有规定的以外，应当认定为构成《刑法》第176条规定的非法或变相吸收公众存款行为：（1）未经有关部门依法批准或者借用合法经营的形式吸收资金；（2）通过媒体、推介会、传单、手机短信等途径向社会公开宣传；（3）承诺在一定期限内以货币、实物、股权等方式还本付息或者给付回报；（4）向社会公众即社会不特定对象吸收资金。该司法解释同时规定，在具备司法解释第一条规定的情况下，自然人借款人借款数额在20万元以上或向30人以上借款的，单位借款人借款数额在100万元以上或向150人以上借款的，则借款人可能构成非法吸收公众存款罪。第3条"非法吸收或者变相吸收公众存款，具有下列情形之一的，应当依法追究刑事责任：（一）个人非法吸收或者变相吸收公众存款，数额在20万元以上的，单位非法吸收或者变相吸收公众存款，数额在100万元以上的；……"，基于这一规定，在证券发行模式下，P2P网贷平台融资在100万以上的，可以将其认定为非法集资，100万以下暂可不入刑。

宜信公司创始人唐宁作为专业放贷人首先发起信用，出借自有资金给借款人，并获得相应期间的债权。在金额较小的情况下，参与各方关系简单，债权转让难度小。但是在金额较大的情况下，如超过500万甚至1000万的情况下，债权无法整体转让，只能通过拆分的方式加以解决。如果吸收公众存款达到法定金额，则构成非法吸收公众存款罪。按照最高人民法院、最高人民检察院和公安部2014年联合下发的《关于办理非法集资刑事案件适用法律若干问题的意见》的规定，"为他人向社会公众非法吸收资金提供帮助，从中收取代理费、好处费、返点费、佣金、提成等费用，构成非法集资共同犯罪的，应当依法追究刑事责任"。如果P2P网贷平台如对借款人的借款金额和出借人数不加以控制，则可能成为借款人非法集资犯罪的共犯。因此，P2P网贷平台应从借贷两方面着手，一是核实借款人身份，确定单笔交易金额以及累计最高融资额限制，以使筹集资金的规模不触碰规范性文件所规定的底线；二是确定出借人人数的上限。

此外，如果放贷人将债权通过P2P网贷平台进行转让，真正意义上的出借人购买了该债权,按照《合同法》的要求,放贷人应当将该债权转让事项通知借款人,借款人则可以直接向真正的出借人清偿债务。如果是针对同一平台的借款人,则债权的真实性有所保障;但是,如果是其他债权,则可能存在虚构债权的问题。如果放贷人与出借人之间的债权是伪造的,则会形成真正出借人的债权无法实现的情况。因此,以对第三人的债权再次进行转让,则蕴含着很大风险。正如公司法实践中,以对第三然的债权出资非常谨慎,而以对公司的直接债权出资(债转股),则是实践中的常见情况。因此,对于此类债权转让,更应当由P2P网贷平台审核其真实性,以及借贷双方的资信状况。此外,即使债权是真实的,如果此债权转让未有效通知真正出借人,则债务人仍有可能向放贷人履行偿债义务,在放贷人不诚信的情况下,则有可能侵占该资金。

(二) 擅自发行股票、公司、企业债券

《证券法》第180条规定,违反本法第九条的规定,擅自公开或者变相公开发行证券的,责令停止发行,退还所募资金并加算银行同期存款利息,处以非法所募资金金额百分之五以上百分之五十以下的罚款;对擅自公开或者变相公开发行证券设立的公司,由依法履行监督管理职责的机构或者部门会同县级以上地方人民政府予以取缔。对直接负责的主管人员和其他直接负责人员给予警告,并处以五十万元以上五百万元以下的罚款。《证券法》第220条规定,违反本法规定,应当承担民事赔偿责任和缴纳罚款、罚金、违法所得,违法行为人的财产不足以支付的,优先用于承担民事赔偿责任。

《刑法》第179条规定,擅自发行股票、公司、企业债券罪,是指未经国家有关主管部门批准,擅自发行股票或者公司、企业债券,数额巨大、后果严重或者有其他严重情节的行为。2010年12月13日,最高人民法院颁布的《关于审理非法集资刑事案件具体应用法律若干问题的解释》第6条规定,未经国家有关主管部门批准,向社会不特定对象发行、以转让股权等方式变相发行股票或者公司、企业债券,或者向特定对象发行、变相发行股票或者公司、企业债券累计超过200人的,应当认定为《刑法》第179条规定的"擅自发行股票、公司、企业债券"。构成犯罪的,以擅自发行股票、公司、企业债券罪定罪处罚。

第四章
P2P 网贷资金存管的模式、不足及完善

在我国经济长期高速发展的背景下，我国居民个人收入水平不断提高，个人及家庭的理财意愿日益强烈。中小企业在"创业"、"创新"情境下的融资需求空前膨胀，基于互联网技术的金融创新模式——P2P 网贷逐渐成为满足各方需求的重要途径。但是，P2P 网贷因其线上特征，借款人信用参差不齐，借贷资金管理长期混乱。一旦所涉资金被滥用，必然威胁整个资金链的安全，甚至引发系统金融风险。本章分析了我国 P2P 网贷资金管理的问题源头、法律规制的现状、不同存管模式的优势与不足，通过比较发达国家资金管理模式，对我国资金存管法律制度提出完善建议。

一、P2P 网贷资金存管的法律文件

自 2007 年我国首次引入 P2P 网贷模式以来，其已迎来了长达十余年的高速发展。在这十余年间，各种业务类型的网贷平台公司不断涌现，借贷方式频繁创新，借贷资金规模不断攀升。互联网借贷的出现与繁荣，为我国居民提供了新的理财渠道，也为小型微利企业和创新型企业开辟了全新的融资途径，但是基于网络技术的互联网借贷也将诸多不安全因素注入借贷交易中。据统计，2018 年的前 5 个月，每月倒闭的平台基本上都在 20 家左右；到了 6 月，这一数字竟然猛地攀升至 63 家；到了 7 月，平台倒闭的态势简直愈演愈烈。数据显示，截至 2018 年 7 月 20 日，当月新增问题及停业平台约为 118 家。[1]由于平台资金链断裂、平台实际控制人跑路，或者因非法吸收公众存款而被警方立案调查等，平台被迫停止运营。如 2018 年 7 月 4 日浙江地区的

---

〔1〕参见杨飞："频频爆雷背后暴露三大原因，P2P 网贷行业该走向何方？"，载《第一财经日报》2018 年 8 月 6 日。

一家 P2P 网贷平台"牛板金"被爆出虚构标的，挪用出借人资金，并将资金用于房地产项目，所涉金额高达 31.5 亿元。尽管征信体制不健全、资金运营不透明、监管不到位等因素都是导致 P2P 网贷问题频发的原因，但核心问题还是平台自身角色定位在执行中不到位，尤其是自有资金与客户资金管理不到位。对此，一个重要解决途径就是由第三方机构对资金进行有效的管理。[1]

2014 年 9 月 27 日，银监会高层提出"P2P 网贷十大监管原则"中的第五条即为"投资人的资金应该进行第三方托管，不能以存管代替托管"。[2]此处，明确提出了网贷资金"托管"概念。此后，监管层颁布实施一系列规范性文件。2015 年 7 月 18 日，央行等十部门颁布《指导意见》，指出网贷机构不得提供增新服务，不得非法集资。2015 年 12 月 28 日，央行发布《非银行支付机构网络支付业务管理办法》，要求"支付机构不得经营或者变相经营证券、保险、信贷、融资、理财、担保、信托、货币兑换、现金存取等业务"。该规定严格限定了支付机构的业务范围，要求其不得直接办理非支付业务，导致第三方支付机构 P2P 网贷资金托管业务备受打击。[3]2016 年 8 月 24 日，银监会发布《暂行办法》进一步强调，网贷信息中介机构不得从事涉及资金的业务。2016 年 10 月 13 日，国务院办公厅公布《互联网金融风险专项整治工作实施方案》，规定 P2P 网贷平台要严格落实第三方存管制度。对于网贷资金，《暂行办法》第 28 条规定，网贷机构应选择符合条件的银行业金融机构作为资金存管机构。2017 年 2 月，银监会发布《存管业务指引》，延续并强化了《暂行办法》相关规定，其中第 2 条规定，存管业务，是指商业银行作为存管人，履行网贷资金存管专用账户的开立与销户、资金保管等职责的业务；存管人不对网贷交易提供保证或担保，不承担借贷违约责任。

考察《指导意见》和《存管业务指引》的相关规定，可以发现其均采用"存管"而非"托管"的表述。事实上，资金托管更符合 P2P 网贷的根本需

---

[1] 参见张荣凡："如何实现我国 P2P 网络借贷平台的第三方托管"，载《商场现代化》2016 年第 21 期。

[2] 《托管业务指引》要求商业银行履行安全保管客户资金、办理资金清算、监督资金使用情况、披露资金保管及使用信息等职责。资金存管与托管之间的根本区别在于：托管方是否有监管行为，即是否核实借款人信息和借款合同的真实性，跟踪监督资金进入借款人账户后的具体流向。

[3] 参见孟凡霞："与银行合作：第三方支付托管思路谋变"，载《北京商报》2015 年 9 月 14 日 B4 版。

求,但是资金托管下对第三方托管机构的义务与责任的要求非常高。对于商业银行而言,资金托管服务较为复杂,其所承担责任和风险较大,因此其更愿意提供存管服务。目前,合规的 P2P 网贷平台均与商业银行开展存管合作,做到用户资金与 P2P 网贷平台相隔离,减少资金池、非法集资的风险。

本章分析了我国 P2P 网贷资金管理的问题源头、法律规制的现状、不同存管模式的优势与不足,通过比较其他国家资金管理模式,对我国资金存管法律制度提出完善建议。

二、我国 P2P 网贷资金的存管模式及评价

(一) 第三方支付机构资金存管及评价

早在 2013 年 11 月"处置非法集资部级联席会议"上,九部委就建议建立网贷资金第三方托管机制(实为存管)。此后,第三方支付机构陆续设置自身的 P2P 资金托管系统。第三方支付机构资金存管可以分为两种主要模式,即"资金池存管模式"和"点对点存管模式"。此前,大部分 P2P 网贷平台公司采取的都是"资金池资金存管模式"。在这一模式下,虽然形式上平台公司并不经手资金的转移,但实际上平台公司仍然掌握资金的支配权,因为第三方支付机构最终依据平台公司所发出的支付指令进行资金划转。所谓资金存管账户,实际上只是为了完成资金划转而设立的中间账户,而支付机构所负责的存管更多体现为支付、账目核对等服务,事实上并未担负起相应的监督职能。因此,这种只在一个或者多个第三方支付机构开设账户,而不是每一个出借人都享有自己独立账户的做法,并不是真正意义上的资金存管。

另一种第三方支付机构存管模式被称为"点对点存管模式"。在这一模式下,支付机构首先以自身名义开设独立于平台公司的专用支付账户,并在单独的支付账户下,为借款人和出借人开设虚拟子账户。按照《非金融机构支付服务管理办法》、《支付机构客户备付金存管暂行办法》等规范性文件的要求,支付机构应当将客户备付金全额缴存至银行,并由其监督。实际上,支付机构托管的 P2P 网贷资金,是存放在商业银行的备付金账户中的,只是在资金划转的流程中由第三方支付机构验证。2013 年年初,第三方支付机构汇付天下创立了我国第一个第三方 P2P 网贷资金管理账户模式:用户在选择由汇付天下进行资金管理的 P2P 网贷平台注册后,也要在汇付天下开设实名账户并进行实名认证、证卡绑定和手机认证。此后,富友支付、易宝支付等第

三方支付机构也开始接受P2P网贷平台的资金管理申请。

如果P2P网贷平台采取的是"资金池存管模式",实际上与没有进行资金存管是一样的,平台公司对资金仍享有极大的支配权,可以不合理甚至违法使用。这一模式无法实现资金隔离,也无法对平台的资金流动实施点对点监控。实践中,先后出现"易宝支付"接受资金存管的上海一家网贷平台公司"爱增宝"〔1〕以及"汇付天下"接受资金存管的"浩亚达e金融平台"的负责人跑路事件。事件发生后,上述两家第三方支付机构都对外表示,只是与涉事网贷平台达成初步合作意向,而并没有真正完成资金存管,因此不对此事件负责。上述"伪存管"的存在,说明借贷资金存管并不能单纯依靠市场与合同机制来解决,因为第三方支付平台没有动力和责任去督促P2P网贷平台为每一个出借人建立个人独立账户。〔2〕

较之于"资金池模式","点对点模式"相对安全。这一模式的核心要求是,支付机构以自身名义开设独立于平台公司的专用支付账户,借贷双方也要在第三方支付机构开设资金账户。这一模式的优势是,客户可以自行发出资金流转指令,P2P网贷平台无法控制资金流向,因此无法利用资金流动时间差获得大量可支配资金。同时,通过第三方支付平台的操作可以形成支付凭证,实现对资金流向的实时监控,防止出现"以旧还新"的庞氏骗局,并为相关部门的监管提供可靠依据。但是不可否认,即使是"点对点模式",也会存在一定问题。首先,第三方支付机构有可能挪用、挤占客户备付金。其次,为防范业务风险,保障客户合法权益,第三方支付机构往往设定网上支付限额要求,而这可能会在一定程度上制约P2P网贷业务的发展。

(二) 商业银行资金存管模式及评价

较之于第三方支付机构,商业银行存管模式更为有效。在这一模式下,投资人应在银行实名开设交易资金账户。在交易中,P2P网贷平台会首先向存管银行发出支付请求,银行接到请求后会通知出借人进行验密,存管银行在接到指令后会将平台总账户中的资金分别汇转到网贷平台的基础存款账户以及借款人的银行结算账户。为防范潜在风险,商业银行还要求进行资金存

---

〔1〕 参见于德良:"银行更适合做P2P资金托管",载《证券日报》2015年2月8日A4版。

〔2〕 参见何欣奕:"民商法视域下P2P网络借贷平台法律问题思考——以涉及到的主要法律风险与合同类型为中心的观察",载《法律适用》2015年第5期。

管的P2P网贷提取一定资金存入风险备用金账户,以防范资金链断裂等流动性风险。此外,获得资金存管服务的P2P网贷平台还需要开设服务费账户,这也体现了平台自有资金与客户资金相隔离的原则要求。除账户管理外,一些商业银行还要求P2P网贷平台将网贷合同提交银行备案。在整个过程中,资金流动数据会清晰地显示在商业银行的客户端[1]。

据不完全统计,截至2018年1月,已有至少46家商业银行介入P2P网贷资金存管业务;其中,城市商业银行、股份制商业银行、民营银行、农商行和大型商业银行分别对接了359家、137家、76家、49家和5家P2P网贷平台[2]。考虑到P2P网贷平台负面消息远多于正面评价,由商业银行进行资金存管,有助于凭借商业银行的信誉挽救出借人信心和市场信赖。实践中,很多P2P网贷平台均与商业银行展开资金存管合作,如人人贷、积木盒子、玖富等平台公司与民生银行达成资金存管合作。如民生银行要求出借人开设一个已经开通网银的个人账户,出借人在P2P网贷平台上看好投资项目并与借款人达成合意后,发布指令到民生银行,由银行将资金从出借人个人账户划拨到平台公司在银行开设的资金托管账户。在双方借款合同生效后,民生银行再将这笔资金划拨到借款人的个人银行账户。

但是不可否认,商业银行进行资金存管也存在问题。一方面,商业银行对P2P网贷资金存管业务并不关注甚至望而却步,主要原因就是一旦P2P网贷平台或者网贷业务出现问题就会导致商业银行信誉连带受损。如被界定为非法集资的"e租宝",就是在兴业银行进行的风险保证资金托管。在"e租宝"被认定为非法集资后,兴业银行虽然在第一时间说明双方并没有进行真正合作,但来自各方的质疑仍对兴业银行的信誉构成了负面影响。当然,较之于不良网贷给商业银行带来的信誉损失,立法者更应关注如何保障出借人资金安全。因此,通过规范性文件对P2P网贷资金存管提供指引,由商业银行根据市场原则自行决定是否提供资金存管,是一种合理选择。另一方面,资金存管合同项下的业务信息隔离制度有待加强。P2P网贷平台主要解决小额贷款问题,其业务与商业银行贷款业务既存在互补也存在交叉,两者之间

---

[1] 参见辛颖:"P2P资金银行托管探索中",载《法人》2015年第7期。
[2] 参见"P2P行业测评",载http://www.csai.cn/p2pzixun/1258990.html,最后访问日期:2018年5月5日。

具有潜在竞争关系。商业银行通过要求出借人开设个人实名制账户并开通网上银行，获取平台客户的资金信息；通过把握资金流向，了解借款人的资金需求规模和还贷能力。这就使P2P网贷资金存管业务成为银行推荐自身理财产品和融资服务的渠道。

如前所述，商业银行目前提供的是资金存管服务，而非资金托管服务。一方面是由于商业银行提供资金托管服务所要求的自身监督成本过高，商业银行一般不愿意提供，另一方面就是商业银行提供资金托管服务也面临业务定性模糊的法律障碍。2019年，中国银行业协会下属托管业务专业委员会发布《中国银行业协会商业银行资产托管业务指引》（以下简称《托管业务指引》），规定了商业银行接受托管的客户资金的范围[1]、委托人与受托人双方权利义务的划分、商业银行的自律规范等内容。实践中，商业银行所进行的资金托管业务包括特定客户资产管理托管、集合资产管理计划托管、定向资产管理计划托管、私募股权基金托管、保险公司股票资产托管、社保基金托管、年金托管、大宗商品交易市场交易资金托管、保险资金托管，以及受托理财资金托管等。在上述托管业务中，除证券投资基金托管是依据《证券投资基金法》进行的外，其他均按照《合同法》或者相关部委制定的规章进行。因此，不同类型的资金托管业务，从业务发起到托管双方的权利义务规定，都不完全一致。目前，P2P网贷资金难以划入《托管业务指引》所列举的任何一种客户资金类型，因此即使允许其提供网贷资金托管服务，只能作为"委托人需要商业银行托管的其他类型资金"来处理，而且只能依据《合同法》来规范托管的具体业务操作。

（三）第三方支付机构与商业银行联合存管模式及评价

随着《指导意见》和《暂行办法》的出台，第三方支付机构存管受到严格限制，为创新突围，第三方支付机构采取与商业银行合作提供存管服务的方式维持自身发展。但从当前规范性文件的规定及立法者的态度考察，以商业银行作为P2P网贷资金存管机构是唯一合法之举。因此，这种合作模式仅能被视为过渡期的应对之策。2015年9月17日，汇付天下与恒丰银行合作推出资金联合存管方案，这是在《指导意见》出台后，第三方支付机构与商业

---

[1]《托管业务指引》第6条规定，接受托管的客户资金类型包括：融入资金、偿还资金、交易资金、担保资金、专项资金和委托人需要商业银行托管的其他类型资金。

银行尝试联合存管的典型案例。在联合存管模式下，第三方支付机构需要提供第三方账户存管管理系统用于执行平台公司的资金清算指令，同时还需要对运营数据进行监控并定期进行支付结算。商业银行则需要建立资金专用账户，所有交易资金都需要进入银行的这个账户。同时，商业银行还负责投资标的备案，防止平台公司虚构标的骗取、挪用资金。汇付天下与恒丰上海银行、富友支付与建设银行上海分行进行了此类合作。这一模式借助第三方支付机构的网络系统，减轻了商业银行搭建网络平台的负担，使商业银行能够专注于账户管理。同时，由于资金管理风险由第三方支付机构与商业银行共同承担，这也就为那些忌惮平台公司经营风险，但又仍希望在这一领域有所作为的商业银行提供了选择。

与第三方支付机构资金存管模式相同的是，P2P网贷平台使用第三方支付机构的服务系统，双方签订的合同也仅仅是达成提供或使用服务的合意，第三方支付机构并不注重在合同中保留保护出借人利益的条款。对于商业银行负责的资金专用账户和标的的备案，银行与平台之间只是通过合同对可能发生的异常行为的对策进行约定，也没有相关立法要求银行限制账户以保障出借人及借款人的利益。

事实上，这种存管模式未能有效解决对平台资金流动的监控。此外，平台不仅要向第三方支付机构[1]支付系统使用的服务费，还要向商业银行的信息备案服务支付费用。这种双重支付，给平台带来了很高的经营成本。实践中，平台之所以选择这一模式，一般有两种原因：一是看重第三方支付机构系统操作的灵活性，以满足自身全天候资金调拨的需求；二是无法得到商业银行的信任，因此无法与银行单独达成合作意向，只能通过这一折衷方式获得银行的部分信用支持。

三、P2P网贷资金管理的域外立法、实践及启示

（一）英国借贷型众筹资金管理的立法与实践

英国将通过互联网而达成的借贷统称为"借贷型众筹"，被视为"众筹"

---

[1]《非银行支付机构网络支付业务管理办法》第9条"支付机构不得经营或者变相经营证券、保险、信贷、融资、理财、担保、信托、货币兑换、现金存取等业务"。该规定严格限定了第三方支付机构的业务范围，即不得直接办理非支付业务，潜在要求其与传统金融机构合作。

类型之一。与借贷型众筹相对应,还有股权型众筹、捐赠型众筹等。借贷型众筹平台成立之初获得的是信贷业务牌照,由公平贸易局进行监管。随着信贷交易规模和资金流动规模不断扩大,2011年8月,Zopa、RateSetter和Funding Circle 三家大型 P2P 网贷平台自发成立 "P2P 网贷行业协会" (Peer-to-Peer Finance Association,P2PFA),主动要求英国政府对该行业协会的运行进行监管并为其立法。尽管英国政府并未在短时间内出台规范性文件,但是该行业协会出台了 8 项会员准则、10 项运营规则和会员章程,基本上涵盖了全行业发展所需要的规则,填补了该行业领域暂时的法律真空。2013 年,英国政府设立 "金融行为监管局"(Financial Conduct Authority,FCA)以代替公平交易局(Office Fair Trading,OFT)对 P2P 网贷行业进行监管。2014 年 3 月,金融行为监管局发布《关于网络众筹和通过其他方式发行不易变现证券的监管规则》,该规则被誉为世界第一部 P2P 网贷行业法规。以此为标志,英国 P2P 网贷监管实现了从行业协会自律为主,到政府监管与行业自律相结合的转变。

英国的这一监管规则对借贷型众筹平台规定了最低资本要求、商业行为规则、客户资金保护规则与纠纷解决机制等监管要求。其中,FCA 所适用的客户资金规则主要包括:持有客户资金的平台必须尽到相关义务,依照客户要求支配资金;对于不持有客户资金的平台,必须将客户资金托管于第三方机构,该机构应为银行;当平台在银行开设客户资金账户时,银行应当承诺不以该账户资金抵消企业自身债务。对于 "承诺模式",即投资者承诺提供一笔特定的资金,且在交易执行中直接从其平台账户中划走资金的情况,平台只需要将其实际收到的资金进行隔离,而不是隔离被客户承诺的资金。[1]

(二)美国 P2P 网贷资金管理的立法与实践

2010 年,美国颁布《多德-弗兰克法案》,旨在改善金融体系问责制,并提高金融体系透明度。美国将 P2P 网贷公司视为与银行、证券公司等并无差别的金融机构,并未对其进行特殊监管。换言之,将其纳入美国证券交易委员会现行监管体系之中。在美国,P2P 网贷平台在各州注册成立,之后在该州的证券监管部门备案注册,每日每笔交易都要及时向美国证券交易委员会披

---

[1] 参见张雨露:"英国借贷型众筹监管规则综述",载《互联网金融与法律》2014 年第 5 期。

露借款人的相关资料信息。[1]各州对投资者设定的参与投资的财务标准不尽相同,对不同州的投资人,P2P网贷平台都要按照州标准进行筛选审核。[2]

较之于英国将P2P网贷作为新兴行业而进行创设性立法,美国证券交易委员会则直接将P2P网贷定性为公开发行证券,从而为自己监管P2P平台提供了法律依据。从美国证券交易委员会于2008年11月24日对Prosper发布的禁令可以看出,P2P网贷平台在法律上被界定为直接融资,构成证券发行,要受到美国证券法的约束,其筹得的资金也要按照证券法对于金融机构资金隔离的要求进行处置,从而形成了对所有其他P2P网贷平台都适用的判例。[3]因为美国将P2P网贷视为证券发行,且P2P网贷流程中网上银行的介入使网贷资金不会由平台公司掌控,因此网贷资金托管并不必要。

(三) 启示

考察英美立法和实践,可以发现英国互联网借贷平台在网贷中所发挥的作用更大,从线上和线下两方面撮合交易达成。实践中,平台既可以掌管客户资金,但同时要实现与自有资金的分离;也可以将资金委托银行管理;甚至还可以在客户许可的情况下短时间内持有客户资金。可以说英国的网贷平台是复合型中介的代表,资金管理模式也较为灵活。当然,这与英国完善的信用制度、严格的平台准入管理、债权人保护制度等密不可分。而在美国债权让与模式下,网贷平台没有机会占据客户资金,因此资金管理问题并不突出。我国将P2P网贷平台定性为信息中介,理论上不可能像英国网贷平台那样占有客户资金,在资金管理问题上似乎不会太复杂,但在我国P2P网贷平台和网贷业务逐步规范化的过程中,平台占有客户资金或者"伪存管"现象仍不容小觑。

四、完善我国P2P网贷资金存管的法律建议

(一) 完善商业银行存管的建议

《暂行办法》要求P2P网贷平台将资金"存管"在商业银行,但存管本

---

[1] 参见李逸凡:"比较与借鉴——美国和中国P2P网贷平台的发展",载《理论月刊》2014年第10期。

[2] 参见王朋月、李钧:"美国P2P借贷平台发展:历史、现状与展望",载《金融监管研究》2013年第7期。

[3] 参见沈良辉、陈莹:"美国P2P网贷信用风险管理经验及对我国的启示",载《征信》2014年第6期。

身并不意味着银行对资金来源和去向进行全程监督以及对项目真实性进行审核，从本质上讲，这种存管模式并不能充分保障P2P网贷资金的安全。因此，如果法律能够在P2P网贷资金"存管"之外，提供"托管"选项，并由商业银行自行决定是否提供此类业务，将为P2P网贷资金管理提供更多、更可靠的选择。根据《托管业务指引》第6条所列举的资金托管类型，网贷资金很难被纳入银行资金托管的范畴。商业银行面临的最大潜在风险就是法律风险，新型金融产品的涌现给商业银行托管业务带来前所未有的发展机遇，但在新产品方面的监管却存在缺失和不足。因此，为使托管合法化，应修改《托管业务指引》相关规定，将P2P网贷资金纳入商业银行托管范畴。此外，在上述托管业务中，除证券投资基金托管是以《证券投资基金法》为法律依据外，其他均是按照《合同法》或者相关部委的规章来进行，因此不同类型的托管业务，从业务发起到托管双方权利义务，都不完全一样。P2P网贷资金托管直接关系到广大债权人的资金安全，所涉面广，所涉利益主体众多，单纯依靠《合同法》的合同机制规定平台与商业银行之间的权利义务，就可能出现银行更多关注托管后网贷平台是否按照约定支付服务费以及自己如何降低运营成本以实现利益最大化，而对出借人利益保护重视不足的情况。因此，对于P2P网贷资金托管需要国家制定规范性文件对其模式和执行标准进行规定。

但建立银行资金托管制度，需要借款人和出借人都在同一家商业银行开设账户，并与银行签订托管协议。如果借贷双方使用不同银行的账户进行交易，而网贷资金由一家商业银行存管，则必须解决资金跨行转账与结算问题。目前，我国P2P网贷行业尚未成立类似于"中国证券登记结算公司"的组织进行统一的资金清算，跨行资金结算主要依托网络支付机构处理。为解决这一问题，可以参照证券业中央登记结算中心模式，为P2P网贷行业搭建中央登记结算平台，对全行业的借贷信息按照统一标准进行审查，同时监控操作服务。这将有助于长期有效地规范P2P网贷行业的发展，但搭建中央登记结算平台，需要对其级别进行设定并对内部机构和运行机制进行设计，并在实践中接受检验并予以完善。

（二）试行"点对点"第三方支付机构存管

《暂行办法》将存管机构仅限定于商业银行，主要是基于对银行信用与业务能力的信任，也是对第三方支付机构"大账户存管模式"所引发的"伪存管"现象的立法反应。但是，第三方支付机构"点对点存管模式"能够较有效地满足 P2P 网贷资金安全的要求，加之第三方支付机构能够满足客户全天候资金划拨需求，这一模式天然地具有存续并发展的空间。此外，第三方支付平台可以留下每笔贷款的支付凭证，很容易对虚假标的或者其他诈骗行为进行取证。

目前，第三方支付机构为金融机构开立虚拟账户受到规范性文件的限制。《非银行支付机构网络支付业务管理办法》第 8 条规定，支付机构不得为金融机构，以及从事信贷、融资等金融业务的其他机构开立支付账户。因此，即使《暂行办法》将存管机构扩大到第三方支付机构，在《非银行支付机构网络支付业务管理办法》的限制下，第三方支付"点对点存管模式"的适用也将局限于公民个人之间的借贷。

事实上，一种适宜的存管模式并不应当单纯地以第三方机构的主体性质来判断，而应当以存管账户是否独立来判断。只要 P2P 网贷客户资金最终存管在商业银行，不论是商业银行还是第三方支付机构，只要是以"商业银行"或者"支付机构"为户名单独开设的专用存款账户或者专用支付账户，再为借款人和出借人开设二级子账户或者虚拟账户即可。用户完全可以通过密码、短信验证等方式对资金的转移和使用进行监控，从而确保网贷资金的安全。

五、结语

P2P 网贷资金第三方存管的实施与深化，并不是监管部门对 P2P 网贷的遏制，而是出于对行业健康持续发展的考虑，也是为了保障出借人的合法权益。商业银行作为存管人具有资质、信用、风控等诸多优势，但同时也存在效率较低、存管成本高、资金结算受限等劣势。第三方支付机构"点对点托管模式"由于其自身发展的合理性和可行性，不应被"一刀切"地抛弃。对此，建议修改《托管业务指引》相关规定，拓展商业银行托管业务，将网贷资金纳入银行托管范畴，同时制定规范性文件对具体模式和执行标准进行规定；不单纯以托管机构的主体性质简单地否定"点对点托管模式"，而是通过对存管账户的独立性的判定，以确定可以采取的存管模式。

第五章
P2P 网络借贷担保模式的问题及法律对策

P2P 网贷有效弥补了正规金融对小额分散信贷需求供给不足的缺憾，但网贷交易具有极强的信息不对称性，导致出借人交易安全难以得到保障。为增强出借人对 P2P 网贷的信任，几乎各大 P2P 网贷平台都引入担保机制。在监管机构对 P2P 网贷平台"去担保化"的约束下，平台风险储备金、第三方担保制度均较为有效地弥补了 P2P 网贷信用机制的欠缺。本章分析了我国 P2P 网贷的担保模式及运作机制、不同担保模式所涉法律关系、网贷担保实践中的突出问题，并提出完善我国 P2P 网贷担保制度的法律建议。

一、P2P 网贷担保模式概述

P2P 网贷作为互联网模式下的民间借贷，对借款人是否提供担保并无强制要求。鉴于 P2P 网贷借款人信用度普遍不高，为保障出借人合法权益，P2P 网贷担保随之成为必要。尽管融合了担保机制的 P2P 网贷降低了融资效率，并将一部分借款人排斥在网贷之外，但这种做法更充分地保护了出借人的合法权益。

长期以来，我国 P2P 网贷实践中存在的担保模式主要有四种：平台自担保、一般担保公司担保、融资性担保公司担保，以及债务人财产担保。自 2016 年 8 月银监会等联合发布《暂行办法》第 10 条要求 P2P 平台不得"向出借人提供担保或者承诺保本保息"后，P2P 网贷平台自担保被视为违法。此后，网贷实践中常见的担保模式主要有三种：风险准备金担保、第三方担保机构担保，以及借款人自行抵押或质押。长期以来，P2P 网贷平台针对出借人出借的款项按照一定比例收取一定的风险准备金，并以此为逾期债务提供清偿担保。风险准备金模式在很长一段时间内都是通行模式。但监管层认为，准备金的归属存在认定问题并影响其管理。2017 年 P2P 网贷风险专项整治办发布《关于做好 P2P 网络借贷风险专项整治整改验收工作的通知》（以下简称57号文），禁止网贷机构继续提取风险备付金，已经提取的应逐步消化，意图压缩风险备付金的规模；同时，严格禁止网贷机构利用风险备付金进行宣传，误导出借人。根据监管者的立法意图，风险准备金模式或称风险备付金模式，也处于被消化直至最终消失的态势。

表 5-1　各 P2P 网贷平台所采取的担保模式[1]

P2P	抵（质）押品	担保模式	逾期代偿资金来源	抵押品处置资金归属
投哪网	机动车为主	信用+担保	风险备用金	风险备用金
你我贷	机动车为主	信用+担保	风险备用金	风险备用金
	房产	信用+担保	担保机构	担保机构
宣贷网	足额实物	强担保	风险备用金	风险备用金
人人聚财	机动车、房产	信用+担保	风险备用金 担保机构	风险备用金 担保机构
和信贷	房产为主	担保+机构评估	风险备用金 担保机构	风险备用金 担保机构

二、我国 P2P 网贷担保的模式及评析

（一）备受争议的 P2P 网贷平台自担保模式

P2P 网贷平台作为"信息中介"，其基本业务包括审查评级、风险定价和交易撮合与管理等。但长期以来，很多 P2P 网贷平台为吸引出借人，提供担保服务，使自身角色不限于"信息中介"，而拓展为"信用中介"，其典型代表是红岭创投。红岭创投采用线上、线下相结合的平台自担保模式。如果借款人在借款到期时出现还款困难，只要逾期30天，红岭创投就会垫付本金先行向投资人还款，债权随即转移至红岭创投名下。在此模式下，如果借款人和出借人之间的借款合同能够得到完全履行，以借款合同为中心的整个法律关系体系都能得到维持。但是，一旦借款人因主观或客观原因不能履行借款合同，以借款合同为中心构建的法律关系体系将面临巨大挑战，可能导致

---

[1] 参见赵玉平、胡鹏："我国P2P平台借款人担保机制现状、风险及完善"，载《金融监管》2015年第12期。

"红岭创投"模式的网贷平台陷入偿付危机甚至破产,进而引发法律关系体系的全面崩溃,形成一种恶性循环。[1]

P2P 网贷平台作为"增信中介"是继其"信息中介"角色后的另一种角色。"增信中介"是指网贷中介为使投资人产生信任,而直接或者间接从事一定信用行为,具体包括"自主增信"和"外部增信"。"自主增信"是指 P2P 网贷平台公司或其子公司、母公司、联营企业,以及合营企业等关联方自筹风险准备金、使用自有资金提供担保等方式来提供本金(息)保障服务。"外部增信"包括非关联方承诺回购、缴纳保证金,以及投保商业保险等。"自主增信中介"角色背离了网贷平台的本质,将本来应当由市场交易主体承担的交易风险转由自身承担,使自身陷入巨大风险中,一旦平台陷入危机,则严重危机借贷关系,甚至威胁市场经济秩序。针对这种情况,2016 年 8 月 17 日,银监会等四部门发布的《暂行办法》第 10 条第 3 项明确要求平台不得自担保,平台"自主增信"角色被叫停。

(二) P2P 网贷平台的风险准备金模式

"风险准备金"是 P2P 网贷平台在监管机构禁止平台自担保情况下寻求的一种替代路径。P2P 网贷平台依据一定标准向借款人收取一定比例的资金,并将资金纳入一个资金账户,该账户被称为风险准备金账户。当债务到期且借款人未能按时清偿时,由平台从该风险准备金账户提取资金对出借人进行清偿。实践中,P2P 网贷平台向借款人收取风险准备金主要依据两种标准。一是根据借款人的信用评级,按照不同比例收取资金;二是在借贷双方签订借款协议时,根据借款金额按照固定比例,统一收取。为使借贷双方产生足够信赖,平台承诺将该资金存管在商业银行。如人人贷风险准备金的存管银行为民生银行(已取消),投哪网风险准备金的存管机构为广发银行。至于该风险准备金如何使用,则依据平台文件以及平台与借贷双方所签订的协议进行。如果借款人逾期还款达到一定天数,平台有权从风险准备金中提取相应款项以偿付出借人。一经偿付,P2P 平台即获得相应债权,有权要求借款人还本付息。在风险准备金有限的情况下,如果有多个出借人,P2P 平台则按照一定规则按顺序、按比例偿付。在 P2P 平台向借款人收取的准备金超过应

---

[1] 参见代其云:"论 P2P 网络信贷平台的法律规制——以'红岭创投'为例",载《现代商业》2014 年第 15 期。

偿还本金的一定比例时，P2P 网贷平台可以对超出部分自行支配，但这一做法涉嫌非法集资。

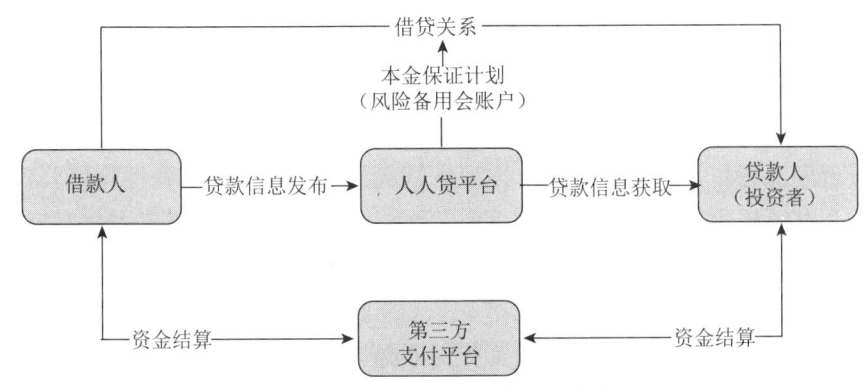

图 5-1　风险准备金模式的运作方式图

57 号文禁止继续提取风险备付金，对于已提取的，应逐步消化。考察立法者的本意，不难发现：风险备付金来源于出借人出借的资金，汇集于 P2P 网贷平台并且交于银行存管，对于该部分资金，如果网贷平台公司治理存在问题，很容易出现挪用和侵占等违法行为。但是类似于银行等金融机构无疑也汇集了大量客户资金，尽管也可能出现侵占或挪用，但情况极其少见。因此，问题并不在于资金的汇集，而在于对于汇集的资金进行管理的主体，以及相应的管理机制。事实上，英国著名的 P2P 网贷机构 Zopa 就设立了一个名为 Safeguard 的安全基金。该基金的资金就来源于 Zopa 依据一定比例向借款者所收取的费用。一家非营利性信托机构——P2PS Limited 负责这部分资金的保管，以便在违约发生时，偿还投资者的本金和利息，从而保障投资者的本息安全。因此，规制的方向不应当是截然否认风险准备金的合法性，而更应当是对 P2P 网贷平台准入、治理进行严格监管，在 P2P 网贷平台素质得以提高的情况下，风险准备金模式也是可以考虑的。

（三）第三方担保机构担保模式

在我国征信体制尚不健全，而借款需求空前膨胀的情况下，P2P 网贷平台为保证贷款供给量、吸引投资者，通常引入第三方担保机构。第三方担保机构可以分为融资性担保机构与非融资性担保机构。两者在市场准入、业务范围、监管力度等方面均存在巨大差异。从市场准入角度而言，按照《融资性担保公司管理暂行办法》，融资性担保机构必须履行地方监管部门的前置性审批程序，在获得批准取得融资性担保机构经营许可证后，才能在行政主管部门办理注册；我国尚未对非融资性担保机构实行准入管理，对其没有前置性行政审批要求，换言之，其不需要持有经营许可证，只要符合《中华人民共和国公司法》（以下简称《公司法》）等规范性文件所规定的设立条件，就可以进行工商登记或其他注册登记。在业务上，融资性担保机构从事的是特许经营业务，其主要与银行合作为借款人提供担保。非融资性担保公司虽然可以从事担保业务，但是较之于融资性担保公司，其经营范围相对有限。具体来讲，非融资担保公司主要从事诉讼保全、投标担保等担保业务。比较而言，融资性担保机构可以兼营非融资性担保机构的业务，反之则不成立。简言之，融资性担保机构从事融资担保业务，如贷款担保、保函担保、信用证担保等；而非融资性担保机构从事为被担保人融资以外的其他行为提供担保服务，如增信服务、履约担保、投标担保。

根据引入第三方担保机构的主体不同，P2P网贷第三方担保包括两种：一是P2P网贷平台直接与担保机构合作。一些具有优势的P2P网贷平台与关联担保机构合作，如上海陆家嘴金融交易所与同一集团旗下所属的平安融资担保之间的合作。对于其他P2P网贷平台而言，其与担保机构之间的合作是互相选择、最终达成合意的结果。在P2P网贷平台与担保机构合作的模式下，P2P网贷平台作为信息中介汇总并发布借贷双方的需求信息，如果借贷双方达成合意，担保公司对借款人进行调查并决定是否提供担保，作出担保决定的，则还要进行贷中和贷后管理。担保公司所收取担保费率的高低取决于项目质量：如果借款人信用好，担保费率就要低一些；相反，如果借款人信用差，风险大，担保费率就要相应提高，以覆盖担保公司的潜在风险。[1]

二是借款人引入担保机构。借款人向担保机构提出申请，担保机构运用专业知识对借款人的相关财产、资信状况进行调查后，决定是否为其提供担保。担保机构为出借人提供的担保主要是保证。一般而言，担保机构为借款人提供担保的同时，会要求借款人提供反担保。反担保的形式可以是财产担

---

[1] 参见刘毅、谭彬："P2P网贷平台和担保公司合作机制研究"，载《经济视角（上旬刊）》2014年第4期。

保，也可以是信用担保[1]。实践中，担保机构倾向于接受信用担保或保证金担保，因为如果借款人采取抵押或质押方式，担保机构还需聘请专业人士对相关财产进行检验和保管，降低了反担保的效率，增加了业务成本。

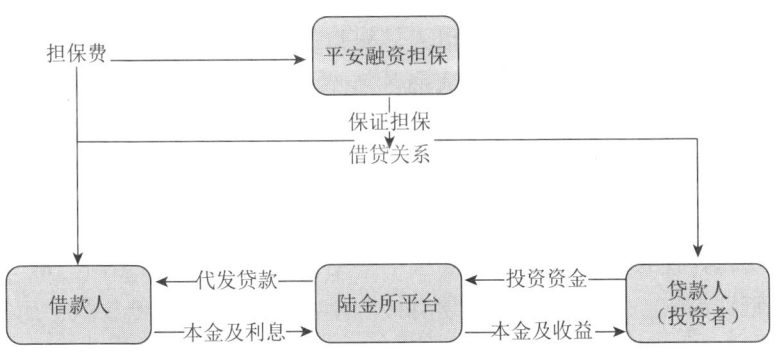

图 5-2 第三方担保机构担保模式的运作方式图

（四）自担保模式

根据设定担保对象的不同，借款人自担保包括股权质押、艺术品质押、票据质押和车房抵押四种。采取该模式的有可投可贷、易贷、微贷等。一般而言，如果 P2P 网贷采取的是自担保模式，其坏账率是最低的。尽管如此，也存在恶意担保的情况。P2P 网贷平台应对担保物进行风险控制，尤其是针对房产和车辆。

股票质押，是指借款人将持有的股份作为质押物质押给出借人，从而向出借人借款的行为。如果债权到期，借款人无法还本付息，平台可以接受出借人委托，对股权予以变现用于清偿债务。股权质押模式最突出的风险是股权价值的不确定性。股权价值的评估不仅受到公司经营状况的影响，也受到整个证券市场的影响。对于公司经营状况而言，虽然根本上取决于公司收益状况，但更多还受到公司信息披露程度的影响。就极端情况而言，上市公司存在股票交易停牌、退市等风险，容易造成借款人无法及时卖出股票，导致逾期还款。即使是非上市公司，也存在股权信息不透明，股权估值泡沫严重

---

[1] 最高人民法院《关于适用〈中华人民共和国担保法〉若干问题的解释》第 2 条规定："反担保可以是债务人，也可以是债务人之外的其他人。反担保方式可以是债务人提供的抵押或者质押，也可以是其他人提供的保证、抵押或者质押。"

等问题。另外，我国股市尽管较以往更为规范但仍不够理性，上市公司的股价往往背离其基本价值而受到外界信息的左右，导致股价剧烈波动甚至跌破股权质押的评估价。

票据质押是指借款人将自己的汇票出质，P2P 网贷平台以此为据发布借款标的。一旦发生债务违约，出借人就可以委托平台到银行兑现该汇票。票据质押的风险也很突出：市场上流通的假票、克隆票等仿真度极高，非专业人士难以辨识真假。此外，即使票据已经过多次转让，但只要其间出现一次背书不连续、名称与印鉴不相符，或者其他不合规情况，就可能导致该票据无法被兑付。此外，还存在着票据被挂失或者被冻结的风险。

车房抵押模式在 P2P 网贷市场也很常见，如房金所、融金所、微贷网等。就车辆抵押而言，很多平台在放款时按照不高于八成的比例放款，而且一般车辆抵押借款的期限较短，也能够有效避开此类风险。但是，如果房产、车辆在抵押给平台之前就已抵押给银行或其他平台，就可能出现重复抵押的情况。尽管房产、车辆可以二次抵押，但毕竟对二次抵押的抵押权人的债权实现构成障碍。因此，一些严格合规经营的 P2P 网贷平台会派专人到实地对抵押物进行核查，并到登记中心对其权属进行查验，并核实有无担保记录，如是否已经设定抵押、抵押期间等。一旦发现有模糊或者不实之处，借款人的借款申请就无法获得通过。同时，P2P 网贷平台也会协助办理抵押登记，以保证处置抵押物能获得足够资金，以保障出借人的本息得以受偿。

三、P2P 网贷担保模式所涉法律关系及解析

（一）平台自担保模式所涉法律关系

在民商事法律关系中，普通企业是否可以成为保证人，需要考察《中华人民共和国担保法》（以下简称《担保法》）第 7 条的规定[1]。判断其是否具有担保资格，主要标准是其是否有代为清偿的能力。同时，如果主体提供担保会损害国家或者社会公共利益，则该主体不被认为具有提供担保的合法性基础。对此，《担保法》及其司法解释对于不能成为保证人的主体作出了特别规定。至于 P2P 网贷平台是否可以成为保证人，必须依据《合同法》、

---

[1]《担保法》第 7 条规定，具有代为清偿债务能力的法人、其他组织或者公民，可以作保证人。

《担保法》等规范性文件有关保证人资质以及担保合同效力的相关规定进行判断。

在我国，P2P网贷平台的设立条件、程序与普通公司无异，一般注册为科技咨询公司、投资咨询公司，而非融资担保机构。因此，其在注册资本、治理结构、风险管控等方面较获得牌照的金融机构而言相去甚远。如果允许P2P网贷平台在网贷交易中提供担保，则严重背离其信息中介的定性，而具有了信用中介的属性。但如果要成为信用中介，则必须获得相关牌照。虽然从商业逻辑上理解，P2P网贷平台提供担保似乎具有合理性，但是如果从法律层面考察，P2P网贷平台提供担保实则超越其经营范围，甚至进入国家限制经营领域。因此，即使订立了此类合同，也是无效的。

但是，为保障当事人的合理预期，维持经济秩序稳定，对于此前所发生的P2P网贷平台提供担保发生争议的，并不会因2016年8月的《暂行办法》规定P2P网贷平台不得提供担保而被认为无效。这为2015年最高人民法院发布的《民间借贷规定》第22条所体现。

(二) 风险准备金模式下所涉法律关系

风险准备金模式下，P2P网贷平台、借款人、贷款人与银行之间存在三种不同的法律关系。一是在P2P网贷平台与借款人之间的委托合同关系。风险准备金模式下，借款人按照一定标准支付准备金，P2P网贷平台委托商业银行代为管理该资金，并且在借款人逾期未还款达到一定天数的情况下，由网贷平台从准备金中提取一定的金额用于清偿债权人债权。二是P2P网贷平台代为清偿后，出借人与借款人之间的债权债务关系随之消灭，P2P网贷平台则可以基于其与借款人之间的委托合同，对借款人主张并行使还款请求权。三是P2P网贷平台与商业银行之间签订委托协议。P2P网贷平台委托商业银行建立、管理风险准备金账户，从而在商业银行与P2P网贷平台之间形成委托关系。

(三) 第三方担保模式下所涉法律关系

第三方担保模式与平台担保模式下的法律关系不同。第三方担保模式中的担保合同除抵押合同外，多为保证合同。保证合同下，保证人为第三方担保机构，贷款人为债权人，借款人为债务人。当借款人出现提前还款或者逾期还款导致出借人面临损失风险时，由第三方担保机构承担保证责任，向贷款者赔偿本金及利息、违约金等。按照保证合同所约定的连带保证和一般保证的不同，贷款人的追偿权也存在差别。一般保证人享有先诉抗辩权，只有在债务人不履行合同义务的情况下，才代为履行。从根本上来讲，这是一种补充性责任。连带保证人不享有先诉抗辩权，债权人既可以要求债务人，也可以要求保证人清偿债务，其责任性质是连带性。陆金所、红岭创投、宜人贷等P2P网贷平台都与担保公司合作，为出借人提供本息等保障服务。

无论是P2P网贷平台自担保，还是第三方担保，本质上都将分散的、各自独立的借款人所引发的债务风险一并转嫁给P2P网贷平台或者第三方承担。在风险转换的过程中，同时实现了信用转换。有观点认为，由于担保总额、期限等都未能进行充分的信息披露，P2P网贷平台自担保或者第三方担保都会出现过度担保的情况，导致其事实上缺乏偿债能力。在某种意义上，不论是P2P网贷平台自担保，还是担保机构担保，本质上都有一定的劝诱因素，具有一定"非法集资"的色彩。但事实上，出借资金本身即具有风险，即使存在担保也并不意味着其债权请求能够得到全部实现。这本身即是市场所具有的风险，出借人在借款之时应当对这样的风险有合理预期。此外，非法集资与债权无法得到充分受偿是两个不同层面的概念。前者具有主观诈骗意图，后者则属于正常市场交易风险。

（四）借款人抵押模式下所涉法律关系

借款人抵押模式下，法律关系相对简单，即主合同和担保合同所涉法律。以房产抵押为例，P2P网贷平台会采取一定的风控措施，在审核借款人基本信息后，对抵押物进行产权调查、估值。一些P2P网贷平台为保证作为抵押物的房产能够顺利被执行用于清偿债务，会要求借款人进行房产"全权委托"和"强制执行"公证。如果借款人违约，该房产可不经法院诉讼流程，直接进入拍卖程序，从而及时保障出借人利益。一些P2P网贷平台为保证抵押物能够顺利变现，事先引入第三方合作伙伴，第三方承诺在抵押物执行时迅速接盘。此外，出借人作为担保权人，在借款人违约的情况下，即使平台因故未能提供协助，其在完成一定程序后也可以直接取得该抵押房产的优先受偿权。

四、我国P2P网贷担保的实践问题及解决

监管部门要求P2P网贷平台"去担保化"，主要是基于对P2P网贷平台交易安全的考虑。在我国信用机制尚不健全、救济途径不甚通畅的情况下，

引入法律所允许的担保模式是一种必然选择。但是,即使是法律所允许的担保模式,也存在着不容忽视的问题。

(一) 风险准备金模式的实践问题及解决

风险准备金作为 P2P 网贷平台"去担保化"下的替代做法存在很多问题。一是风险准备金挪用问题。长期以来,P2P 网贷平台直接挪用或变相以存单质押借款的方式挪用风险准备金,严重侵害了出借人利益。质押借款下,P2P 网贷平台在一个账户里做一笔定期存款,并以此为质押,再从银行借款,将现金套走。即使投资人查看时,存款依然在账户里,甚至每月还在不断计提,但是实际上钱款早已被 P2P 网贷平台套走。出现此类问题的关键原因在于资金管理混乱。对此,很多网贷平台都选择与商业银行签订资金存管协议,按照协议的约定,商业银行对网贷资金承担独立存管、定期公开存管报告的义务。但是,尽管商业银行存管较平台资金池管理已经有了质的飞跃,但是网贷资金的银行"存管"与"托管"之间仍存在很大差别,主要体现在银行所负有的注意义务是不同的。如果银行采取的是托管,银行负有非常严格的监督资金流向的义务,尤其体现在负有审核资金来源与安全,以及向社会公众公开资金的变动与余额的义务上。

二是风险准备金无法足额偿付坏账后,平台应当如何处理的问题。P2P 网贷平台向出借人作出"保本保息"的承诺,本意是为自己增信。然而,由于 P2P 网贷平台所从事业务的外部性极大,平台稍有问题就会导致众多出借人受损,因此监管机构禁止平台自担保。但是,在 P2P 网贷平台在用尽风险准备金仍不能偿付坏账的情况下,平台应当如何处理?按照监管思路,应将"偿付金额"限制在"风险准备金"额度内,而实践中,即使风险准备金不足以偿付坏账,平台依然有可能以自有资金偿付债权人。这种做法无疑突破了监管机构对 P2P 网贷平台"去担保化"的强制要求。

如前所述,P2P 网贷平台风险准备金的主要问题在于平台挪用,以及准备金不足以偿付债务,而上述问题的根本则在于实践中对风险准备金所有权归属的模糊认识。从法律上讲,风险准备金属于借款人,而实践中风险准备金明显属于各 P2P 网贷平台。对此,首先应明确风险准备金归属于借款人共有,只是由 P2P 网贷平台代为管理。其次,应由评估机构充分考察历史数据,依据科学计算的方法,确定风险准备金的提取方式与金额。再其次,强调 P2P 网贷平台的信息中介性质,要求其不得在风险准备金外以自有资金对债权人进行偿付。最后，在明确风险准备金所有权不属于P2P平台的前提下，辅之以银行独立账户管理，使风险准备金真正独立于P2P网贷平台。

（二）第三方担保机构担保模式的实践问题及其解决

当前一些P2P网贷平台仍与一些非融资性担保机构合作。但这其中潜在的问题和风险是非常大的。非融资性担保机构设立条件低，资金规模有限，难以切实保障债权人的债权。此外，非融资性担保机构较低的设立条件也容易引发P2P网贷平台自建担保机构为债权人提供担保，以规避法律的强制性规定。即使P2P网贷平台选择与融资性担保机构合作，也存在一系列问题。一是担保机构过度担保。融资性担保机构是依法从事杠杆性业务的机构。《融资性担保公司管理暂行办法》第28条要求，融资性担保公司的融资性担保责任余额不得超过其净资产的10倍。在正规金融体系下，融资性担保机构通常选择与银行合作，银行对融资性担保公司提供的担保规定了一定的授信额度。但是在互联网金融模式下，融资性担保机构极易出现超额担保的情况。如河北融投为积木盒子提供高达5亿元的担保，总担保额度500亿元，远远超过其担保能力。

二是加大借款人的借款成本，增加逆向选择的风险。P2P网贷行业与传统金融业，特别是与银行业相比，其优势在于贷款成本低，为个人、中小企业等融资提供了便捷渠道。从理论上讲，融资性担保机构的介入，提高了借款人的信用而便利其获得贷款，但是实践中担保机构往往会要求借款人提供反担保，而这又显著降低了P2P网贷融资的效率。此外，担保机构也会向借款人收取一定比例的担保费作为自身承担风险的对价，从而进一步提高借款人的融资成本。[1]随着借款人借款成本的提高，一些相对诚信的借款人可能退出借贷市场，而另一些机会主义借款人则继续借款，逆向选择风险加大。

三是超越经营范围经营融资担保业务。按照最高人民法院《关于适用〈中华人民共和国合同法〉若干问题的解释（一）》第10条的规定，即使当事人超越经营范围签订合同，在不违反国家限制经营、特性经营以及禁止经营法律规定的情况下，该合同依然是有效合同。换言之，只要不触碰国家法律所设定的红线，越权所签订的合同效力并不被否认，只是具体依据合同法所规定的效力条款进行判定即可。《融资性担保公司管理暂行办法》第8条第

---

[1] 参见徐建军：“P2P去担保化不宜一刀切"，载《银行家》2015年第3期。

3 款禁止单位和个人在没有获得监管部门批准的情况下经营融资性担保业务。此外,《公司法》《企业经营范围登记管理规定》等规范性文件,对越权经营的行政法律责任也作出规定。融资性担保属于特定的需要获得许可才能经营的项目,除在行政主管部门进行注册外,还需要接受行业主管部门的监督。

针对上述问题,首先,必须明确能够对 P2P 网贷提供担保的必须是融资性担保机构,其必须对借款人资质履行充分审查的义务。其次,各 P2P 网贷平台在选择担保机构时,应当注意在特定地域内选择能在此地域内从事担保业务的融资性担保机构,避免违规担保。再其次,应当由监管机构对融资性担保机构的担保金额进行监管,防止其超额担保。最后,针对一般保证与连带保证,应当运用类型化、区别化的思维与方法进行规范。可以根据借款人的信用评级、历史坏账率,以及借款人提供的反担保财产等,由担保机构决定采取一般担保还是连带担保,以及收取担保费的数量。

此外,还可以引入集合再担保。集合再担保是将几家担保公司集合在一起组成统一担保人,对承接原担保业务的担保公司进行担保。承接原担保业务的担保公司被称为分出公司,统一担保人被称为分入公司。集合再担保类似于保险中的再保险,只是基于我国担保业的现状,需要若干实力雄厚的担保公司集合在一起,才能形成足够强大的担保实力,为原担保业务提供足够的风险保障[1]。实践中,普通的融资性担保机构的自有资金无法满足 P2P 网贷担保的需求,实践中经常出现融资性担保机构超额担保的情况。集合再担保能够较为有效地解决这一问题。具体操作模式如下:一旦借款人违约,出借人可以根据原担保合同要求原担保公司偿还本金和利息,分出公司可以再根据集合再担保合同要求统一担保人赔付其部分损失。统一担保人作为一个整体对外承担不可撤销的连带保证责任,对内则按照约定方式承担比例责任。这种集合再担保模式具有成本、定价和风控等诸多优势,对 P2P 网贷信用度的提升具有重要意义。

(三) 借款人自担保的实践问题及解决

首先,如果借款人将自己财产设定抵押或质押,必然存在抵押或质押财

---

[1] 参见彭大衡、李燕敏:"集合再担保介入 P2P 借贷的探讨",载《科技经济市场》2014 年第 1 期。

产的价值评估问题。实践中，借款人为控制成本，一般不会聘请专业机构进行评估，抵押或质押财产的价值一般按照市场价格并适当考虑折损之后进行大概估算。因此，最终设定担保的财产不一定能够足额保障借款人对债务的偿付。其次，如果借款人逾期，虽然从法律关系来看，出借人作为债权人享有对抵押或质押物的请求权，但在实践中往往存在一物多保的情况。鉴于出借人作为个体寻求执行抵押物将面临重重困难，一般由P2P网贷平台与借款人协商处理或请求法院拍卖、变卖抵押或质押物。最后，许多抵押物还存在权利瑕疵。如房屋在抵押前出租给他人，由于物权法"买卖不破租赁"的规定，抵押物往往难以及时变现。尽管借款人以自己财产设定抵押或质押也存在操作风险，但金融市场本身即有风险，收益与风险成正比，因此不需要制定特殊规则对这种担保模式进行规制。这种担保模式适用《担保法》或《中华人民共和国物权法》（以下简称《物权法》）的相关规定即可，具体如何操作由P2P网贷平台在风险与收益的权衡中自行把握。

五、结语

由于互联网模式下的借贷充满信息不对称的风险，在P2P网贷平台不得以自己的信用为网贷"助力"的情况下，P2P网贷担保无疑使借款人信用得以加强。但是，在P2P网贷平台"去担保化"以及57号文禁止辖内机构继续提取、新增风险备付金后，引入第三方担保机构则成为P2P网贷担保的重要模式。但是第三方担保模式下，仍存在诸如非融资性担保机构超越经营范围担保、融资性担保机构过度担保、借款人借款成本增加等问题。对此，建议只能由融资性担保机构提供担保，其负有对借款人资质进行充分审查的义务；监管机构还应对担保金额进行监管；此外，引入集合再担保也不失为一个有效选择。

第六章
P2P 网贷保证保险实践中的典型问题及解决对策

我国 P2P 网贷历经诞生、爆炸式发展，再到失序混乱，进而到持续整顿，迄今已经相对规范。P2P 网贷作为正规金融的补充，主要服务于资金实力不强、信用度不高的中小企业或者个人，自一开始就面临债务人违约风险较高等问题。尽管借款人可以采取自担保或者引入第三方担保的方式，尽可能减小债务人违约给债权人带来的损失，但是毕竟是相对零散的操作，对于规模庞大且风险频发的 P2P 网贷而言，普通担保仍不足以分散其风险。因此，一些优质 P2P 网贷平台采取与保险公司合作的方式，以采取更大范围聚合的方式分散 P2P 网贷的风险。其中，保证保险作为最具特色的保险险种对 P2P 网贷债权人保障力度极高。这里着重分析 P2P 网贷下保证保险的涵义、基础法律关系，并针对我国 P2P 网贷保证保险实践中的问题，提出解决对策。

一、P2P 网贷保证保险的法律文件

长时间以来，我国经济保持快速发展势头，各方投融资需求普遍旺盛，但是中小企业和个人融资难、融资成本高等问题，一直难以得到有效解决。P2P 网贷的诞生及急剧扩张反映了市场主体的迫切需求。但不可否认，P2P 网贷的线上属性将民间借贷自身所具有的无（少）担保、借款人信用度不高、取证困难等问题在网络环境下不断放大。随之而来的必然结果就是债务人违约情况频发，甚至为逃避债务而"跑路"。当这一情况由个案演变为多发，当违约方由个体演变为整体的时候，受侵害的主体则不再被局限地视为债权人个人，而是作为一个整体的债权人，受影响甚至受质疑的不再是某一个或者某几个 P2P 网贷平台，而是整个 P2P 网贷行业。如何保障债权人的债权能够得到及时、足额受偿，是一个关乎整个 P2P 网贷行业健康发展的重要前提。

当然，如何保障网贷债权人合法权益是一个比较宏观的命题。事实上，

对债权人的侵害来自不同主体，如P2P网贷平台、P2P网贷平台投资人或者管理人，以及最常见的债务人。针对不同主体对债权人利益的侵犯，所采取的法律对策是不同的。对于最常见的债务违约导致债权人利益受损，显然需要一个组合型方案，从微观层面的P2P网贷平台对借款人信用的考察，引入担保模式，再到宏观层面对P2P网贷平台备案、网贷资金存管的法律规制。本章所探讨的是如何通过引入P2P网贷商业保险，以分散或者转移借款人的违约风险。较之于P2P网贷平台自担保（已被视为违法）、提取风险准备金（已不允许再扩大）以及担保，将保险公司引入P2P网贷环节，以保险公司的信用极大地提高了P2P网贷的信用，从而提高债权人出借资金安全的保障力度。

《指导意见》的核心观点之一即是：为提升互联网金融的信用，在一定程度上防范、化解金融风险，鼓励保险公司与互联网公司合作。此后，央行就"一行三会"对互联网金融监管的职责分工作出了说明。7月27日，保监会印发《互联网保险业务监管暂行办法》，具体落实了《指导意见》，提出了分类监管的具体措施，包括确定了互联网保险业务的经营主体和经营方式、保险公司自营网络平台的条件、经营险种、保险公司的信息披露要求、经营规则等。2016年1月，保监会发布《中国保监会关于进一步加强互联网平台保证保险业务管理的通知》（以下简称6号文），提出要从保险产品开发、保险公司承保能力等多方面加强对保险公司业务的监管。6号文要求，保险公司应严格遵循偿付能力监管，禁止与提供征信服务等具有违法行为的P2P网贷平台合作，同时要求保险公司做好充分的信息披露工作。6号文的颁布，表明了监管者鼓励保险与互联网金融融合发展的态度。以6号文为主导，各相关规范性文件为补充，形成较为体系化的P2P网贷法律监管体系，其所体现的监管规则主要为：对作为潜在合作对象的P2P网贷平台进行审慎选择、保险公司对投保人进行严格的资质审核，以及保险公司健全相关制度等方面。

二、保证保险在我国P2P网贷保险实践中的地位及评价

（一）保证保险在我国P2P网贷保险实践中的地位

我国P2P网贷实践中，保险公司对P2P网贷提供的保险险种包括五种。一是账户安全险，其目的是保障交易账户安全。如果客户在P2P网贷平台进行账户充值、提现时，出现资金被盗转、盗用的情况，保险公司承诺承担相

应损失。此类保险是 P2P 网贷行业最常见的保险类型，但对网贷债权人而言几乎没有太大价值，因为该保险仅保障交易账户安全而不保障出借资金的安全。二是借款人的人寿或人身安全险，这一险种以保障借款人的健康和安全为目的，从而间接保障借款人的持续还款能力。但保险的受益人并不是出借人，因此对网贷债权人能否取回本金和利息并没有任何保障。三是 P2P 网贷平台高管职业责任险，如果高管在执业过程中因过失导致相关主体遭受损失，保险公司予以赔付。四是财产保险，即为抵押物提供的保险，如车辆或房产等。如果抵押物出现损坏，保险公司将对相应损失予以赔付。对于债权人而言，财产保险具有一定价值，但抵押物受损的概率较小，而且最为关键的是，这一险种无法直接保障债权人出借资金的安全。五是信用保证保险，权利人（债权人）向保险人投保债务人的信用风险，当债务人不能履行其义务时，由保险人承担赔偿责任。六是履约保证保险，保险公司向受益人（出借人）承诺，如果投保人（借款人）不履行法定或者约定义务，由保险公司承担赔偿责任。

（二）对 P2P 网贷保证保险的评价

目前，我国 P2P 网贷平台与保险公司合作的保险项目主要集中在寿险、财产保险、账户安全险、责任险领域。上述项目都属于保险公司基于现有保险产品与 P2P 网贷平台展开的合作，保证保险领域的合作尚不普及。事实上，许多国家的借贷保险实践中，也并不是采取保证保险这一险种，而只是由借款人购买人寿保险、健康保险和意外伤害保险等，以此保障出借人利益。就履约保证保险而言，因其具有较高风险，尽管也有保险公司与 P2P 网贷平台开展合作，但总体仍然较为保守。但是，不可否认，P2P 网贷保证保险是触及 P2P 网贷核心业务的保险险种，对网贷债权人的保护力度最强。

本质上讲，保险是通过风险在不同主体之间的错位配置，以实现风险的分担。在一般的保险险种下，保险公司风险相对较小，而债权人债权无法得到保障的风险则相对较大；而在保证保险下，保险公司承担了较大风险，而债权人的债权却能够得到较为充分的保障。尽管如此，履约保证保险和信用保证保险仍然是能够最恰当地体现 P2P 网贷保险价值的险种。同时，也是最有利于保障网贷债权人利益，有助于 P2P 网贷行业发展的保险品种。在进行充分的信息披露并辅之以其他保障措施的情况下提供此类保险，对保险公司而言也意味着一种稳定的收入来源。

2016年1月，保监会发布6号文，针对保险公司与互联网平台合作展开的保证保险业务的问题，重点对于保险公司对互联网平台的选择、信息披露、内控管理等作出明确要求。推进P2P网贷平台与保险公司的合作，显然是监管层所表明的立场和态度。但是，作为市场主体的P2P网贷平台和保险公司是拥有选择权的，是否合作以及如何合作，均取决于双方当事人。鉴于P2P网贷平台在市场上并未获得良好声誉，保险公司在选择合作对象时往往慎之又慎，在确定保险产品时也会极为谨慎。但是无论如何，对于债权人保护而言，P2P网贷平台与保险公司合作的模式显然是不可多得的，因此监管层对此类合作也持鼓励态度。不过，当务之急是，如何使P2P网贷平台更加规范，使之对保险公司更具吸引力。此外，对于合作中已出现或者可能出现的问题应及时总结和预判，并提出对策。本章以保险公司P2P网贷保证保险业务的类型、实践中的突出问题，以及解决对策为研究重点进行阐释。

三、我国P2P网贷保证保险的涵义、法律属性及所涉法律关系

（一）我国P2P网贷保证保险的涵义及类型

1702年，英国出现"主人损失保险公司"，承办"诚实保险"业务，这意味着保证保险业务在英国诞生了。1842年，英国保证公司成立。1901年，美国马里兰州"诚实存款公司"首次在英国从事保证保险业务。此后，英国本土公司也陆续开展此类业务，并逐渐将该业务推广至整个欧洲市场。在我国，保证保险业务起步较晚，适用领域较为有限，即主要存在于汽车消费信贷履约和住房贷款履约领域。20世纪80年代以来，《中华人民共和国财产保险合同条例》（以下简称《财产保险合同条例》，已失效）《保险企业管理暂行条例》（已失效）等规范性文件陆续颁布。2009年颁布的《中华人民共和国保险法》（以下简称《保险法》）正式规定了保证保险，并将其列于财产保险项下。

保证保险，是保险人为被保证人向权利人提供担保的保险，包括狭义上的保证保险和信用保险。两者的保险标的都是被保证人的信用风险，但两者也存在区别。前者是被保证人根据权利人的要求，要求保险人承担权利人（被保险人）信用风险的保险；后者则是权利人（被保险人）要求保险人担保被保证人信用的保险。随着经济和贸易的发展，保证保险业务逐渐细化为合同保证保险、忠实保证保险、商业信用保证保险。除保雇主因其雇员的不

诚实行为而遭受的损失的忠实保证保险外，合同保证保险和信用保证保险都是在商业交易活动中保障相关主体权益的保险种类。合同保证保险是保证保险的主要险种之一，保证当合同一方因另一方未能按时按质按量地履行合同所规定的义务而蒙受的损失由保证人（保险公司）补偿的保险。商业信用保证保险是由权利人（债权人）投保他人（债务人）信用，如他人（债务人）不守信用而使权利人遭受损失，则由保证人（保险公司）负责赔偿。商业信用保证保险包括国内信用保证保险和出口信用保险。

我国 P2P 网贷行业中最开始尝试保证保险模式的是"财路通"与中国人寿财产保险北京分公司（以下简称人寿财险）。2015 年 12 月，两者合作推出 P2P 网贷履约保证保险。人寿财险对"财路通"的基本业务、经营状况、风控机制等进行综合评估；通过评估，"财路通"将投保范围内的借款人信息以及风控批核的依据，通过信息系统对接的方式同步到保险公司。"财路通"与人寿财险的合作具有开创意义，不过这一模式并不是新型 P2P 网贷业务，而是以 P2P 网贷业务为主导而形成的辅助性安全保证措施。此后，许多 P2P 网贷平台纷纷与保险公司展开合作，为 P2P 网贷平台客户提供履约保证保险。如精达股份旗下的"精融汇"平台与华安保险共同推出的履约险；深圳车贷平台"融金所"与长安保险联合推出的履约险；互联网金融平台"玖富"与太平保险展开合作，引入的履约保证保险等。

（二）P2P 网贷保证保险的法律属性与所涉法律关系

"保证保险"作为保险险种，与作为担保债务履行的第三人"保证"有着极其相似之处。两者的目的都是保障债权人的利益，这也正是这一险种被冠以"保证"前缀的原因。尽管"保证"与"保证保险"在目的、第三人以自身资产提供信用支持等方面极为类似，但二者却存在本质区别。《保险法》第 95 条将"保证保险"列入财产保险项下，使之不同于《担保法》中的"第三人保证"。在"一般保证"中，保证人享有先诉抗辩权，而在 P2P 网贷保证保险中，保险人不享有先诉抗辩权。一旦发生债务违约，保险公司在核实情况之后就应当立即承担保险责任。P2P 网贷保证保险承保的是在债务人无法履行还款义务的情况下债权人所面临的信用风险。保险合同独立于借贷合同，在保险公司承担保险责任之后，享有对债务人的追偿权。从本质上来讲，保险人所享有的追偿权是一种作为保险人的代位求偿权，而不是保证人的追偿权。

P2P 网贷履约保证保险中，借款人与出借人是借贷合同关系，投保人与保证人之间是保证保险合同关系。投保人（借款人）支付保费，保险人则为被保险人（出借人）提供保险服务。其间，被保险人也应履行相关义务，如提供身份证、资信状况等证明文件，在面临保险人的调查和询问时，应当如实告知真实情况，不得谎报或者隐瞒，否则保险人有权拒绝履行保险赔付责任。投保人在支付保费之后即视为履行义务，如果保险人要求投保人提供反担保，此时就不再是保险属性，而被视为保证。

四、我国 P2P 网贷保证保险实践中的问题及解决

P2P 网贷平台与保险公司展开合作的时间不长，两者对合作模式的探索是一个不断游走在法律边缘的过程。其间，不可能不出现问题，对其解决反映的是实践不断挑战立法并激发对策的过程。

（一）基础债权效力瑕疵及解决

P2P 网贷保证保险依赖互联网技术，当事人所签订的合同是电子保险合同。《中华人民共和国电子签名法》（以下简称《电子签名法》）承认电子签名的法律效力，但由于相关技术尚不成熟，电子签名在保险实践中并未得以推广。P2P 网贷实践中，由于大量合同都在互联网上达成，投保人无法手写签名，从而对保险合同效力构成一定影响。此外，还存在难以确认投保人身份、投保人不适格，或者投保人申报情况与真实情况不符等问题。保险合同是一种针对性很强的合同，个案中保险合同条款都不尽相同。保险公司一般会根据借款项目、义务主体的资信状况，确定保险合同具体条款。尽管保证保险合同在法律关系上独立于借贷合同，但实践中两者也会被动地产生一定联系。如果保险人在作出保险承诺时，未能有效发现保险合同在效力上存在瑕疵，那么一旦发生违约，在涉及事后理赔的过程中就会产生争议。在这种情况下，保险人可能会选择以保险合同存在效力瑕疵为由拒绝理赔，而这将导致保险人面临诚信风险与诉讼风险；相反，如果保险人承诺理赔，在理赔后进行代位求偿时就会面临被拒绝的风险。

对此，在保险人签订保险合同时，应引入确认机制以确保网贷合同有效。如果无法通过面对面的方式对合同进行考察，可以采取网络视频等方式以确认投保人身份，并通过短信、电话等方式进行再次确认，以降低自身风险。如果网贷合同被撤销或被宣告无效，保险人则享有抗辩权，有权拒绝履行保险合同。此时，保险公司面临的不是法律风险，更多的是一种信誉风险。对于可能发生的拒绝理赔，保险公司应注意在承保之前对投保人进行充分的风险提示。一旦保险人作出拒绝理赔的决定，应当及时将决定通知投保人和被保险人。如果保险人基于各种因素作出理赔决定，则会产生理赔之后保险人的代位权的行使问题。《保险法》第60条规定，因为第三者对保险标的造成损害而成为保险事故的，保险人在赔偿之后，有权在赔偿金额范围内代位行使被保险人对第三人的损害赔偿请求权。"第三者"是指被保险人以外的所有人，既包括自然人，也包括法人。P2P网贷履约保证保险中，投保人作为债务人承担还款义务，又作为投保人履行交纳保费义务，可以被理解为"第三者"。但是，如果将其纳入第三者的范畴，从而认可保险人享有代位求偿权，无疑将大大增加投保人所承担的责任，影响其购买此类保险的主动性。对此，建议根据实践中的具体情况，对保险人的代位权进行具体设置。如果投保人主观上不愿意履行网贷合同，则应肯定保险人的代位权；如果因客观情况导致投保人无法履行，则应当否定保险人的代位求偿权。为保障合同得以顺利履行，保险公司应与P2P网贷平台紧密合作，持续监控投保人的履约状况。如果发现其间投标人有怠于履行合同的迹象，则应及时提醒其所可能出现的法律后果并保留相关证据，以便在后续可能发生的诉讼中胜诉。

（二）多个主体、不同阶段中的信息不对称及解决

P2P网贷保证保险中，信息不对称存在于保险人、被保险人、投保人和P2P网贷平台等主体在不同阶段所实施的行为中。一是保险人与P2P网贷平台之间的信息不对称。从两者的立场来看，P2P网贷平台出于自身商业利益的考虑，希望能够实现风险转移，主观上愿意积极促成保险合同的签订。因此，在提供相关信息时，倾向于提供有利于借款人的信息，以促成保险合同的签订。从保险人角度而言，其出于自身风险控制的考虑，要求获得有关借款人更真实、客观、全面的信息，以确定是否提供保险服务以及如何确定保费。两者的立场不一致，导致信息在两者之间的分配也难以达成均衡。对此，必须通过强制性规定，要求P2P网贷平台提供充分、有效的信息。二是保险人与投保人之间的信息不对称。一般而言，P2P网贷吸引的借款人是信用度不高或资金实力不强的小型企业或个人。借款人为通过P2P网贷平台获得借款，并获得保险人提供的保险服务，有可能隐瞒甚至捏造信息。尽管保险公司拥有风险评估系统和较为成熟的技术，但如果投保人提供的是虚假信息，

保险公司也难以作出客观判断。三是承保后保险人与投保人之间的信息不对称。有效监管规则的缺失，以及监控资金流向的难度较高，导致不论是出借人还是保险公司都难以对借入资金的实际使用和风险水平进行监控。不过尽管如此，仍然可以在事后采取禁止或限制后续网贷、允许后续网贷但进行信用低评，限制网贷金额度等措施，促使借款人切实履行合同义务。如果不能有效解决信息不对称问题，不仅会增加保险成本，也会增加网贷成本，不利于互联网金融行业的发展。

6号文规定了P2P网贷平台的信息披露义务，这种义务被特定化为"与保证保险相关的信息披露义务"。至于P2P网贷平台的其他信息披露义务则并没有在6号文中提及。对此，可以参照《信息披露指引》处理。《信息披露指引》规定，P2P网贷平台要向社会公开披露下列信息：基本信息、运营信息、项目信息、重大风险信息、消费者咨询投诉渠道信息等相关信息。但事实上，保险公司所需要的关键信息包括但不限于上述信息。尽管《信息披露指引》第19条规定，即使指引没有作出规定的，如果不披露这些信息会导致借款人、出借人产生错误判断，平台也应当将这些信息予以披露，从而构成兜底条款。但是，这种概括性描述并不能构成保险公司获得更多关系自身是否提供以及如何提供保险服务决定的额外信息的依据。此外，《信息披露指引》第21条还规定，如果当事人没有按照规定进行信息披露，则应按照《暂行办法》第40条和第41条的规定承担行政责任甚至刑事责任。但是该《暂行办法》基于其行政管理法的本质，并未对民事责任有所涉及，也未涉及其他惩戒措施。

为规范P2P网贷保证保险信息披露，各保险公司可以会同保险行业协会共同研究制定相关信息披露指南，不断细化信息披露义务的内涵。一般来讲，这种信息披露义务是指强制性信息披露义务。具体而言，应当披露的信息包括个人基本信息、借入资金的用途、还款资金的来源、历史借贷记录等。对于P2P网贷平台而言，则应当向投保人披露与其有合作关系的保险公司的信息，以及所提供的保险类型及详细介绍，不得模糊保险产品以其他保险产品混充保证保险；向保险人披露自身所知悉的借款人的信用状况、借贷情况、财务状况等相关个人信息。除此之外，可以考虑规定自愿信息披露，当然这并不是一种法定义务。针对虚假信息披露，应规定有效的制裁措施。如对进行不真实信息披露的投保人，禁止或限制其再投保或再投保的保险服务类型，或者增加审核环节、延长审核期限等。如果 P2P 网贷平台进行了虚假信息披露，则应将其纳入保险公司合作对象黑名单，并在行业领域内实现共享。

（三）针对性强的保险合同条款的设计困难及解决

P2P 网贷业务的高风险性，导致保险公司在提供保证保险服务时较为谨慎。保险公司基于自身风控的需要，依据现行规范性文件对作为潜在合作对象的 P2P 网贷平台设置了门槛要求。如果保险公司经过考察发现 P2P 网贷平台的合规性不强、提供的信息不充分或者存在瑕疵，或者根本就无法提供有效信息，保险公司将不会与之合作。实践中，真正与保险公司在网贷履约保证保险领域合作的 P2P 网贷平台并不多。

除 P2P 网贷平台自身素质欠缺外，两者合作率低的另一个重要原因就是保险公司难以确定保险费率。保险费实际上是借款人承担的融资成本之一，网贷产品风险越大，对应的保险费率就越高。如果保险费率过高，会抑制投保人的投保主动性。如何恰当设计保险费率，是关系到保险人收益与风险相平衡的重要因素。目前，保险公司在核定保险费率时，依据的是大数据法则，通过计算得出保险费率。对于 P2P 网贷保证保险，可以由保险公司会同行业协会，共同制定并发布体现 P2P 网贷保证保险特色的费率核定标准，使保险公司在制定个性化保险产品、精细化保险费率时有章可循。

除保险费率外，还应当科学设计保证保险合同中的其他条款。2016 年 12 月，保监会下发《关于进一步加强互联网平台保证保险业务管理的通知（征求意见稿）》，对于承保金额的上限以及净资产比例作出了具体要求，针对不同类型的投保人设定了不同的最高承保金额。具体而言，如果投保人是一个自然人，承保金额最高不得超过 100 万元；如果投保人是一个法人或者其他组织，承保金额最高不得超过 500 万元。此外，该征求意见稿还要求保险公司对于保险期限在一年以上的保证保险业务要持谨慎态度，并应增加止损机制。具体而言，如果赔付率、逾期率等达到了约定数值，保险公司应当停止办理该项业务。总之，保险监管部门应当根据时间变化和需求，不断细化产品结构。同时，保险合同也应当将上述基本要素纳入，并针对具体保险业务进行具体条款的设计。

（四）保证保险业务的辅助风控措施

第一，应完善与 P2P 网贷保证保险相关的信息和信用机制。实践中，P2P 网贷平台良莠不齐，合规情况不一。保险业务的开展及风控主要基于大数据法则，如果平台技术存在缺陷或者系统存在漏洞，很有可能导致客户信息被窃取或者泄露，保证保险的公信力也会随之下降。鉴于此，P2P网贷中的借贷业务数据、保险业务数据，都需要妥善保存。此外，P2P网贷的普遍性，导致保险公司不得不对不同地区、不同行业、不同背景的投保人进行信息收集，以确定是否提供保险服务以及如何确定保险费率。但是，其互联网属性又使这种信息更多通过线上方式获取。因此，更应建立一种客观的社会信用体制，以有效减少保险公司进行调查所花费的成本，同时减少保险公司所承担的风险。

对于如何考察个人信用状况，目前已形成了多元化信用体制，包括P2P网贷平台自征信、第三方机构征信，以及央行征信中心下设的相关主体建立行业数据库，如上海资信公司下设的网络金融征信系统（NFCS）。由于P2P网贷平台自身素质参差不齐，技术水平相差很多，因此P2P网贷个人信息未能接入央行征信体系，从而导致央行征信体系无法充分反映个人网贷信用记录。央行数据库也未能向P2P网贷行业有效开放，导致许多借款人的商业信用记录和银行信用记录难以知悉。[1]鉴于此，保险监管部门可以基于上述征信系统，与银行监管部门共同开发行业数据库，加入商业保险信息、信息披露真实性、理赔情况等。对于企业信用而言，我国市场监督管理部门建设的"国家企业信用信息公示系统"，对于企业的重要信息，如股权结构和变动、年度报告、行政处罚、经营异常状态等提供可查询服务。财政部下属"天眼查"系统，也能有效反映出企业的基本状况，如股东变动信息、资本变动信息、诉讼信息等。在我国，大量中小型企业是具有网贷需求的重要主体，更是潜在的投保人。保险公司在决定是否为投保人提供保险服务的时候，应当充分利用上述系统，以确定其信用状况并作出客观决策。

第二，还可以引入风险共担、共同保险、分保险等风险分担机制。P2P网贷具有较高风险，如果完全由一家保险公司承保，其风险无疑是巨大的。将风险过度转嫁保险公司，显然不公平。对此，可以借鉴"金融机构信贷履约险"，在金融机构、债务人与保险人之间合理分担风险。具体而言，保险公司提供部分保险而非全额保险，保险公司按照比例进行赔付，对于保险公司

---

[1] 参见叶颖刚："互联网金融P2P平台引入保险凸显的瓶颈及对策研究"，载《上海保险》2015年第10期。

没有承保的部分，出借人需要自己承担。在这种模式下，可以避免保险公司承担的风险过大，也可以促使借款人理性借贷，避免风险转嫁。此外，还可以引入共同保险，以合理分配风险，避免风险集中爆发。投保人可以选择与两家或者两家以上的保险公司签订一份保险合同。在保险理赔时，上述保险公司按照合同所约定的比例进行理赔。保险公司也可以在与投保人签订保险合同后，再与其他保险公司签订合同，将自身所承担的风险部分转嫁给其他保险公司。保险公司还可以与担保公司合作，由担保公司与保险公司合作分担风险。

五、结语

P2P 网贷与保险相结合，有效降低了资金出借方的风险，为 P2P 网贷行业的健康发展提供了保障。保监会发布的相关文件也表明监管者对 P2P 网贷保证保险业务的肯定与鼓励。事实上，如果 P2P 网贷平台资质较好，保险公司显然倾向于提供保证保险服务；反之，普通的财产险、人寿险是更为现实、可行的选择。保险公司作为一个理性的市场主体，会根据市场规则选择合作对象。如果单纯为促进 P2P 网贷而利用保证保险实现三重目的：保证债权人安全、扩大保险公司业务和鼓励互联网金融发展，则容易事与愿违，使保险公司成为风险的最终承担者。实践中，如何使 P2P 网贷商业保险作为一项单纯的市场行为吸引保险公司参与，取决于多方面因素，如 P2P 网贷平台合规状况、信息披露制度是否完善等。立法者应当提供适宜的制度环境，以确保 P2P 网贷平台及其提供的网贷服务的基本质量，以吸引商业保险公司提供保证保险业务。总之，推进并深化 P2P 网贷保证保险是一项具有价值且复杂的工作，对此需要实践与理论的不断创新与积累。

第七章
P2P 网络借贷个人征信制度的问题及对策研究

我国 P2P 网贷所采取的无担保线上交易模式导致实践中借款方违约频发，尽管通过引入担保、保证保险、违约救济等可以适度降低 P2P 网贷交易风险，但从源头对借款人信用进行把控，则能更有效地保障交易安全并节约交易成本。随着我国个人征信体系开放范围的逐步扩大，社会信用体制的持续完善，我国 P2P 网贷无担保信用模式应辅之以成熟的征信制度。本章基于我国 P2P 网贷实践，对当前三种个人征信模式进行分析并作出评价，在借鉴美国和欧盟征信立法和实践的基础上，对我国 P2P 网贷个人征信法律制度的完善提出建议。

一、P2P 网贷个人征信的立法现状

P2P 网贷本质上属于普惠金融。普惠金融主张所有人都应公平地获得金融服务，不论其所在地域、贫富与身份。与传统银行作为金融信用中介的存贷款模式不同，P2P 网贷平台作为金融信息中介从事的是中介服务并收取相关费用。P2P 网贷平台只从客户资格审核、借款需求审查等方面对风险进行把控，借贷双方多为无抵押信用贷款，平台本身也不提供增信服务。作为借款人的小微企业和个人在没有提供抵押的情况下，纯粹凭借自身信用进行借款，极大地影响了出借方出借资金的安全，也间接影响了借贷交易规模。对此，建立完善的征信体系，并结合 P2P 网贷特质设计有针对性的征信制度，则可以更有效地保障出借人资金安全，稳定出借信心，从而保障 P2P 网贷行业的健康发展。

就当前而言，我国信用立法尚不完善，国家信用体制建设仍在摸索中前行。相关规范性文件主要包括《征信业管理条例》(2013)、《征信机构管理办法》(2013)、《关于做好个人征信业务准备工作的通知》(2015)，以及

《征信机构监管指引》(2015)。《征信业管理条例》的颁布实施标志着我国拥有了统一的征信行业立法,《征信机构管理办法》的实施则意味着我国对征信行业的管理进一步细化。

具体到P2P网贷行业,我国当前规范性文件并未对该行业个人征信作出专门规定,而只是在规范P2P网贷平台时有所涉及。如《暂行办法》第21条要求P2P网贷机构应加强与金融信用信息数据库运行机构、征信机构的合作,依法提供、查询和使用有关金融信用信息。根据《暂行办法》,许多省颁布"网贷信息中介机构实施细则"或"实施细则征求意见稿",对征信制度作出类似规定。诚然,P2P网贷行业规范性文件所规定的内容众多,从平台性质到业务类型,从借贷担保到资金托管,从平台准入到退出……,立法者对P2P网贷的很多重点问题都予以重视,但是对于P2P网贷个人征信则只是以极少的笔墨涉及。这对于保护P2P网贷债权人的利益,促进P2P网贷行业的健康发展而言,极为不利。

鉴于此,应当在尊重既有征信法律制度的前提下,探索P2P网贷特色化的征信制度,以实现一般与特殊的结合,既节约立法成本,也使网贷征信更具针对性。鉴于P2P网贷行业所涉领域并不广泛,且与信贷、投资等具有一定共性,因此没有必要在当前征信立法已具规模的情况下,单独颁行本行业的征信立法。以P2P网贷行业规范性文件的专章或者节对P2P网贷特有的征信制度进行规定也是可行的。当然,在P2P网贷行业规范性文件中可以对此作出概括性规定,即在本规范性文件未作规定的情况下适用征信业规范性文件。

我国征信体制的逐步健全和完善必然涉及对个人信息的采集、归纳,甚至公开,因此有可能对个人信息权甚至隐私权构成一定程度的影响甚至侵害。如何在征信与个人信息、隐私权保护之间寻求平衡,是我国征信业立法与个人信息、隐私保护立法的重要考量因素。立法者所遵从的价值取向就像钟摆,在两种不同的主体、两种不同的价值之间进行权衡与选择。究竟如何选择,在很大程度上取决于实践需求,当然前提是必须符合社会利益与个人利益保护的基本理念。就实践需求而言,我国市场交易对个人征信的需求日益迫切。这不仅是保护债权人、投资人等主体合法权益的重要切入点,也是维持基本社会经济秩序的基本前提。当前,国家日益减少对经济运行的管制,其基本假设是"市场交易主体能够进行有效判断"。他们拥有更多的信息来源,能够对交易进行有效掌握，能够对交易相对方进行充分了解，进而能够对自己的行为进行有效决策，并承担行为的法律后果。但是这种"市场交易主体能够进行有效判断"的假设，必须辅之以相关制度，以使实践能够无限趋近于这种假设。一个有效的征信体制则是保障"市场交易主体能够进行有效判断"的制度前提。在不断健全征信体制的过程中，不能忽视对个人信息权和隐私权的法律保护。当然，个人信息所涉范围极其广，各行业对个人信息的需求也不尽相同，因此难以从法律层面对个人信息和个人信息权进行有效列举，此类规定多散见于行业相关规范性文件中。

考察我国实践中无差别化的P2P网贷个人征信制度，可以发现P2P网贷平台自征信管理制度缺失、P2P网贷平台直接接入央行征信体系存在法律与技术障碍、第三方征信体制尚未得到有效建立、个人征信与个人信息权和隐私权保护边界划分不清等诸多问题。对此，应当通过不断发生的P2P网贷实践，梳理问题，并在尊重既有法律的基础上，寻求低成本、高效率的解决方案。对于征信与个人权利之间的关系，在条件成熟时可以将其上升至法律层面，以促进市场交易的稳步展开，同时保障个人的基本权利。

二、我国P2P网贷个人征信的涵义与特质

（一）我国P2P网贷个人征信的涵义

"征信"，从字面义来看，是指"征求信用或验证信用"。[1]《征信业管理条例》第2条规定，征信业务是指一种采集、整理、保存、加工企事业单位等的信用信息以及个人的信用信息，并向信息使用者提供的活动。据此，征信主体、征信信息来源、征信方式等极其多元化，不限于传统上所理解的商业银行或者中国人民银行所进行的征信。信用信息的采集和使用是一个开放的范畴。如果仅仅将其视为建立数据库，征信活动将无法实现其经济效应与社会效应。

《征信业管理条例》规定，国家建立"金融信用信息基础数据库"，由"不以营利为目的的专业机构"负责建设、运行和维护，该专业机构由国务院征信业监管部门监管。实践中，很多征信机构是以营利为目的的。2005年福

---

〔1〕 参见中华征信所编著：《征信要领：理论、实务与案例》，中国方正出版社2005年版，第1页。

建省发布的《福建省企业信用信息征信管理暂行办法》第 2 条第 5 项对征信机构的界定是"企业信用信息服务机构"。2005 年上海市发布的《上海市企业信用征信管理试行办法》（已失效）第 2 条对征信机构的界定是"依法设立的、专门从事企业信用征信的机构"，随后第 6 条要求"征信机构应当自取得工商营业执照之日起 30 日内，向市征信办备案"，征信活动被视为一种经营性活动，具有营利性。上述规范性文件对征信机构及其活动的定性是从不同视角所作的解读，彼此之间在本质上并不存在冲突。质言之，征信是征信机构采集、处理、使用，并披露企业和个人信用信息的综合性活动，不必考察其营利性或者非营利性的主体或者行为属性。

征信包括企业征信和个人征信，两者在信用信息采集的类型、信息来源、信息使用、信息主体权利等方面均有很大不同。较之于个人征信，企业信用的信息类型相对简单，获取也相对容易。中国人民银行征信中心（以下简称央行征信中心）统一负责企业和个人信用信息基础数据库的建设、运行和管理。国家市场监督管理总局下设"国家企业信用信息公示系统"对企业信息进行收集并提供查询服务。此外，第三方征信机构也提供企业征信服务并供社会查询。P2P 网贷中，参与借贷的双方均为个人的情况居多。较之于一些国家相对发达的信用消费而言，我国个人信用消费的普及面还不够广。在许多中小城市，许多居民尤其是中老年人甚至没有银行借贷记录或者没有储蓄和房产。央行征信中心的征信数据直接适用于 P2P 网贷则面临全面性不足、针对性不强等问题。鉴于此，本章着重研究 P2P 网贷个人征信制度的建立。

（二）较之于传统个人征信 P2P 网贷个人征信的特质

传统个人征信主要是征信机构将分散在商业银行等机构的个人信用信息汇集、处理和储存，形成数据库，当个人在进行诸如贷款购房、购车等个人信用消费活动时，其信用记录将作为一项重要参考被贷款人考虑。传统个人征信信息的征信机构主要是央行征信机构，需求方主要是商业银行，采集内容主要包括身份证号码、学历、工作单位等个人身份识别信息，信用卡透支和还款情况、移动通信、公共事业缴费记录等个人与商业机构发生信用交易的记录，以及黑名单、法院诉讼记录等社会公共记录。互联网导致人们的消费习惯和借贷模式发生巨大变化，而传统个人征信因其未能有效涵盖互联网众多信用消费信息，如 P2P 网贷状况、余额宝或者微信钱包投资状况，以及京东白条和蚂蚁花呗等网络信用消费状况等，在全面性上显得不足，内容略显单薄，证明力上也稍显欠缺。P2P 网贷征信可以在传统个人征信的基础上，充分利用网络数据和社交数据，实现数据来源的多样性、种类的多元化与数据的时效性，使 P2P 网贷个人征信成为一个多切入点、多层次的立体框架。

鉴于互联网背景下各种新型交易不断被催生，交易信息、履约状况都应以一种新的形式被记载。根据不同行业的特质，设定征信信息的类型与范围，着重线下与线上相结合的征信方式，从而形成具有行业特色的征信数据库。在具备一定条件的情况下，可以在主管机关的协调下，实现平台之间对信息的共享。在条件成熟时，可以在央行征信中心下设的相关主体建立行业数据库。对此可以参考已运营的上海资信公司[1]下设的网络金融征信系统（NFCS）。最后，可以尝试不同行业数据库之间的共享。

三、我国 P2P 网贷个人征信模式及评价

（一）传统央行模式、作为折中模式的 NFCS 及评价

就征信模式而言，根据历史、文化和法律背景的不同，可以分为英美市场主导的征信模式和欧洲大陆政府主导的公共征信模式。我国实行的是以央行为主导的征信模式。央行建立数据库，其信息主要来源于商业银行等从事存贷款业务的金融机构。如果 P2P 网贷平台能够接入央行征信系统并运用相关信用记录，显然能够以较低的时间成本和费用获得个人信用报告。但是，由于目前法律的障碍以及技术的不足，平台直接接入并使用央行征信数据库仍不可行。

从法律上讲，P2P 网贷平台不属于金融机构，因此不具有接入央行征信系统的资格。[2]此外，当前 P2P 网贷平台的征信数据库，不论是信息主体、信息类型、信息质量、信息真实性，还是技术处理水平，都与央行征信系统存在较大差距，其直接接入央行征信系统的条件仍不成熟。加之 P2P 网贷平台良莠不齐，一旦开放央行征信系统，个人在央行征信系统的信息则有可能

---

〔1〕 上海资信公司于 1999 年 7 月 16 日成立，其行政主管机关是上海市信息办和中国人民银行上海分行。2009 年 4 月，中国人民银行征信中心正式控股上海资信公司，上海资信公司与中国人民银行征信中心建立战略合作关系。

〔2〕 当前央行征信系统作为传统信息共享系统的运行模式为：大型金融机构，包括中国人民银行、银行类金融机构、非银行金融机构等，先行接入征信系统并报送数据，央行再为其提供查询信用报告等征信产品的授信等服务。

被泄露或不正当使用。鉴于实际需求与法律障碍，为解决P2P网贷征信问题，央行采取了折中方案，即由其控股的上海资信公司建立网络金融征信系统。P2P网贷平台接入该系统，报送借贷双方个人基本信息、贷款申请信息、还款信息，以及其他信息，同时平台也可以申请查阅该系统所记载的个人信息。

借款人之所以选择通过P2P网贷平台或者向小额贷款公司借款，一个很重要的原因就是不希望上征信系统。如果P2P网贷平台直接介入央行征信系统，借款人的网贷信息就将进入央行数据库，商业银行会因其信用瑕疵而拒绝发放贷款。但是，这并不是其不宜直接接入央行数据库的根本原因，反之，正因为存在信用瑕疵的借款人如此多，才更有必要建立更为全面的央行征信体系。

NFCS的运作机制与央行征信系统相似，但其收集的信息仅限于P2P网贷平台，并向其提供查询服务。P2P网贷平台在选择接入NFCS后，需要向NFCS提供借贷双方信息。截至2018年6月30日，NFCS累计签约机构1178家；收录自然人5628万，其中有借贷记录的自然人2476万；累计借贷账户总数为14670万笔，借贷金额8538亿元；成功入库记录数19.6亿条，本月日均查询24万次，最高单日查询量35次，平均查得率78.1%。[1]NFCS是一项非常有意义的尝试，开启了个人网贷信息全国共享的开端，但是不可否认，其作为阶段性的尝试仍存在问题。由于只能接入P2P网贷平台客户信息，而无法接入、共享央行征信系统其他信用数据库，因此其尚不具备完全意义上的征信系统的功能。此外，即使能够接入P2P网贷客户信息，但是大多数P2P网贷平台也只是愿意提供客户黑名单，而不愿意提供全部客户的信息。加之一些相对较小的P2P网贷平台的业务模式还不健全，因此与数据库系统进行信息接入与交换时存在一定技术障碍。还有一些网贷机构所报送数据的规范性、类型、隐私权保护等机制仍不健全。一些P2P网贷平台依然倾向于采取由征信人员陪同客户到央行相关部门打印信用报告或者查询数据库信息的传统线下征信模式。

(二) P2P网贷平台自征信模式及评价

实践中，许多P2P网贷平台收集客户信息，并整理、分析与评价，形成

---

[1] 参见"网络金融征信系统NFCS运营报告"，载https://www.sohu.com/a/239103897_99921185，最后访问日期：2018年10月25日。

平台数据库。但是，平台成为征信主体，却存在法律障碍。按照《征信业管理条例》，征信机构的成立需要获得国务院征信业监督管理部门的批准，而P2P网贷平台作为普通公司显然未获此类批准，其后续征信行为更缺乏法律依据。因此，P2P网贷平台自征信模式更多是一种平台对自身风险的防控机制。与传统央行的征信模式相比，P2P网贷平台的自征信模式更多关注上网浏览痕迹、网络社交数据、网络交易数据等。

作为P2P网贷平台风控典范的拍拍贷，其风控系统的核心就是大数据征信。拍拍贷在借款人授权下，获取其网络数据信息，并结合其在社交网络上的行为与关系，对其信用进行评估并划分等级，以确定借贷的大体额度。拍拍贷2018年第一季度业绩报告显示，截至2018年3月31日，拍拍贷累计注册用户7142.4万人；累计借款1128.2万人；累计投资用户58.2万人；复借率为78.7%。[1]随着用户数量不断增多，信用信息不断丰富，拍拍贷此积累了大量数据，建立了信用评级标准，并完善了自征信数据库。

但是，自征信模式也存在问题，如建立征信数据库成本高昂、短期信息、信息孤岛效应，以及信息泄露等。平台自征信涉及大量网络数据信息储存、分析、计算、数据信息保护等，对平台网络技术水平有着极高要求，而大量P2P网贷平台并不具有此类条件。平台自建征信系统的客观性和真实性依赖于对长期客户的评估，而我国P2P网贷平台普遍上线时间短，客户积累时间不长。此外，平台只是对自有客户进行评估，平台之间未能实现信息共享，极易形成"信息孤岛"。自征信模式还有可能出现侵犯客户隐私、泄露客户信息等问题，不论是由于技术漏洞还是人为因素。然而对于大型P2P网贷平台而言，通过发挥自身技术、数据和资金优势建立自征信数据库，也是对传统征信的有效补充。

实践中，以拍拍贷为代表的少数大型P2P网贷平台采取的是纯线上征信模式，而大量中小型平台依然采取线上评估辅之以线下尽职调查模式。P2P网贷平台线下征信具有较强主观性，使征信的有效性和准确度大打折扣，也导致征信标准的割裂。此外，线下征信是劳动密集型工作，征信成本由借款人分担，导致借款成本攀升。大量P2P网贷平台采取这种原始、粗犷的征信模式，无法反映网络技术的进步，也无法发挥互联网金融创新的优势。

---

[1] 参见刘琪："拍拍贷一季度营收9亿元，同比增长37.1%"，载《证券日报》2018年5月16日。

(三) 第三方征信模式及评价

在美国，信用消费极其普遍，从而蕴育了市场化的征信模式。征信机构基本上都是以营利为目的的私人机构，其所收集的信息既包括私人信息也包括公共信息。大多数征信机构都积极主动地采集信息，加之许多授信机构都主动将信息主体的不良信用信息提供给征信机构，从而形成了较为完整的信用信息来源。理论上讲，这种积极获取并分析数据的第三方征信模式易导致数据滥用或行业混乱，但美国高度发达的信用经济、完善的征信制度，较为有效地解决了上述问题。

商业征信机构采集信息形成局部数据库，并实现信息共享，是解决征信数据分散、各平台数据库相对封闭的现实途径。商业征信机构采集的信息通常包括民间金融甚至非金融信息，从而较为全面地反映了相关主体的信用状况。央行于2015年1月5日发布的《关于做好个人征信业务准备工作的通知》，将"芝麻信用管理、腾讯征信、深圳前海征信中心、鹏元征信、中诚信征信、中智诚征信、拉卡拉信用管理、北京华道征信"八家机构作为准备开展个人征信业务的机构。2018年2月22日，央行发布《设立经营个人征信业务的机构许可信息公示表》显示"百行征信有限公司"（以下简称百行征信）申请设立个人征信机构已获得央行许可，这是央行颁发的首张个人征信牌照。[1]然而，仅此一家获得批准的根本原因是商业征信机构的独立性和公信力仍受质疑。个人信用信息具有极大的商业价值，如芝麻信用的用途非常广，涉及信用卡、消费金融、融资租赁、抵押贷款、酒店、租房、租车、婚恋、学生服务、公共事业服务等。个人信用信息的使用领域似乎没有边界，导致信息被滥用的风险不断加大。不过，尽管商业征信机构的征信存在信息滥用的风险，但其强大的信用价值仍不容否认，立法重点应在于如何规范其收集并使用信息的行为。

就我国实践而言，NFCS模式的客观性较强。作为风控机制的自征信模式具有丰富的信息来源，在有效抑制其弊端的前提下，也不失为一种有效的辅助模式。商业征信机构能够通过各种途径获取各类个人信息，但其获取信息

----

[1] 中国互联网投资协会是百行征信公司的最大股东，持股36%，另外八名股东包括：芝麻信用管理有限公司、腾讯征信有限公司、深圳前海征信中心股份有限公司、鹏元征信有限公司、中诚征信有限公司、考拉征信有限公司、中智诚征信有限公司、北京华道征信有限公司，每家公司均持股8%。这是一张由八家公司共享的个人征信牌照，有效期为三年，至2021年1月31日止。

的来源、类型以及使用等都应被严格约束，否则较之于其征信价值，负面影响将更为突出。征信作为一个复杂的系统，应是一种兼容模式。在发挥各个子系统的价值并形成有效互补的前提下，个人征信信息的客观性和全面性才能得到有效实现。

四、我国 P2P 网贷个人征信制度的缺欠及对策

（一）立法层级不高及对策

如前所述，我国有关征信的规范性文件主要有《征信业管理条例》（2013）、《征信机构管理办法》（2013）、《关于做好个人征信业务准备工作的通知》（2015）、《征信机构监管指引》（2015）。上述规范性文件，或是国务院颁布的行政法规，或是中国人民银行颁布的部门规章，效力等级普遍不高。至于 P2P 网贷个人征信，当前规范性文件并没有专门涉及，而是散落在 P2P 网贷平台相关规范性文件中。《暂行办法》第 21 条要求，网贷机构应加强与金融信用信息基础数据库运行机构、征信机构等的合作。《广东省网络借贷信息中介机构备案登记管理实施细则》（征求意见稿）（2017 年 2 月出台），新增了征信管理部门应将网贷机构的有关信息纳入征信管理系统的规定。[1]《上海市网络借贷信息中介机构业务管理实施办法》（征求意见稿）（2017 年 6 月上海市金融服务办公室研究起草），要求网贷中介机构对出借人的年龄、财务状况等进行尽职审核、评估等。[2]《浙江省网络借贷信息中介机构业务活动管理实施办法（试行）》（征求意见稿）（2017 年 12 月浙江省金融办发布）还提出，根据对出借人、借款人的评估结果，实行分级管理，设置出借限额和出借标的的限制。[3] 上述 P2P 网贷规范性文件并未过多涉及个人征信，尽管没有必要针对该行业征信进行单独立法，但在行业规范性文件中对 P2P 网贷个人征信作出有针对性的规定也是有必要的。

对 P2P 网贷行业征信制度，可以从三个层面加以建构。第一个层面是完善征信行业管理规范性文件，建立一个既包含综合性法律，又包含针对授信

---

〔1〕 载 https://content.lvhuadai.com/p2p_xydd_20170215577835.html，最后访问日期：2018 年 5 月 15 日。

〔2〕 参见《上海市网络借贷信息中介机构业务管理实施办法》（征求意见稿）第 12 条。

〔3〕 参见《浙江省网络借贷信息中介机构业务活动管理实施办法（试行）》（征求意见稿）第 17 条。

机构、个人信息保护进行专门规制的各级规范性文件的征信法律体系。尽管我国已颁布《征信业管理条例》，但仍无法应对征信所涉及的一些重要问题。对此，可以依据条例出台配套规范性文件。第二个层面是针对互联网金融领域各个具体行业的征信需求，寻找彼此之间的共性与个性，对于共性问题可以采取专项立法模式，以丰富我国征信法律体系的层次。第三个层面即对于 P2P 网贷行业征信，由 P2P 网贷行业规范作出专门条款规定。

（二）征信机构的法律属性不清晰、机构之间信息共享不畅及对策

尽管《征信业管理条例》规定"征信机构是指依法设立、主要经营征信业务的机构"，但到目前为止，我国仍然缺乏对征信机构的专门规定，导致征信机构的法律属性模糊。如中国人民银行征信服务中心被认为是公共征信机构，但是法律并未确认其非营利机构的属性，在央行有关领导的讲话中，还曾提及要将其打造为股份制的征信机构。地方征信机构的定性也是各不相同。有的被定性为国企，有的被定性为事业单位。法律属性不明，对统一监管造成了很多困难。对此，应明确不同类型征信机构的法律属性，有针对性地制定准入条件、征信范围、信息使用范围，以及相关权利保护。尽管 2015 年 1 月公布了首批作为个人征信试点的八家公司，但由于其在内控和系统建设上存在一定漏洞，因此目前仅有一家公司获得正式的征信机构牌照。对此，应设定统一标准，从准入和风控环节严格把握。P2P 网贷平台自征信更多属于内控机制，但是目前仍缺乏对信息采集的边界、信息用途、信息共享、惩戒机制等的有效规制，对此仍须细化。

目前，P2P 网贷平台自征信数据库与 NFCS、商业机构征信数据之间仍未实现有效共享。平台之间的征信信息也是彼此孤立的，从而形成"信息孤岛"效应。信息割裂降低了征信效率，加大了运营成本。对此，监管部门应当对信用信息的共享设置一定标准，以便在金融信用信息基础数据库与其他征信机构的数据库之间建立稳定的信息交流与共享机制。即使目前难以实现大范围的征信信息共享，也可以尝试在互联网金融或 P2P 网贷行业范围内，通过行业协会在该层面实现信息共享与交流。通过共享机制，使失信者在较大范围受到惩戒是一种有效做法。如以阿里巴巴为代表的电商平台通过电商内部通告或关闭网店等方式对失信者进行惩戒。

（三）P2P 网贷中个人信息权保护不足及对策

长期以来，我国对个人信息并未在法律层面作出具体规定，相关内容散

见于相关规范性文件中。2010年7月1日实施的《侵权责任法》第2条第2款规定了隐私权，但未对其具体内容作出界定。因此，需要依赖学理和判例对其内涵和外延予以把握。2013年工信部颁布的《电信和互联网用户个人信息保护规定》对个人信息保护作出了相对全面的规定，此后几乎所有互联网单行法均对个人信息保护作出规定，如《互联网广告管理暂行办法》《网络出版服务管理规定》《暂行办法》《移动互联网应用程序信息服务管理规定》等。2015年11月1日，《刑法修正案（九）》将"出售、非法提供公民个人信息罪"和"非法获取公民个人信息罪"两个罪名，合并为"侵犯公民个人信息罪"。《民法总则》第111条规定"个人信息"受法律保护。尽管法律对于个人信息权给予了相对充分的保护，但是实践中鉴于个人信息权的范围极其广泛，难以对其进行列举式描述，从而导致采集、处理和使用个人信息的过程中存在一定的法律适用障碍。[1]

尽管《征信业管理条例》第13条和第14条规定："采集个人信息应当经信息主体本人同意""禁止征信机构采集个人的宗教、基因等个人信息""在未明确告知不良后果并取得书面同意外，不得采集个人的收入、存款等信息"，但实践中由于互联网数据信息来源渠道多、数据量大，难以在采集之前对信息主体进行充分的通知，并获取其同意。此外，很多机构通过采集征信主体的互联网痕迹获取信息并征信。互联网没有边界，相应的信息采集也难以有限度，机构所进行的信息采集很有可能超越合法边界从而构成对个人隐私权的侵犯。如征信机构不仅会采集到个人基本信息、财务信息、交易信息、物流信息等信息，也会采集到个人生活习惯、行为方式、购物偏好等与征信并无直接联系的个人信息。实践中，用户很容易丧失自主权，只能被动接受机构对禁止或限制类信息的采集。许多机构出于成本等考虑未对个人信用信息进行积极保护；此外，还有一些机构在技术上存在漏洞，导致个人信息被泄露；还有一些机构的内控机制不健全，导致内部人员为谋求非法利益而贩卖个人信息。

但无论如何，机构获取个人信息的权利，都要受到被征信人对其信息被征信机构采集的知情权和同意权的约束。当然，信息主体同意必然意味着时

---

〔1〕 2020年10月21日，全国人大法工委就《个人信息保护法（草案）》公开征求意见。该草案在界定各个信息处理活动的基础上确定了个人信息全生命周期的处理要求。

间与摩擦成本，为配合我国信用体制的建立并提高征信效率，可以考虑采取美国法律中的"默示同意"与"异议权"制度。在征信机构进行征信活动或者提供征信产品之前，应当首先履行通知征信主体的义务，并征得其同意；如果征信主体未在合理期限内向征信机构提出异议，则视为其同意征信机构的做法。之所以设立"默示同意"制度，主要是出于征信效率的考虑。但是，对于效率的强调可能会在一定程度上损害公平与安全。因此，在"默示同意"的基础上，赋予征信主体"异议权"，对于不准确、不完整或者错误信息有权提出异议。在效率的基础上兼顾公平，正是这种立法模式的初衷。在我国征信立法的进程中，也将面临效率与个人信息安全之间的矛盾，此类规定可以作为我国立法的参考。此外，结合国外立法，同意权的内涵不应限于信息主体的同意，还应包括信息主体拒绝信息处理和退出征信系统的权利。如果信息主体退出征信系统，实际上是对其信用的负面记载，也是一种有效的信用记录。从我国实践来看，被征信人并不享有此类权利，我国征信立法存在不断细化的空间。此外，还应规定征信机构负有保护个人信息安全的义务。一旦违反该义务，则应承担法律责任，从而促使征信机构关注内控与安全系统的建设。

较之于美国更多关注于社会征信体制，欧盟及其成员国则将立法重点置于个人信息和数据保护。鉴于我国社会信用体制尚未充分建立，而这对于经济和社会现代化极为不利，我国更应参照美国立法与实践建立并完善社会信用体制，同时参照欧盟做法加强对个人信息的保护。

个人信用信息法律保护框架的核心体系是调整个人信用信息开放、保护，及其平衡关系的法律构成的体系。[1]对此，应明确个人信息的范畴。但是，个人信息是一个内涵外延都极其广泛的术语，加之各行业对个人信息需求的不同与理解的差异，因此难以对个人信息范围作出统一界定。对此，可以采取本质描述与现象列举的方式，以涵盖各行业对个人信息的理解与需求。

五、结语

近年来，P2P网贷中频繁出现的债务人违约、投资人"跑路"，以及平台"倒闭"等事件，将曾经被誉为"金融创新"、"普惠金融"的P2P网贷置于

---

[1] 参见白云：《个人信用信息法律保护研究》，法律出版社2013年版，第183页。

风口浪尖。债权人的债权无法受偿，成为继股市持续低迷、房地产泡沫不断吹大之后的社会焦点。在被剥夺信用职能之后，P2P 网贷平台无法对信贷进行增信。出借人尽管可以通过接受担保或者投保适度降低自身风险，但从源头对当事人尤其是借款人的信用进行考察是更有效的办法。目前，我国 P2P 网贷个人征信被割裂为央行模式、自征信模式和第三方征信模式。对此，有必要借鉴国外立法与实践，在建立系统化个人征信法律制度的同时保护个人信息权。对此，可以从法律层次和规制内容两个层面进行体系化设计，从征信活动效率和个人信用信息保护两个维度入手，对社会征信制度与个人信息保护的边界进行合理厘定。

第八章
P2P 网贷债权人的法律保护

"2006年诺贝尔和平奖"得主尤努斯教授最先提出 P2P 小额借贷模式。他认为，这一模式是一种为了满足具有小额融资需求的人群而设计出来的新型商业模式。借助互联网技术，P2P 小额借贷从线下发展至线上，P2P 网贷以及支撑 P2P 网贷的网贷平台随即诞生。我国小额资金借贷需求十分庞大，在传统金融机构无法满足这一需求的情况下，基于民间借贷的 P2P 网贷随之出现，并在短期内取得迅猛发展。自 2007 年我国第一家 P2P 网贷平台拍拍贷成立以来，各类网贷平台不断涌现、借贷规模不断攀升。

P2P 网贷提供了高效、便捷的融资路径，并能使出借人获得较高收益，但其高风险也已显现。由于 P2P 网贷采取线上交易模式且缺乏有效担保机制，加之社会信用体制不甚健全，P2P 网贷实践中的风险不断累积。尽管按照正常的投资规律，风险与收益相对应，但其前提是一种可控的风险与收益模式。如果风险大到不可控，必然威胁作为一个整体的债权人的利益，甚至危及社会经济秩序。自 2013 年以来，上千家 P2P 网贷平台出现投资人跑路、被黑客攻击、倒闭等事件。P2P 网贷行业成为事故高发区，各方主体利益受损严重，尤以债权人利益受损为甚。本章基于 P2P 网贷平台信息中介的法律属性，分析出借人所面临的借款人违约风险，探讨风险类型及其产生根源，提出加强债权人保护的法律对策。

一、P2P 网贷"出借人""债权人"的界定

P2P 网贷中，"借款人"这一称谓不存在任何问题，但是对于出借资金一方，其称谓则多有不同。一些文献将其称为"出借人"，有些则称为"投资人"。"出借人"更多是将借款人与出借人置于借款合同关系中加以界定；"投资人"更多是将借款人所借款项视为发行债券，而出借人对债券进行认

— 127 —

购，以形成投资关系。在我国法律框架下，借款人通过 P2P 网贷平台发布的借款需求，并不被认为是发行证券，借款人也不被认为是证券法意义上的投资人。即使在债权让与模式下，放贷人将债权通过 P2P 网贷平台转让于债权的受让人，该债权的受让人为真正意义上的资金出借人。因此，在研究我国 P2P 网贷平台时所用的词汇应是"出借人"而非"投资人"。出借人将款项出借后就拥有了对借款人的债权，即要求对方还本付息的权利，因此又被称为债权人。

为对 P2P 网贷平台进行更有效的监管，切实保障借贷双方，特别是债权人的合法权益，我国颁布了一系列规范性文件。2016 年 11 月，银监会等三部门发布《备案登记管理指引》。2017 年 2 月和 8 月，又下发《存管业务指引》和《信息披露指引》。银监会于 2016 年 8 月 24 日发布的《暂行办法》与上述三部规范性文件，共同构成 P2P 网贷行业 "1+3" 制度体系。

如何保障债权人能够得到足额、及时受偿，是关乎整个 P2P 网贷行业健康发展的重要切入点。事实上，对债权人的侵害来自不同主体，如 P2P 网贷平台、P2P 网贷平台投资人或者管理人、第三方担保机构以及债务人。一旦 P2P 网贷平台出现问题，如自融自保、关联交易、虚构标的等，以致被行政解散或者破产，债权人的债权都将面临受限或者暂停的风险，甚至难以收回。P2P 网贷平台的上述行为无法脱离作为投资人或者管理人的意志，在涉及 P2P 网贷平台法律责任的同时，也有可能涉及其投资人或者管理者的连带责任。此外，还有第三方担保机构超额担保导致事实上担保能力不足损害债权人利益等问题。当然，债务人违约是最常见的导致债权人利益受损的原因。

总体而言，当前规范性文件对 P2P 网贷债权人提供了相应保护，但是法律的不完备是一种常态，存在"挂一漏万"的情况。根据伦敦经济学院许成钢教授的"法律不完备"理论，在法律规定不完备的情况下如何进行有效填补，取决于两个因素：一是预期损害的大小，另一个是标准化的成本。如果预期损害很大，而标准化成本比较低，最好通过立法者的立法加以填补；如果预期损害很小，但是标准化成本较高，通过法院判例加以填补更为妥当。P2P 网贷债权人如果得不到法律的有效保护，预期损害很大，但是对保护措施进行规范化的成本却并不高。因此，最好由立法者进行补充性立法，或者在条件不成熟时由监管者进行行业监管立法。

针对不同主体对债权人利益的侵犯，所采取的法律对策是不同的，因此需要一个组合型方案。从规范性文件的体系来看，应当构建系统化、多层次的法律架构，以明确债权人保护的基本原则。从具体规制方法来看，既包括微观层面的规制，也包括宏观层面的监管。从微观层面来看，包括对借款人信用的考察，有效的担保机制，债权人救济机制。从宏观层面来看，则包括P2P网贷平台备案、网贷资金存管等规范化要求。本章主要从微观层面切入，以借款合同为出发点，探讨从合同签订前到合同正式签订、履行，以及债务人违约时的救济中的债权人利益的法律保护。

二、合同视角下 P2P 网贷债权人利益受损情况分析

（一）合同初始环节难以把握借款人信用状况

P2P 网贷更多满足的是无法在传统金融机构获得贷款的中小企业或者个人的融资需求，因此从初始环节借款人的信用较从金融机构获得融资的借款人的信用而言普遍偏低。此外，传统金融机构提供的贷款多为担保贷款，只有对于信用度极高的国有大型企业才提供信用贷款。对于民间借贷而言，借款人在信用本身即存在缺欠的情况下，依然由出借人提供无担保信用贷款，其债权无法获得清偿的风险更为突出。此外，较之于普通民间借贷的空间性和熟人性特征，互联网技术支持下的 P2P 网贷突破了借贷的时间、空间限制，导致出借人对借款人身份、信用、还款能力等更难以考察。信用风险可以说是出借人面临的共性风险，但这一风险在 P2P 网贷中被强化。因此，在初始环节对借款人信用进行有效考察，在 P2P 网贷模式中显得尤为必要。

P2P 网贷平台为保障借款合同顺利履行，对借款人提出较为严格的信息披露要求。但是，借款人如实提供信息属于一种应然，实然中借款人出于保护隐私和促成借款的目的，往往提供虚假信息或者隐瞒对自己不利的真实信息。提供虚假信息或者隐瞒真实信息严重影响债权人的客观判断，尽管债权人因受欺诈而签订合同可以请求法院或者仲裁机构变更或者撤销，但是这一救济在借款合同下并无实际价值。此外，一些借款人在借款之初就具有诈骗目的，因此隐瞒真实情况、虚构个人信息或者提交虚假材料，网贷平台常常难以辨别信息的真伪。一旦此类借款人借款成功，便会销声匿迹，债权人的债权难以得到保护。

在这里涉及两个关键环节，一个是P2P网贷平台对借贷双方尤其是借款人的信息进行采集，另一个是对出借人和社会公众进行信息披露。《暂行办法》第30条从P2P网贷平台对出借人进行信息披露这个角度，规定了P2P网贷平台对借款人进行信息采集的项目，从而将采集和披露作出了合二为一的规定。根据披露要求而确定的需要采集信息包括借款人基本信息、融资项目信息、风险评估及可能产生的风险结果等。同时规定，披露的内容应当符合法律法规关于国家秘密、商业秘密、个人隐私保护的相关规定。银监会《信息披露指引》第9条第1款将网络借贷信息中介机构应当及时向出借人披露的信息进行了具体化。

但是，上述信息对于出借人判断借款人信用而言显然不够充分，P2P网贷平台还可以采集何种额外信息？当前规范性文件并没有明确规定。实践中，很多P2P网贷平台尽可能多地获得借款人的各类信息，以保证借款合同的顺利履行。但是，P2P网贷平台过多采集借款人信息，是否易损害其个人信息权甚至隐私权？2013年实施的《征信业管理条例》第13条和第14条要求，只有在获得信息主体同意的情况下，才能采集个人信息，征信机构不得采集有关个人宗教信仰、基因等信息；在没有明确告知后果并取得信息主体书面同意的情况下，不得采集个人收入存款、有价证券等信息。但是在互联网媒介下，数据信息来源非常广、数据量非常大，因此难以在信息采集之前都告知征信主体并征得其同意。此外，许多征信机构都是对信用主体的互联网痕迹进行采集，因此其所采集的信息可能是没有边界的，从而使征信机构的行为很容易切入个人隐私权的范畴。实践中，用户很容易丧失自主权，从而被动接受机构对禁止或限制类信息的采集。

在进行信息采集的基础上，P2P网贷平台一般都建立自征信系统。但自征信也存在问题，如建立征信数据库成本高昂、信息孤岛效应，以及信息易泄露等。因平台自征信涉及大量网络数据信息储存、分析、计算、数据信息保护等，对平台网络技术水平有着极高要求，而大量P2P网贷平台并不具有此类硬性条件。平台自建征信系统的客观性和真实性依赖于对长期客户的评估，而我国P2P网贷平台普遍上线时间短，客户积累时间不长。此外，平台只是对自有客户进行评估，平台之间未能实现信息共享，从而形成"信息孤岛"。自征信模式有可能出现侵犯客户隐私等问题，还有可能出现泄露客户信息问题，不论是技术原因还是人为因素。从本质上讲，P2P网贷平台自征信是一种内部风控措施。真正意义上的征信有央行主导的个人征信以及第三方征信。但是，目前我国 P2P 网贷平台无法直接接入央行个人征信数据库，第三方征信企业独立性和公信力也未得到普遍认同。

(二) 合同履行环节债权人利益受侵害状况频发

《合同法》第 107 条规定，合同一方当事人不履行合同义务或者履行义务不符合约定，是其承担违约责任的前提。P2P 网贷是一种高风险融资，为吸引出借人并增强其信心，P2P 网贷平台往往引入担保机制。鉴于平台的中介性质，平台自担保模式已被视为违法，风险准备金模式也逐步退出，但第三方机构担保仍然存在。风险准备金由 P2P 网贷平台自有，外界无法了解风险准备金的状态和真伪，极易出现以虚假的风险准备金诱导出借人出借款项等问题。即使风险准备金真实，但 P2P 网贷平台掌握其绝对支配权，极易出现侵占、挪用风险准备金，或者 P2P 网贷平台拒绝按照约定履行担保责任等问题。如果平台引入的担保机构并没有获得牌照，就会在既无监管约束、又缺乏杠杆限制的情况下，出现担保人担保能力不足甚至虚假担保的情况。即使是选择融资性担保机构，也容易出现超额担保问题，导致债权人事实上无法得到有效补偿。P2P 网贷公司提供担保或引入第三方机构担保都具有一定的诱导性，都有非法集资的嫌疑。[1]

(三) 合同违约救济路径不顺畅

就 P2P 网贷债权人受侵害的案例而言，多为借款人欠款不还。当然，也涉及 P2P 网贷平台投资人或者管理人侵占挪用，甚至 P2P 网贷平台倒闭间接损害 P2P 网贷债权人利益；或者 P2P 网贷平台非法收集或者泄露当事人信息等。其中，最关键的是债务人违约。

各地退出指引多规定出借人可以自行催收。但是在同一标的存在多个债权人的情况下，债权人参与催收并不构成其获得优先受偿的条件，债权人难以通过参与催收获得优先受偿。

---

[1] 参见张雪楳："P2P 网络借贷相关法律问题研究"，载《法律适用》2014 年第 8 期。

表 8-1　各地退出指引关于债权人自行催收的规定

颁布日期	文件	出借人自行催收的内容
2018.7.20	《北京市网络借贷信息中介机构业务退出指引（草案）》	出借人自愿采用自行催收的，网贷机构应及时将合同等资料提供给出借人，为出借人提供协助和支持
2018.8.3	《上海市网络借贷信息中介机构业务退出指导意见（试行）》	网贷机构处置存量项目时应根据存量项目的具体类别，采用多样化的处置方式，包括但不限于：自行清收或委托外部机构清收；根据出借人的授权出售存量项目；积极协助出借人自行催收（包括及时将借款合同、借款人信息等资料披露给出借人）
2018.10.13	《广东省网络借贷信息中介机构业务退出指引（试行）》	网贷机构可根据市场情况，采取多样化方式进行项目处置，最大限度提高债务清偿率，包括但不限于自行清收或委托外部机构清收；协助出借人自行催收（包括提供借款人信息等）；通过债权转让、债权托管等方式，取得资产管理公司等金融机构的流动性支持；协调出借人和借款人进行债转股；通过并购重组等方式筹措资金

债权人还可以寻求仲裁或诉讼，但是实践中这种救济的实现非常困难。首先，明确被告身份和送达困难。尽管法律承认借贷双方签订的电子合同的法律效力，但是一些借款人虚构信息或者下落不明，即使债权人提起诉讼也难以确定被告，从而导致诉讼无法被受理；或者即使借款人姓名为真，但是不知其下落导致诉状等法律文书难以送达等；或者即使可以公告送达，也可以缺席判决，但是执行困难等。其次，债权人取证困难。根据合同相对性原则，只有合同当事人能基于合同向对方提出请求或者提起诉讼。非合同关系当事人、第三人均不能依据借款合同向融资者提起诉讼。但是，分散的债权人提起诉讼，因其力量单薄且收集证据不充分等原因，并不能有效保障自身的合法权益。当然，债权人可以根据其与P2P网贷平台之间的居间合同，要求其提供借款人和保证人的相关信息，以及借款合同的相关证据，以便向管辖法院提起诉讼。最后，追偿和诉讼成本高。P2P网贷一般采取一对多或者多对多模式，导致出借人与借款人都人数众多，但单笔借贷金额并不高。当出现违约时，单笔借款的出借人的救济成本要比其借款本息更高。此外，法

院一般也不会对金额较小的借贷纠纷予以立案。

三、P2P 网贷债权人保护法律制度的完善对策

(一) 减少合同磋商环节的信息不对称

美国经济学家阿克尔洛夫最先提出信息不对称会影响当事人决策，导致柠檬市场。P2P 网贷交易的跨地域性使信息不对称更加频繁发生。既然避免或消除信息不对称不太可能，因此只能研究如何减少信息不对称。主要包括：收集必要信息；对出借人进行充分的信息披露，但不能侵犯当事人隐私权；不得泄露信息，侵犯当事人信息权和隐私权。

P2P 网贷平台应当获取出借人的必要信息，以保障出借人利益。但是这里存在信息获取、征信制度，与个人信息权、隐私权保护[1]之间的协调与冲突。信息是数据的含义，数据是信息的载体。接收者对信息进行识别后，以声音、符号、图像、数字等数据形式进行储存和传播。数据权依据主体不同可分为公权和私权。平台享有数据公权，有权对交易客户的交易数据进行管理和利用。客户享有数据私权，有权获得平台交易保护，以及利用自身或其他客户相关数据。欧盟侧重于个人信息权和隐私权的保护，导致 2016 年 4 月 14 日欧洲议会通过了《通用数据保护条例》，对个人数据或信息进行规制。尽管美国传统上认为数据是商业化操作的结果，但在 Facebook 等公司数的数据泄露丑闻爆发后，这种传统观点便受到质疑。更为关键的是，GDPR 的制定与实施在美国的商业与隐私法领域都产生了极为重要的影响。诸如 Google、Facebook 等互联网巨头都将直接受到 GDPR 的管辖，一旦其违反 GDPR 的规定，将面临高额罚款。[2]在我国，数据被视为企业的经济和技术优势，必须加以保护和控制，但是在 TikTok 泄露个人隐私事件被披露导致其在欧洲被罚

---

[1] 个人信息是与特定自然人相联系的、反映个人特征的具有可识别性的类型化信息，包括：个人身份、工作、家庭、财产、健康等。隐私主要是自然人所享有的不为也不愿为外界所知的个人秘密。个人信息的范畴要大于隐私。个人信息权和隐私权都属于人格权。个人信息权包括个人对信息被收集、利用等的知情权，以及自己利用或者授权他人利用的决定权等；对于可以公开且必须公开的个人信息，个人也享有一定的控制权，如有权知晓在多大程度上公开、向谁公开以及他人基于何种目的利用信息等。从这个意义上说，大陆法系学者将个人信息权称为"信息自决权"。个人隐私权是指个人所享有的维个人私密生活安宁、个人秘密不被公开、个人私生活自主决定权。

[2] 参见丁晓东："什么是数据权利？——从欧洲《一般数据保护条例》看数据隐私的保护"，载《华东政法大学学报》2018 年第 4 期。

款数百万美元后，我国学界和商界对个人隐私权和数据权保护给予了特别关注。尽管我国实践对征信制度的建立具有迫切需求，市场繁荣在一定程度上也有赖于企业数据公权的行使，但鉴于国际立法与实践，个人信息与数据权保护的重要性也随之上升。

（二）持续完善征信体制

较之国外 P2P 网贷所处的较为完善的社会征信体制，我国网贷所面临的最大难题就是信贷风险评价机制不完善，这也是我国金融行业坏账率居高不下的主因。目前，我国 P2P 网贷平台有关借款人的信用信息大多源于平台自身对借款人信息进行采集、收集与整理。这种各自为政的状况导致不诚信的借款人可以在不同的 P2P 网贷平台实施欺诈。对此，应基于行业协会的协调，建立 P2P 网贷平台征信联盟，实现平台之间的信息共享。P2P 网贷平台还可以在符合条件的情况下接入央行个人征信系统。2018 年 10 月 18 日，据新华社消息，央行将加强互联网信用体系建设，未来 P2P 将全面接入征信系统。此外，还应加强第三方机构征信系统建立。FICO 作为美国最大的征信服务提供商，研发了申请评分、行为评分、反欺诈评分等多种评分标准与技术。Zopa 作为英国最著名的网贷平台，与独立的信用评级机构 Equifax 合作，对借款人的信用等级进行评判，出借人可以据此决定是否出借、出借额度、利率等。此外，Zopa 还是英国著名的反欺诈协会 CIFAS 的会员，该协会提供的关于借款人信用信息资料成为辅助 Zopa 作出决定的重要信息来源。域外成熟经验都可以为我国所借鉴。

（三）实现 P2P 网贷担保的合规化、多样化

针对 P2P 网贷合同履行中的担保问题，应明确一点，即能够对 P2P 网贷提供担保的必须是融资性担保机构，其必须对借款人资质进行充分审查。各 P2P 网贷平台在选择担保机构时，应注意在特定地域内选择能在此地域内从事担保业务的融资性担保机构。监管机构对融资性担保机构的担保金额进行监管，防止其超额担保。可以根据借款人的信用评级、历史坏账率，以及借款人提供的反担保财产等，由担保机构与借款人依据不同级别的担保费，决定采用一般担保还是连带担保。此外，还可以引入集合再担保。集合再担保是将几家担保公司集合在一起组成统一担保人，对承接原担保业务的担保公司进行担保。承接原担保业务的担保公司被称为分出公司，统一担保人则被称为分入公司。集合再担保的概念类似于保险中的再保险，只是基于我国担

保业的现状需要若干实力雄厚的担保公司集合在一起才能形成足够强大的担保实力为原担保业务提供足够的风险保障[1]。实践中，普通的融资性担保机构的自有资金无法满足 P2P 网贷的担保需求，实践中经常出现融资性担保机构超额担保的情况。集合再担保能够较为有效地解决这一问题。具体模式如下：一旦借款人违约，出借人可以根据原担保合同要求原担保公司偿还本金和利息，分出公司再根据集合再担保合同要求统一担保人赔付其部分损失。统一担保人作为一个整体对外承担不可撤销的连带保证责任，对内则按照约定方式承担比例责任。这种集合再担保模式具有成本、定价和风控等诸多优势，对 P2P 网贷信用度的提升具有重要意义。

（四）强化合同违约救济

尽管退出指引规定了债权人可以自行催讨，但是参与催讨也并不能使其享有优先受偿的权利。对此，建议出借人组成自治组织，在符合法律规定的情况下对催讨程序与偿还标准进行详细约定。如果 P2P 网贷平台收取了服务费或者在服务协议中承诺负有催收职责，平台则有义务向出借人提供借款人相关资料，或者为出借人提供催收服务。但是，平台应当与出借人保持充分沟通，不能对借款人重复催收、诉讼。

债权人无论是在获取信息还是在事后救济方面都存在被动性。对于内部沟通不顺畅等问题，平台需要完善客户服务、客户投诉机制，健全投诉处理流程。如果发生了争议，平台还应积极配合政府部门所进行的调查、调解。对于进入司法途径的，P2P 网贷平台还需要协助债权人获取相关证据信息，甚至在庭审时作为第三人支持债权人的诉讼。债权人可以根据其与 P2P 网贷平台的居间合同，要求其提供借款人和保证人的信息，以及相应的借款合同的证据，以便向管辖法院提起诉讼。

根据合同相对性原则，非合同关系的当事人、第三人不能依据借款合同向借款人提起诉讼。但是，单纯由债权人提起诉讼，因其力量单薄且收集证据不充分等原因，并不能有效保障债权人权利。我国《合同法》第 79 条规定债权人可以将合同的权利全部或者部分转让给第三人，债权人可以与 P2P 平台达成合意，把追偿债务的权利转让给 P2P 平台，由平台对债务人提起诉讼。

---

[1] 参见彭大衡、李燕敏："集合再担保介入 P2P 借贷的探讨"，载《科技经济市场》2014 年第 1 期。

平台可以利用自身的信息和专业优势赢得诉讼。从司法实践来看，债权转让救济方式已经得到司法实务界的支持。如上海点荣金融信息服务有限责任公司诉上海山石久渡服饰有限公司、李某强案。该案中，出借人与借款人签订的《借款协议》约定，若借款人出现逾期还款 90 天或借款人在逾期后出现逃避、拒绝沟通或拒绝承认欠款事实等恶意行为的，全体出借人一致同意将本协议项下债权无偿转让给点荣公司，由其统一向借款人追索[1]。法院认为此协议并没有违反《合同法》第 79 条，且此债权转让已经通知被告，所以上海点荣金融信息服务有限责任公司有权以自己名义提起诉讼。

四、结语

为规范 P2P 网贷和网贷平台的发展，我国先后颁布《指导意见》和《暂行办法》，对平台性质、法律责任、注册备案、信息披露、监管主体、业务类型、债权人保护等作出原则性规定。但事实上，不论是对 P2P 网贷本身还是对网贷平台进行何种规制，最终归结点都应当是如何有效保护出借人作为债权人的合法权益，而这是关系到 P2P 网贷是否能够作为一种有效的金融创新模式得以发展的重要因素。对于 P2P 网贷债权人保护，可以从监管、征信系统、融资担保和保险、信息披露和司法救济等多方面进行，并从政府、行业、司法机关、债权人自身等多方主体参与进行切入。

---

[1] 参见"新政策下 P2P 网贷平台面临的六大法律问题"，载 http://mt.sohu.com/20151012/n423027869.shtml，最后访问日期：2016 年 12 月 1 日。

第九章

P2P 网贷税收法律制度[1]

P2P 网贷作为新型融资模式，从其数量、成交量、贷款余额以及综合收益等主要指标的迅猛增长来看，表现出强大的生命力和创造力。其迅猛发展及其所引发的一系列问题促使监管部门持续关注这一金融创新模式并密集颁布各类监管文件，以期对其进行有效规制的同时发挥其社会经济价值。但是综观上述文件，却并未发现专门针对 P2P 网贷税收的法律法规，对其征税只是适用当前税种的规范性文件。由此可见，我国目前对 P2P 网贷行业的监管主要集中在金融监管，而 P2P 网贷税收则并未引起监管部门的足够重视。加之 P2P 网贷本身的特点，依托于互联网，突破地域限制和时间限制；审查手续简化，参与者门槛较低；[2]交易隐蔽、虚拟化、多样性等，该行业的税收征管问题自然比较突出。征收不完全、征税不公平、扶持力度不够、纳税人故意偷逃漏税现象尤甚。鉴于此，有必要对 P2P 网贷税收法律制度进行深入研究，以促进互联网金融的健康发展，并进一步完善我国金融行业税收制度。

一、我国 P2P 网贷平台的法律性质与税法规制

（一）我国 P2P 网贷平台的法律性质

长期以来，我国 P2P 网贷平台运营模式多元化，分别出现担保机构担保交易模式、债权合同转让模式、大型金融集团推出的互联网服务平台，以及以交易参数为基点，结合 O2O（Online to Offline）的综合交易模式。随着我国网贷实践的不断发展，超越信息中介机构性质的 P2P 网贷平台业务所引发的新问题不断涌现。2013 年，国务院下发《关于加强影子银行监管有关问题

---

[1] 本章主要采用此前发表的论文。赵玲：建立促进 P2P 网络借贷发展的税收法律制度，载《税务研究》2017 年第 4 期。

[2] 参见卢馨、李慧敏："P2P 网络借贷的运行模式与风险管控"，载《改革》2015 年第 2 期。

的通知》，指出包括P2P网贷公司在内的小额借贷公司被视为"不持有金融牌照、存在监管不足的信用中介机构"。《指导意见》，指出借贷机构的信息中介性质。作为中介机构，平台公司居间促成借贷合同。目前，平台公司居间促成此类合同并不属于特许经营范围，也不需行政机关批准，因此此类居间合同合法有效。

目前，我国网贷平台公司根据《公司登记管理条例》在工商部门注册，性质大多为"互联网信息服务行业"，经营范围大多是经贸咨询、投资咨询、技术推广服务等。平台公司还需要根据《互联网信息服务管理办法》及《互联网站管理工作细则》在电信主管部门备案。此外，平台公司还需要在当地金融监管部门备案。因平台公司业务涉及金融服务、互联网和网络信息服务等，其管理部门并不唯一。《指导意见》指出，"网络借贷业务由银监会负责监管"。

在明确P2P网贷平台的法律属性后，便能明确以P2P网贷平台为媒介所签订的网贷合同的性质，以及P2P网贷平台、借款人与贷款人之间的法律关系，进而明确所涉及的税法规制。就P2P网贷当前所适用税收规范性文件而言，无论是对流转额、财产、所得，还是行为征税，都是以纳税主体为核心切入点，在明确法律关系性质的基础上，设定涉税项目。

(二) 我国P2P网贷的税法规制现状

我国现行P2P网贷税收所涉及的主体主要有平台公司与贷款人。在2016年5月全面推行营改增之前，平台公司需要缴纳营业税及附加，以及企业所得税。就营业税而言，由于平台公司的成立不需要经人民银行、证监会、保监会批准，不属于《金融保险业营业税申报管理办法》所规定的纳税主体，因此平台公司收取的佣金，应按照"互联网信息服务业"征收营业税。此外，平台公司经营网贷业务所获得的收入，应当缴纳企业所得税。

在金融业实行营改增之前，贷款人需要缴纳营业税及附加，以及所得税。企业提供借款所获利息按照《中华人民共和国营业税暂行条例》（以下简称《营业税暂行条例》）（已失效）"金融保险业"税目征收5%的营业税及附加。个人将资金借与他人使用应视为发生贷款行为，依照《营业税暂行条例》和国家税务总局《关于印发〈营业税问题解答（之一）〉的通知》，对个人取得的利息收入按"金融保险业"税目征收5%的营业税。企业提供借款所获利息，依照《中华人民共和国企业所得税法》（以下简称《企业所得税法》）及配套规定，应当与其他应税收入汇总后，按照企业所得税税率，缴纳企所得税。个人借款收取利息的,按照《中华人民共和国个人所得税法》(以下简称《个人所得税法》),应按"利息、股息、红利所得",按照20%的比例税率缴纳个人所得税。按照国家税务总局《关于印发〈征收个人所得税若干问题的规定〉的通知》,"利息、股息、红利所得"实行源泉扣缴,扣缴义务人是向纳税义务人支付股息或者红利的单位。但是目前,税务部门尚未对该领域的税收征管作出具体规定,平台公司是否有代扣代缴义务尚不明确。

对于网贷中的合同当事人是否需要缴纳印花税,尚存争议。有的国家对P2P行业征收印花税,[1]但有学者认为,P2P网贷合同不是"一行三会"批准的金融机构作为一方当事人所签订的合同,因此不需要缴纳印花税。本章赞同后者观点,《中华人民共和国印花税暂行条例》(以下简称《印花税暂行条例》)将借款合同界定为"银行及其他金融组织与借款人之间签订的借款合同",因此公民之间、公民与法人和其他组织之间的借贷合同不属于印花税征税范围。《印花税暂行条例》对担保合同和服务佣金合同并没有列举,按照税收法定原则,此类合同当事人不需缴纳印花税。

(三) 对我国 P2P 网贷税收制度的评价

将现有的税收规范性文件直接适用于P2P网贷纵然避免了另行立法带来的高昂成本,将税收理解为一个开放性的法律框架,从而有效地针对变化多端的实践诉求提供一个普适性的规范性文件,但是不可否认,直接适用现有税收规范性文件将不可避免地将当前规范性文件中的不足引入P2P网贷行业。此外,税法不仅是征税之法,以满足国家获取财政收入并提供公共物品的需要,也是宏观调控之法,通过税种、税目、税率、税收优惠等税法要素的设计,以实现国家或鼓励或抑制的调控目标。

直接适用当前税法,主要存在以下问题。首先,营改增之前的金融营业税设计不合理。(1) 税率较高。在我国,金融业适用5%的营业税税率,如果将营业税、城市维护建设税、印花税和教育费附加一并统计在内,金融业流转税的综合税率甚至比5.5%还要高。从国际上看,金融业一般纳入增值税征收范围,几乎没有国家对所有金融业务全面征收增值税,而是依据金融活动的不同性质区别征税。(2) 重复征税。我国营业税按照营业全额而非净营业

---

[1] 参见张富强、李梦露:"完善互联网金融税收立法的思考",载《法治论坛》2014年第4期。

收益计税，无法像增值税那样进行税款抵扣。这一方面大幅提高了金融业的实际税负，另一方面又与企业所得税一道形成事实上的双重征税。（3）对金融创新扶持力度不够。当前税制对诸如离岸金融、互联网金融等新兴金融业务未给予充分的税收优惠。

其次，企业贷款人与个人贷款人所得税存在差别待遇。企业贷款人提供贷款所获利息，依照《企业所得税法》，应缴纳企业所得税；个人贷款收取利息的，依照《个人所得税法》，应按照所获利息的20%缴纳个人所得税。企业可以通过账务处理、费用摊销等方式对其利息收入进行冲抵，从而合法避税；而在我国分类个人所得税制下，纳税人却需要按照每笔利息收入单独缴纳个人所得税，无法与其他损失冲抵，因此其税收待遇远不如企业纳税人。

最后，对于违法借贷下的收入或所得是否需要纳税，规范性文件并无明确规定。《关于印发〈营业税问题解答（之一）〉的通知》规定，不论是金融机构还是其他单位，只要存在将资金贷给他人的行为，就被视为发生了贷款，应当按照"金融保险业"税目征收营业税，并按要求计算缴纳城市维护建设税和教育费附加。但是，对于其他违法行为所获收入或所得是否需要纳税、需要缴纳何种税，规范性文件尚未明确。

二、P2P网贷税收法律制度的域外经验

（一）英国P2P网贷平台Zopa所涉税收

英国Zopa创立于2005年，是全球首家运行P2P业务的平台。Zopa的运营基本流程与Prosper无异。[1]长期以来，对P2P贷款利息不征收所得税，这意味着依靠个人投资者向HMRC自行申报从P2P投资中获得的收益，并最终支付正确金额的税款。每年年底，Zopa都会向投资人出具该年度总账单，载明该年度投资者的盈亏状况。投资人在向Zopa支付费用后，就剩余资金向税务机关自行申报纳税。但是根据2015年英国财政部发布的规定，投资人通过互联网金融平台所获的第一笔1000英镑的收益可以免税。对于逾期的坏账，从2016年4月5起，英国税务机关允许个人在根据利息计算应纳税额时，通过自我评估系统，就2015年4月后产生的损失申请减税，用以抵消损失。英

---

〔1〕参见张正平、胡夏露："P2P网络借贷：国际发展与中国实践"，载《北京工商大学学报》（社会科学版）2013年第2期。

国政府还将就自 2017 年 4 月起在所有 P2P 平台实施个税扣缴一事举行听证。英国增值税的免税范围很大，包括某些银行、保险和金融服务等。2013 年英国当局决定将 P2P 网贷平台公司纳入英格兰银行下属的金融行为监管局（FCA）的监管，相应地，Zopa 也被纳入增值税的免税范围。总体而言，英国金融业的税负比我国要低，而且金融中介业务被列入增值税免税范围。2015 年 4 月 1 日起，英国公司所得税税率又有所降低。利润超过 30 万英镑的，从 2013 年 4 月 1 日起产生的，适用 23%的税率；从 2014 年 4 月 1 日产生的，适用 21%的税率；从 2015 年 4 月 1 日产生的，则适用 20%的税率。如果公司在 2015 年 4 月 1 日之前获得 30 万到 150 万的利润，公司可以申请税收减免。[1]

（二）美国 P2P 网贷平台 Prosper 和 Lending Club 所涉税收

目前，美国政府将 P2P 网贷平台以及网贷公司视为与普通银行、证券公司等无异的金融机构，并未对其实行特殊管制，而是将其归属于美国证券交易委员会（SEC）监管。目前美国政府是将 P2P 网贷平台以及网贷公司视为"金融行业机构"，并未作特殊管制。美国证券交易委员会认可美国联邦法院对 P2P 商业模式进行 Howey 检验的结果，并认为运用 P2P 发行的票据属于"销售有价证券"的范畴。[2]美国的 P2P 网贷平台以 Prosper 和 Lending Club 最为典型。Prosper 成立于 2006 年，Lending Club 创立于 2007 年，两家平台机构在经历了几年的互相较量，以及在与政府进行多次博弈之后，成为美国市场上仅有的两家平台机构。其中，Lending Club 是当前美国最大的网贷平台，它的运作模式与 Prosper 基本相似。目前，美国税务局并没有针对 P2P 给出纳税申报意见，只是根据现有税法进行纳税申报。

2014 年，Prosper 发布"税收指导意见"，协助投资者进行纳税申报。Prosper 在指导意见中将投资者所获得的利息分为不同等级，适用不同的报税表。来自于任何向第三方销售的坏账所产生的冲销、回收率和总收益都会在年终投资者声明和 1099-B 税收表格中向投资者报告。在债务销售的场合，销售价格可与成本作比较，以便计算出投资者收益或者亏损的总额。[3]平台公

---

[1] 参见 "Corporation Tax Rates and Reliefs"，载 https://www.gov.uk/corporation-tax-rates，最后访问日期：2017 年 5 月 25 日。

[2] Cease-and-Desist Order, Order Instituting Cease-and-Desist Proceeding Against Prosper Marketplace, Securities Act elease No. 8984, 94SEC Docket 1913, 2008-11-24.

[3] 资料来源 https://help.prosper.com/#taxes，最后访问日期：2017 年 5 月 25 日。

司适用公司所得税，实行联邦、州和地方三级征税制度，采取 15%到 35%不等的差额累进税率。在联邦层面，金融机构所适用的税率与普通企业一样；在州层面，各州做法各不相同，不过大多数州都将所得税税率控制在 3%到 8%之间。甚至有一些州，如阿拉斯加、内华达、德克萨斯、华盛顿、怀俄明等，所得税税率为零。不过，一些州的税率很高，如纽约州为 8.97%、加利福尼亚州为 10.55%、新泽西州则高达 10.75%。由于 Prosper 的业务跨越许多州，其缴纳所得税时，不仅要考察联邦税法，也要考察各州税法。

Lending Club 作为全球最大的 P2P 网贷平台，与 Prosper 一样都属于纯信息中介，两者的税务处理方式是相同的。唯一差别是，两个平台所提供的纳税表格略有差异。

通过研究英美两国 P2P 网贷税收征管现状，可以发现其对 P2P 网贷均持鼓励态度，具体体现在对投资人所获收益给予个税优惠、对网贷平台公司给予增值税优惠等方面。虽然两国没有对 P2P 网贷建立专门的征管制度，但由于存在完善的征管体系与信用体系，两国在该领域的税收征管依然很有力度。

三、电子商务域外立法趋势及其启示

（一）电子商务域外立法趋势

P2P 网贷属于一种新型的金融中介服务，其业态模式更偏向于电子商务。因此电子商务领域的税收立法与 P2P 网贷税收立法密切相关。美国作为世界上最大的电子商务输出国，长期以来对电子商务实行税收优惠政策。1997 年 7 月 1 日，美国发布《全球电子商务架构》（Framework for Global Electronic Commerce），对电子商务提出"不开征新税"这一基本原则。迄今，美国已颁布一系列有关电子商务的税收法律，免征互联网交易的无形产品的关税，暂不征收国内"网络进入税"。1998 年，美国与 132 个世界贸易组织成员方签订维持互联网关税状态至少 1 年的协议。1999 年，美国又促使世界贸易组成员国通过了再延长维护互联网零关税状态一年的协议。

然而，美国对于是否对国内电子商务暂不征税（主要是销售税），一直存在争议。1997 年，美国联邦立法部门在《互联网免税法案》（Internet Tax Freedom Act）中建议对电子商务暂停征税 6 年。但是，该法案拖至 1998 年 10 月 16 日才勉强通过，其根本原因在于州政府的反对。该法案的主要内容包括：（1）从 1998 年 10 月 1 日起 3 年内避免对互联网课征新税；（2）3 年内避

免对电子商务多重课税或加以税收歧视;(3)访问远程销售商站点(该站点的服务器在境外)只被作为确定其具有税收征收的一个因素时,国家、州不能对销售商征税。2000年5月10日,美国国会众议院通过决定,准许该法案延期5年,即从2001年延长到2006年。在美国,对电子商务是否征税是与商品销售和使用相联系的。从美国现行税制来看,美国联邦以所得税为主,而各州则是以销售税为主。倡导网络免税对于美国联邦政府财政的影响不是很大,而对各州财政的影响则会很大。2013年5月6日,美国参议院通过《市场公平法案》(Marketplace Fairness Act),这是美国第一个全国性的互联网征税法案。该法案规定,当企业通过互联网、邮购等渠道销售产品时,必须缴纳销售税。

在欧洲,电子商务领域长期存在漏征或者少征等问题,在互联网金融发展态势迅猛的大背景下,欧盟国家的税收遭受了极大冲击。为保护欧盟各成员国的税基免受持续侵蚀,自1954年在法国开征的增值税逐渐成为欧盟各国的主体税种。以网络为媒介的电子商务的迅猛发展也给欧盟各国的增值税体系带来一系列挑战。1998年6月8日,欧盟发表《关于保护增值税收入和促进电子商务发展》,与美国就免征电子商务关税问题终于达成一致。但同时,欧盟也促使美国不得不同意将互联网销售数字产品视为劳务销售,从而在欧盟成员国范围内按照20%的比例税率征收间接税(增值税),并由购买者扣缴。

在电子商务税收这一问题上,OECD态度比较明确。在1998年10月的渥太华会议上,OECD各成员国在该问题上达成原则共识,具体体现在"无国界的世界——实现全球电子商务发展潜力"中。具体包括:对电子商务不实行包括"比特税"在内的新税、组建电子商务国际协调机构、对电子商务跨国交易的消费税由消费地国家征税、OECD税收协定范本适用于电子商务跨国交易。目前,世界各国对是否对电子商务开征新税这一问题上已趋于一致,即不开征新税。

美国作为电子商务大国,为鼓励电子商务作为新兴产业的发展,在初期采取了免税做法。尽管2013年开始对互联网征税,但已经过长达21年的特殊税收待遇期。在漫长的21年间,尽管也遭遇了众多反对,但毕竟为美国互联网产业的持续高速发展提供了必要的法律支持。在其他国家,对电子商务不开征新税而是尽量利用现有税收规定的做法,也已成为电子商务税收的共识。

（二） 对我国 P2P 网贷税收法律制度的启示

考察典型国家和国际组织的电子商务税收立法，可以发现其均支持取消阻碍电子商务发展的税收壁垒，坚持税收公平和税收中性原则。就我国而言，电子商务方兴未艾，尤其是互联网金融处于上升发展态势，因此不宜对此征收繁重的税收。我国应尽量利用现有税收法律，不对电子商务开征新税或附加税，通过对现有税制的适度修缮来确定其税收待遇，并采用适当的税收优惠，促进 P2P 电子商务的发展。

国务院税务局在 2005 年和 2012 年相关文件中指出要制定合理的征税政策，同时也要考虑电子商务的良性发展；2013 年国家开始试行网络发票；2014 年国家提出电子商务经营者要进行工商登记，但并未落实到位；[1]2015 年 5 月 5 日，国家税务总局出台《关于坚持依法治税更好服务经济发展的意见》提出，税务部门不得专门组织针对某一新兴业态、新型商业模式的全面纳税评估和税务检查。2019 年 1 月 1 日实施的《中华人民共和国电子商务法》（以下简称《电子商务法》）涉及电子商务监管体系、电子商务市场准入与退出、数据电文和电子合同、电子支付等内容，对于电子商务税收的规定仅体现在第 11 条"电子商务经营者应当依法履行纳税义务，并依法享受税收优惠……"，第 28 条"电子商务平台经营者应当……向税务部门报送平台内经营者的身份信息和与纳税有关的信息……"，第 71 条"国家……建立健全适应跨境电子商务特点的海关、税收……等服务"。从行业发展角度考察，对电子商务征税，以及未明确特别税收优惠措施，会对小微电商和个人电商造成一定影响，因此立法者对电子商务征税较为慎重。我国 P2P 网贷目前限于一国之内，即使给予充分的税收优惠，也不会造成国际间税收管辖的不平衡。加之，给予 P2P 网贷税收优惠，从短期来看能够降低各方守法成本，有利于激励各方接受法律规制，从长期来看，也有利于支持网贷等互联网金融行业的发展。

四、建立促进我国 P2P 网贷发展的税收法律制度

（一） 推进营业税改增值税

目前金融业仍然是"营改增"最难的税目。一个关键障碍就是如何确认进项税额。对此，我们可以对部分金融业务试点采取《营业税改征增值税试

---

[1] 参见乔荣："电子商务税收问题及其改进建议"，载《科技经济市场》2018 年第 3 期。

点方案》中增值税简易计税方法，即借鉴原营业税的计税方法，不抵扣进项税。当然，如果采用这种简易计税方法，首先要合理设计税率。金融服务业"营改增"既会涉及从事金融业务相关主体所适用税率以及征税主体的变化，也会引发中央与地方在税收分成上的博弈。但是无论如何，营改增都应当以不增加纳税人税负为基本原则，避免"黄宗羲定律"再现，并以此促进互联网金融的发展。

（二）扩大个人所得税改革

针对个人利息所得，不存在税前扣除，从而税负较重。对此，应配合个人所得税制改革。我国长期实行分类所得税制，分类征收简单易行，但是缺乏公平性。一是个人所得税大部分是工薪阶层缴纳；二是没有考虑纳税人一年总所得，不同收入项下的所得与亏损不能相互抵扣。世界上大多数国家都采用综合所得税制，或者分类与综合相结合的所得税制。2018年8月31日，十三届全国人大常委会通过了《关于修改〈中华人民共和国个人所得税法〉的决定》。新法规定，从2019年1月1日起，劳务报酬、稿酬、特许权使用费三项所得与工资薪金合并计算纳税，子女教育、继续教育等支出作为专项附加扣除项目予以扣除。修法的最大亮点在于历史性地实现个人所得税制由分类向综合的转变，使计税模式更加公平。随着个税改革的不断推进，将有更多收入纳入综合项目进行征税，从而更加充分地实现税负公平。

（三）对违法所得或收入征税

我国传统税收和税法理论认为，征税意味着国家对某种财产、所得、行为等合法性的确认，因此只有合法的才能作为征税对象。然而，如果不对不合法收入或所得征税，就可能出现税收法定原则与实际经济行为之间的冲突。实质课税原则强调，当"形式"与"实质"不一致时，应根据"实质"而非"形式"判断行为是否符合课税要素，进而决定是否适用税法课税。《德国税收通则》第40条规定："……行为，不因其违反法律上的命令或禁止性规定，或者违反善良风俗的情况而妨碍对其行为的课税。"[1]据此，税法对收入或所得所作出的判断是中性的，依据税法对不合法行为产生的经济后果征税并不影响对行为效力的认定。

---

[1] 参见［日］金子宏：《日本税法原理》，刘多田等译，中国财政经济出版社1989年版，第79页。

（四）建立 P2P 网贷税收优惠制度

为促进 P2P 网贷健康、合理发展，应避免给相关主体施加不必要的税收负担，实行税收优惠措施。首先，对于 P2P 网贷平台适当减征或免征增值税和所得税。根据国家税务总局《关于小微企业免征增值税和营业税有关问题的公告》的规定，增值税的小规模纳税人，如果月销售额或者营业额不超过 3 万元，按季纳税的不超过 9 万元，则免征增值税。就 P2P 网贷平台而言，符合小规模纳税人条件并能提供相应营业额证明的，可享受免征增值税的优惠；就贷款人而言，企业贷款人能提供相应证明的均可享受免征政策。此外，根据财政部、国家税务总局《关于进一步扩大小型微利企业所得税优惠政策范围的通知》（已失效），符合条件的小型 P2P 网贷平台和企业贷款人，可享受企业所得税减半及 20%税率的优惠。由于减半优惠仅针对企业所得税，个人贷款人的个人所得税不属于该政策的优惠范围。其次，对贷款方给予增值税和个人所得税减免优惠。对于上述国家税务总局的两个文件，满足条件的企业贷款人均能享受税收优惠，但完全排除了个人贷款人获得这种优惠。上文已述，个人与企业不同，其无法在税前对利息进行冲销以合法避税，其所获取的利息必须全额缴纳所得税，税负较重。如果在税收优惠上对企业贷款人和个人贷款人进行差别对待，有违国家征税的初衷。最后，按照资金投放领域，对主体实行税收优惠。对于资金投放于"三农"、战略新兴产业、环保产业等国家鼓励的领域，可以比照相关法律和政策给予税收优惠。

五、结语

互联网金融在众多新兴产业中异军突起，快速推进了"互联网+"的国家发展战略，而 P2P 网贷是互联网金融中具有主导性的产业形态。然而，这种新型的融资方式的兴起与迅速发展，对既有的税收法律规制体系提出了严峻的考验。面对我国税收立法的空白，比较借鉴英美两国 P2P 网贷税收征管经验，通过对现有税制的适度修缮来确定其税收待遇，不对其开征新税或附加税，并采用适当的税收优惠措施，为 P2P 网贷的健康发展打下坚实基础，促进互联网金融市场在规范中得以净化。

第十章

P2P 网贷平台退出时网贷债权人利益的法律保护

各地互金协会颁布的退出指引无一例外地强调 P2P 网贷平台退出时出借人利益保护这一基本原则。从法律上讲，平台的退出并不会影响网贷债权人的债权，但是事实上平台退出后会出现网站或 APP 被关闭导致偿债通道不顺畅、平台退出导致无法协助债权人实现债权等问题，从而严重影响作为群体的网贷债权人债权的实现，甚至影响社会经济秩序。因此，有必要特别强调平台退出时对网贷债权人利益的保护以及具体的保护路径。本章以 P2P 网贷平台退出时的义务与责任、特殊股东的义务与责任、第三方机构的法律责任为研究重点，对平台退出时网贷债权人保护提出对策。

一、P2P 网贷机构退出的法律文件

我国 P2P 网贷平台自 2017 年诞生之日起就吸引了各界关注。作为一种新型金融模式，被冠之以"普惠金融"头衔，被视为一种重要的金融创新。不可否认，其依托互联网技术使传统民间借贷的地域性获得了根本突破，从而在更广阔的范围内为借贷双方提供了资金融通的机会。在互联网经济背景下，在"大众创业、万众创新"政策的支持下，P2P 网贷迎来了空前宽松的发展时机。在很长时间内，我国都并未对这一金融创新模式进行监管约束。但是作为一种新型金融模式，实践中不可避免地出现各种问题，这种问题可能是该模式自身运行中的合法与违法边界模糊，也可能是该模式被恶意利用，如非法集资等。问题的频发甚至后期暴雷引发了监管立法的演进。

我国最初颁布的一系列规范性文件体现出对这种金融创新模式的认可与支持，只是对其在经营管理过程中出现的问题与弊端进行了一定的对策设计。随着监管的日趋严格，一些平台无法满足监管要求；一些平台投资人跑路，导致平台无法继续经营；还有平台转型、被收购、解散或者破产，上述平台

都存在强烈的退出需求。在这种情况下，对P2P网贷平台退出的研究是顺势而为。

2016年，银监会等部委联合印发《P2P风险整治方案》，将网贷机构划分为合规类、整改类、取缔类三大类，制定差别化措施进行分类处置。2018年8月，网贷整治办下发《P2P合规检查通知》提及，截至2018年年底的P2P网贷合规检查应采用分类处置方式。为贯彻落实上述规范性文件，各地互金协会制定和发布退出指引。但每项文件后均标注"试行""草案""征求意见稿"等字样。随着网贷行业的合规化，未来暴雷、跑路等恶性退出的网贷平台会越来越少，类似普通企业破产清算的情况会随之增多。对于自然终止经营的平台，需要有规范性文件进行指引。对此，监管部门应明确平台退出原则、标准及方式，并成立督导小组或将督导工作委托市场监督管理部门等。2019年1月21日，互金整治办、P2P网贷风险整治办联合发布175号文。175号文坚持以机构退出为主要工作方向，除部分严格合规经营的网贷平台外，其他机构能退尽量退，并强调在平台退出过程中，确保程序可控，防止大规模群体性事件的爆发。

二、P2P网贷平台退出的涵义

（一）何谓退出？

何谓"退出"？从字面涵义理解，就是P2P网贷平台退出市场，换言之，是指市场主体资格消灭的过程和结果。退出原因是广泛的，既包括投资人失联跑路、遭经济侦察而被关闭这种恶性退出，也包括平台业务转型、被收购、解散或破产此类良性退出。从各地互金协会颁发的退出规则来看，一般是指良性退出。如北京退出指引规定的就是良性退出，适用于网贷机构主动终止网贷业务，包括转型、解散、破产等。也有一些地区的规则既包括良性退出也包括恶性退出，如大连明确适用于网贷机构主动退出、被监管部门责令或因出现风险被迫终止经营的情况。

但是至于是何种原因导致退出或者说退出的类型究竟有哪些，无非是原因的差异，作为结果都是平台退出了市场，导致一系列法律关系需要梳理和了结。每家平台的退出，都牵扯到背后的股东、实际控制人、平台职工、网贷出借人、网贷借款人、第三方专业机构等不同主体，涉及各方主体在平台退出时的权利、义务和责任。良性退出往往不涉及刑事责任，而恶性退出则涉及行政甚至刑事责任。换言之，不论哪种类型的退出，对于主体之间特定法律关系的处理，在很大程度上可以遵循公司法、破产法、民法、合同法；至于恶性退出，还额外涉及行政法或者刑法等。

(二) 本章所研究的退出

本章主要研究问题平台的退出，尤其是良性退出，但是涉及网贷债权人利益保护时，也会涉及恶性退出所导致的相关主体所要承担的对网贷债权人的法律责任。所谓恶性退出在很大程度上是由于对出借人资金的侵占、挪用，或者根本就是集资诈骗而导致平台退出，在这种情况下的退出不仅涉及民事责任，还涉及刑事责任。

表 10-1 问题平台的类型

类型	判断依据
争议	平台仍在正常发标，但出借人反映平台大量项目逾期、无法正常兑付。
跑路	1. 网站打不开，热线打不通 2. 用户反馈练习不上，克服不在线或者无响应 3. 第三方曝光平台人去楼空，或者网贷之家员工走访证实 4. 起初因为提现困难被曝光，后彻底失去联系的平台
提现困难	无法提现或者大面积逾期限制提现，平台无公告表示未来将兑付
停业	1. 停止发标长达 3 个月，新闻、公告长时间未更新，平台无负面舆情 2. 平台公告停止线上业务
转型	平台停止原有 P2P 出借端业务，转做其他业务
经侦介入	1. 公安机关介入，平台资金冻结或者停业，被立案 2. 平台涉嫌非法集资而被公安机关立案侦查
暂停发标	停止发标达 3 个月，平台公告、新闻仍然有更新
延期兑付	1. 平台发布公告清盘，无法按正常出借期限还款，需延期偿还 2. 平台暂停发标，并发布展期、非正常还款等情况
网站关闭	平台网站打不开，网上没有该平台暂停业务的消息

来源：网贷之家研究中心

就上述问题而言，除跑路、经侦介入外，其他问题的恶性程度并不高。在其他问题中，延期兑付类型平台，所占比例最高，占比高达 32.62%。此类延期兑付，在很大程度上源于平台自担保。《民间借贷规定》第 21 条第 2 款规定："网络贷款平台……为贷款提供担保，出借人请求其承担担保责任的，人民法院应予支持。"因此，网贷机构违规提供增信等担保服务，并不影响此前担保合同的效力，如张某与亚菲帝诺公司（紫枫信贷）以及郭某瑞保证合同纠纷案[1]。随着网贷行业的日益规范化，暴雷、跑路等恶性退出的网贷平台会日益减少，普通解散或者破产清算的情况将成为普遍。

三、P2P 网贷平台退出程序及所涉主体

如前所述，P2P 网贷平台退出是一个涵盖范围广泛的术语，既包括业务转型、被收购，也包括解散（自愿或者行政强制解散）或者破产，除此之外，就是跑路或者经侦所导致的平台退出。就业务转型而言，广义上指平台所经营的业务在保留原信贷信息中介的前提下，增加一部分新型业务；狭义上讲是指平台业务彻底转向其他业务类型，如小额贷款等。两者都不是完全意义上的退出，因为其作为市场主体的资格依然存在，对于其作为网贷机构期间所形成的各种法律关系依然要承担相应责任。因此，业务转型不会导致平台公司市场主体资格的消失，也就不会进入清算程序。平台被收购，只是平台作为独立市场主体资格的丧失，其权利、义务由收购方继承，也不会发生清算。但如果是解散，不论是自愿解散还是行政强制解散都会产生清算；此外，如果平台公司不能清偿到期债务，且资不抵债或者明显缺乏偿债能力，在无法和解、重整的情况下，只能进行破产清算。因此，如果是因为平台跑路或者经侦导致平台解散，在民事程序上与解散清算并无不同，但是由于有刑事诉讼的存在，使得在法律责任的承担上有所不同。

本章重点关注网贷平台公司在清算中的各种主体以及法律关系，以及其中最应当得到充分重视的网贷债权人及其利益保护。对出借人的保护是否到位，是衡量网贷平台公司是否为良性退出的重要标准，各地退出指引也无一例外地强调出借人利益保护原则。从法律上讲，平台公司的退出所导致的法律后果与普通公司退出所出现的法律后果是一致的。如果是解散情况下，则要清点剩余财产，按照一定顺序对职工、国家、债权人等依次进行清偿，如果有剩余财产，最终按照实缴出资比例分配给股东。如果是破产清算，则在别除担保财产外，对破产财产按照《中华人民共和国企业破产法》（以下简称

---

[1] 参见南京市中级人民法院（2016）苏 01 民终 4852 号民事判决书。

《企业破产法》）规定的顺序支付破产费用、共益债务之后，按照职工、国家、债权人，以及股东的顺序进行清偿。

但是 P2P 网贷平台毕竟不同于普通公司，也就是说在 P2P 网贷平台运营过程中，涉及规模极其庞大的网贷债权人。就网贷合同而言，网贷债权人所对应的债务人是借入资金的一方，而不是平台。[1]当然，如果平台自身存在发假标及侵占、挪用等行为，平台对于网贷债权人构成侵权，网贷债权人的身份又多了一重：侵权行为之债的债权人。在 P2P 网贷资金实施商业银行存管且落实到位后，P2P 网贷平台已无法截留，除非发假标以在存管外归集网贷资金。但是，对于存管系统不完善，导致平台仍然可以直接划转归集的资金用于自身经营的，在债权无法实现的情况下，出借人可以侵占罪为由，针对平台的行为自行向法院提起诉讼。实际上，这已经与清偿顺序无关。但是，这毕竟属于特殊情况。在大多数情况下，网贷债权人只能要求借款人承担还款义务，而不能要求网贷平台承担还款义务。但是网贷平台毕竟不能等同于一般信息中介，面对数量极其庞大的网贷债权人、面对金额极其高的网贷金额、面对极其广泛的社会影响，P2P 网贷平台不应当向普通中介公司一样置身事外。作为纯粹私法法律关系的借贷关系，此时应当由法律强制介入，从而在一定程度上体现出社会本位的倾向。

尽管借款合同是在出借人与借款人之间签订的，即使 P2P 网贷平台退出也不会对借款合同的效力产生任何影响，但是因为 P2P 网贷平台居中促成交易，一旦平台退出就会导致债权人实现债权的可能性受到很大影响。从实践来看，平台一旦处于退出进程，则会出台清偿 P2P 网贷债权人债权的方案。但是，出借人数量庞大、遍布全国，结构复杂且诉求不一，网贷平台与出借人沟通成本高，平台常常难以获得出借人的信任。加之，出借人对平台的监督无法切实落实，平台推出的兑付方案可以肆意更改，导致良性退出沦为空谈。此外，如果 P2P 网贷平台仓促退出，未能提供有效的债务解决方案，或者债务解决方案不具有可行性，或者 P2P 网贷拒绝提供协助追偿的服务，这些都会严重影响债权人的利益。因此，在退出环节，应当特别强调 P2P 网贷平台对债权人所承担的义务，以确保债权的实现。对于网贷债权人，其利益

---

[1]《暂行办法》第二十四条第三款规定："网络借贷信息中介机构清算时，出借人与借款人的资金分别属于出借人与借款人，不属于网络借贷信息中介机构的财产，不列入清算财产。"

究竟应当如何保护？本章在考察各地互金协会颁布的指导性文件的基础上，探讨其合理与不足，并进一步提出完善建议。

四、我国 P2P 网贷平台退出相关文件的梳理与评析

（一）各地互联网金融协会颁布的退出指引

《暂行办法》原则性规定了 P2P 网贷平台的自行退出程序。第 8 条规定中介机构应当在终止业务前提前至少 10 个工作日，书面告知地方金融监管部门，并办理备案注销。第 24 条规定中介机构暂停、终止业务时，应当至少提前 10 个工作日向出借人与借款人公告，并通知出借人与借款人。同时还规定，即使业务已暂停或者终止，也不影响网贷合同当事人之间的权利义务。

2017 年 9 月，深圳市互联网金融协会发布《深圳市网络借贷信息中介机构业务退出指引》（征求意见稿）。这是我国首部专门规制 P2P 网贷平台自行退出的指导性文件。据不完全统计，目前已有一些省、市互联网金融协会发布了 P2P 网贷平台退出指引。尽管如此，尚未颁布此类指导性文件的省、市仍然占到全国 P2P 网贷平台所在省、市数量的 2/3。在已颁布的指导性文件中，深圳市互联网金融协会发布的退出指引被认为是最具代表性的一部。

表 10-2　各地 P2P 网贷平台退出指导文件（自行整理）

序号	颁布日期	实施地区	颁布机构	文件名称
1	2017.9.29	深圳市	深圳互联网金融协会	《深圳市网络借贷信息中介机构业务退出指引》（征求意见稿）
2	2017.11.24	济南市	济南互联网金融协会	《济南市网络借贷信息中介机构业务退出指引》（试行）
3	2018.7.25	杭州市	浙江互联网金融联合会、杭州互联网金融协会	《杭州市网络借贷信息中介机构业务退出指引》（试行）
4	2018.7.20	北京市	北京互联网金融行业协会	《北京市网络借贷信息中介机构业务退出指引》（草案）
5	2018.7.30	广州市	广州互联网金融协会	《广州市网络借贷信息中介机构业务退出指引》（试行）
6	2018.8.2	安徽省	安徽省互联网金融协会	《安徽省网络借贷退出指引》（试行）

续表

序号	颁布日期	实施地区	颁布机构	文件名称
7	2018.8.3	上海市	上海互联网金融行业协会	《上海市网络借贷信息中介机构业务退出指导意见》（试行）
8	2018.9.6	沈阳市	沈阳互联网金融行业协会	《沈阳市网络借贷信息中介机构业务退出指引》（试行）
9	2018.9.2	莆田市	涵江区互金整治办	《涵江区网络借贷等互联网金融机构良性退出工作方案》
10	2018.10.10	大连市	大连互联网金融协会	《大连市网络借贷信息中介机构业务退出指引》（试行）
11	2018.10.13	广东省	广东互联网金融协会	《广东省网络借贷信息中介机构业务退出指引》（试行）
12	2018.11.16	江西省	江西省互联网金融协会	《江西省网络借贷信息中介机构业务退出指引》（试行）
13	2019.3.27	深圳市	深圳互联网金融协会	《深圳市网络借贷信息中介机构良性退出指引》

（二）完善我国P2P网贷平台退出规范文件的建议

上述文件主要是由各地互金协会制定和发布的，值得注意的是，每份文件之后都标注了"试行"字样。首先，互联网金融协会发布的文件，只是对其成员具有一定的指引作用，而不具有实质约束力；其次，上述文件皆为试行，可见成熟度一般。考虑到实践中P2P网贷平台退出经验的积累需要逐步进行，因此"试行"也是无奈之举。一旦实践经验较为成熟，则不仅应当取消"试行"，还应当由地方政府出台具有约束力的地方政府规章，而不是由互金协会出台指导性文件。在条件更为成熟时，可以上升到银监会规章层面。这种对立法层级与步骤提出的建议，与我国P2P网贷平台监管体制密不可分。

20世纪90年代，我国将金融监管权上收中央，这种集中监管模式导致一些地区的金融资源被转移到发达地区，以支持其经济建设，不利于调动地方金融的自主性和积极性，导致地方金融长期处于萎靡状态。近年来，随着一些准金融机构，如小贷公司、融资担保公司、P2P网贷机构等机构的监管权被下放到地方，地方金融监管机构得到了一定程度的发展。

2016年的《暂行办法》对P2P网贷机构与网贷行为设计了中央与地方双层监管体系。具体而言，银监会负责网贷行为监管，省级地方政府负责网贷机构监管。2016 年 4 月 13 日，银监会印发《P2P 风险整治方案》对中央与地方在 P2P 网贷整治活动中的职责分工作出明确规定。按照《P2P 风险整治方案》，在中央层面设立"领导小组"，该小组由多部委代表组成。在领导小组中，银监会是组长单位，领导小组办公室也设在银监会。作为统筹单位，银监会负责规则制定、工作部署、划定红线等工作。在地方层面，省级政府负责本地区 P2P 网贷机构与业务的具体整治。具体而言，由省金融办与银监会的省级派出机构共同设立"网贷风险专项整治联合工作办公室"，联合其他地方部门，组织实施专项整治工作，建立风险事件应急制度和处置预案等。因此，从地方互金协会指导性文件到地方政府规章，进而上升至银监会层面的政府规章，是在我国金融监管集权兼分权的金融监管模式下的基本路径。

五、P2P 网贷平台退出网贷债权人的法律保护

（一）"自行催收"作为基本原则

从借贷合同角度出发，网贷债权人债权的实现，有赖于借款人如实履行义务。从法律上讲，即使平台退出，也不影响借款人的还款义务。但是一旦平台退出，可能导致网站或 APP 无法运行、平台难以继续提供资料以协助债权人等问题，进而影响债权人债权的实现。对此，首先应强调平台在退出时以及退出后应当持续提供网站还款板块运行服务，以确保债务人能够顺畅地履行义务。如果债务人拒绝履行还款义务，即使 P2P 网贷平台退出了，其董事、高管、控股股东，以及实际控制人，仍应负有协助出借人实现债权的义务。首先，确保还款渠道畅通，保持平台网站及 APP 的正常运营。其次，针对抵押借款，在借款人还清项目的同时，陪同或者委托他人陪同履行解除抵押的手续。最后，针对拖欠不还的"老赖"，按照 2018 年 8 月互金整治办下发的《关于报送 P2P 平台借款人逃废债信息的通知》进行报送，而且最终有可能接入央行征信系统。但是不论平台退出时还是退出后，债权人实现债权都属于自己的行为，P2P 网贷平台或者其董事、高管等只是承担协助或者辅助的角色。

各地退出指引大多规定出借人可以自行催收。但是在同一标的存在多个债权人的情况下，债权人参与催收并不构成其获得优先受偿权的条件。对此，可以考虑由网贷债权人组成自治组织，对债权偿还方式、时间、额度等在不违反法律规定的情况下进行自行约定。当然，即使是债权人自行催收，P2P

网贷平台也负有协助催收的义务。P2P 车贷平台"图腾贷"曾向出借人告知，如果出借人自行催收，平台可以协助提供资料，但后续平台将不再提供催收服务。[1]但是，平台收取了服务费或者在协议中承诺自己负有协助催收的义务，平台依然有义务为出借人提供后续的催收服务，这也是网贷平台存在的价值之一。当然，在催收与协助催收的过程中，平台与出借人需要保持充分、有效沟通，不能对借款人重复催收、重复诉讼等。

表 10-3　各地退出指引关于债权人自行催收的规定

颁布日期	文件名称	出借人自行催收的内容
2018.7.20	《北京市网络借贷信息中介机构业务退出指引（草案）》	出借人自愿采用自行催收的，网贷机构应及时将合同等资料提供给出借人，为出借人提供协助和支持
2018.8.3	《上海市网络借贷信息中介机构业务退出指导意见（试行）》	网贷机构处置存量项目时应根据存量项目的具体类别，采用多样化的处置方式，包括但不限于：自行清收或委托外部机构清收；根据出借人的授权出售存量项目；积极协助出借人自行催收（包括及时将借款合同、借款人信息等资料披露给出借人）
2018.10.13	《广东省网络借贷信息中介机构业务退出指引（试行）》	网贷机构可根据市场情况，采取多样化方式进行项目处置，最大限度提高债务清偿率，包括但不限于自行清收或委托外部机构清收；协助出借人自行催收（包括提供借款人信息等）；通过债权转让、债权托管等方式，取得资产管理公司等金融机构的流动性支持；协调出借人和借款人进行债转股；通过并购重组等方式筹措资金

如果债权人自行催收后仍无法获得清偿，债权人可以选择提起诉讼，但实践中此类救济权的实现非常困难。首先，明确被告身份和送达困难。尽管法律承认借贷双方所签订的电子合同的法律效力，但一些借款人虚构自身信息或者下落不明，债权人即使提起诉讼也难以确定被告，从而导致诉讼无法被受理；或者即使借款人姓名为真，但是不知其下落导致诉状等法律文书难

---

[1] 参见苏筱芮："怎样'死的体面'：P2P 网贷平台退出机制解析"，载 https://news.p2peye.com/article-529123-1.html，最后访问日期：2018 年 12 月 5 日。

以送达等；或者即使可以公告送达，也可以缺席判决，但是执行困难等。其次，债权人取证困难。根据合同相对性原则，只能由一方当事人依据合同向对方当事人提出请求或者提起诉讼。非合同关系的当事人、第三人不能依据借款合同向融资者提起诉讼。由债权人提起的诉讼，因其力量单薄，且收集证据不充分等原因，并不能有效保障债权人的合法权益。当然，债权人可以依据其与 P2P 网贷平台之间的居间合同，要求平台向其提供有关借款人、保证人的身份信息，以及相应的借款合同的证据材料，以便向管辖法院提起诉讼。最后，追偿和诉讼成本高。P2P 网贷一般采取一对多或者多对多的模式，每一个债权人都会对应多个债务人，而每一个债务人也会对应多个债权人，因此所涉出借人、借款人人数众多，但每笔金额都比较小，因此单一出借人如果打算维权，其成本可能较其本金还要高。此外，针对这种小额借贷纠纷，法院一般不予立案。据此可知，网贷债权人针对债务人的自行催收甚至诉讼，都可能难以使自己的债权得到实现。因此，在网贷直接债务人之外，可以考虑由其他相关主体承担特定的法律责任，以保障网贷债权人的利益。

（二）平台公司股东的法律责任

平台实际上是由公司所提供的互联网金融服务平台，平台的实质运营主体是公司。这家公司具有独立的法人资格，对债权人的责任都应当由公司承担，但是如果股东存在未出资、虚假出资等行为，按照《公司法》及司法解释的规定，应追究股东的出资违约责任和资本充实责任等；如果在股东的控制下公司丧失独立性，如股东侵占、挪用网贷债权人资金，则应揭开公司法人面纱，使股东与平台承担连带责任，换言之，P2P 网贷债权人转化为平台和平台股东的债权人。上述股东所涉及的法律责任中，比较特殊的有以下几种。

1. 特殊股东是否应当承担资金援助责任？

当前一些退出指引规定，对于具有国有企业、上市公司、集团背景的网贷机构，作为其股东的国有企业、上市公司、集团负有协助 P2P 网贷机构缩小不良贷款与待偿余额之间的差额，甚至提出其负有直接提供资金援助的义务。这种规定对于保障债权人利益而言具有一定合理性，但违反了公司法理和制度，模糊了股东与公司之间独立人格的边界。如果将这种义务理解为一种贷款义务，则违反了当事人之间意思自治这一民商事法律的基本原则；如果将这一义务理解为无偿注资或者无偿协助，则违反了股东有限责任制度以及公司法人人格独立。合理性与合法性之间的悖论引发了对后续立法的思考。作为处置 P2P 网贷平台突发风险时的临时性贷款处理措施可以保留，但是作为解决 P2P 网贷平台常态退出时的普遍措施并不可取，如果将其理解为无偿资金援助，更不可取，因为这将导致公司法理论的冲突以及法律体系内部要素之间的不协调。

表 10-4 特殊 P2P 网贷机构的股东的法律责任

实施地区	具体内容
深圳市	具有国有企业、上市公司、集团等背景的网贷机构，应由国有企业、上市公司、集团等提供合理范围内的资金援助，协助网贷机构尽量缩小不良贷款与代偿余额之间的差额
浙江省	具有国有企业、上市公司、集团等背景的网贷机构，应由国有企业、上市公司、集团等提供合理范围内的资金援助，协助平台尽量缩小不良贷款与代偿余额之间的差额
安徽省	1. 具有国有企业、上市公司、集团等背景的网贷机构，应由国有企业、上市公司、集团等提供合理范围内的资金援助，协助网贷机构尽量缩小不良贷款与代偿余额之间的差额 2. 对于平台股东出资不足或出资不实的，或者股东、高管等侵害公司或投资人利益的，按公司法及司法解释和相关法律办理
济南市	对于具有集团等特殊背景的网贷机构，集团可为机构退出提供帮助
大连市	1. 具有集团公司背景机构的股东，应对旗下机构项目处置提供帮助，必要时直接提供资金帮助 2. 部分股东认缴资本不到位的，在非法经营过程中不当得利的，应实缴到位，返还不当得利
广东省	1. 网贷机构的股东违反法律法规规定，应承担相应的责任。具有集团公司背景的股东，应对旗下网贷机构项目处置提供帮助，必要时可直接提供资金帮助，以降低网贷机构在退出过程中可能出现的严重流动性风险 2. 股东认缴资本不到位的，在非法经营过程中不当得利的，应实缴到位，返还不当得利

2. 股东涉嫌非法集资罪的法律责任

如果 P2P 网贷平台涉集资诈骗等犯罪，则由普通民事侵权转变为刑事犯罪，P2P网贷债权人转变为刑事案件的受害人。《关于办理非法集资刑事案件若干问题的意见》规定，查封、扣押、冻结的涉案财物，一般应在诉讼终结后返还集资参与人。一般优先于其他民事债务以及罚金、没收财产的执行；对集资参与人提起附带民事诉讼等请求不予受理。《关于刑事附带民事诉讼范围问题的规定》（最高人民法院于2000年发布）（已失效）第5条规定："犯罪分子非法占有、处置被害人财产而使其遭受物质损失的，人民法院应当依法予以追缴或者责令退赔。……经过追缴或者退赔仍不能弥补损失，被害人……另行提起民事诉讼的，人民法院可以受理。"〔1〕

财物受损，只能由人民法院予以追缴或者责令退赔，在仍然不能弥补损失的情况下，被害人才可以另行提起民事诉讼。按照这一规定，省却了被害人提起附带民事诉讼的麻烦，却将被害人置于被动地位。即使刑事判决书中明确了追缴或者退赔，被害人是否能够据此申请法院强制执行，仍存在很大争议。法院是否应当主动强制执行"刑事追缴退赔判决"？当前规范性文件并无明确规定。对此，《关于财产刑执行问题的若干规定》（最高人民法院2010年发布）（已失效）第2条规定，一审法院应在本院作出的刑事裁判生效后，或者收到上级法院生效的刑事裁判后，对有关财产刑执行的法律文书予以立案执行。据此，一审法院应当依职权对追缴退赔内容立案执行。但是，被害人能否申请执行？按照最高人民法院1998年发布的《关于人民法院执行工作若干问题的规定（试行）》（以下简称《执行规定》），此类刑事判决未被纳入可申请执行的法律文书。《中华人民共和国民事诉讼法》（以下简称《民事诉讼法》）第224条第1款规定，发生法律效力的民事裁判，以及刑事裁判中的财产部分，由一审法院或者与一审法院同级的被执行的财产所在地法院执行。可以说，《执行规定》未将其纳入可据申请执行的依据属于立法漏洞。如果法院不强制执行，又不允许被害人申请强制执行，将不利于被害人权利保护。对此，尽管无法赋予被害人直接提起民事诉讼的权利，但是在执行刑事判决上，建议赋予被害人申请强制执行的权利。

---

〔1〕 1998年7月13日国务院颁布的《非法金融机构和非法金融业务活动取缔办法》（已失效）第十八条规定："因参与非法金融业务活动受到的损失，由参与者自行承担。"但是，这种"参与者"应当理解为明知是非法金融活动仍参与的主体，P2P网贷平台债权人不应当被视为此类主体。

3. P2P 网贷平台非法经营，股东对债权人的法律责任

广东、江西、济南等地的退出指引规定 P2P 网贷机构的股东应承担"退还不当得利"的责任。如江西退出指引第 15 条规定，股东认缴资本不到位的，应实缴到位；在非法经营过程中不当得利的，应返还不当得利。所谓不当得利，可以理解为平台进行非法经营后股东获取的分红，此类收益被视为股东的"不当得利"，作为股东承担相应法律责任的财产。

需要注意的是，非法经营与集资诈骗从性质上来讲是不同的。非法经营行为人是以不合法"经营活动"来获利，而并不是以非法占有经营所获得的财物为目的；集资诈骗则要求行为人以非法占有他人财物为目的。所以，前者涉及的是民事责任或者行政责任；而后者则涉及刑事责任。在两者的追责途径上也不同，前者是通过民事救济途径来直接追责；而后者则是通过刑事诉讼来间接保障自身权利。换言之，非法集资的受害人是无法直接提起民事诉讼的。[1]

(三) 第三方专业机构的法律责任

第三方专业机构，主要包括会计师事务所、律师事务所、资产评估机构、资产处置机构等。根据《公司法》第 207 条第 1 款的规定，如果第三方机构在对抵押财产进行虚假评估的情况下，则应当对债权人承担损害赔偿责任。但是首先需要注意的是，这是一种补充性的责任，也就是只有在真正的债务人没有办法清偿的情况下才由其承担责任；其次，这是一种有限责任，也就是只在其虚假评估的金额范围内承担责任；再其次，这是一种过错责任，也就是只有在其存在过错的情况下才需要承担责任；最后，在债权人要求第三方机构承担责任的时候，债权人不需要证明第三方机构主观上存在过错，这种证明责任由第三方机构承担，换言之，实行举证责任倒置。

六、结语

从 P2P 网贷平台的发展趋势来看，除严格合规经营的网贷平台可以继续

---

[1] 2014 年 3 月 25 日，最高人民法院、最高人民检察院和公安部联合颁布的《关于办理非法集资刑事案件适用法律若干问题的意见》"七、关于涉及民事案件的处理问题"规定，对于公安机关、人民检察院、人民法院正在侦查、起诉、审理的非法集资刑事案件，有关单位或者个人就同一事实向人民法院提起民事诉讼或者申请执行涉案财物的，人民法院应当不予受理，并将有关材料移送公安机关或者检察机关。

经营外，其他平台都将逐渐进行业务转型甚至退出。在此趋势下，适时研究 P2P 网贷平台退出机制，包括条件、程序，以及其间各方主体尤其是债权人利益保护，是健全 P2P 网贷平台监管的核心环节。就债权人利益保护而言，在充分保障债权人自行救济权的基础上，同时强调其他主体对债权人的法律责任，从而形成相对立体的保护框架。

第三部分

互联网金融平台专题研究

第一章
互联网商业保理平台实践中的问题及对策

交易是市场中最常见的现象,交易得以顺利完成则是最理想的状态。但如果一方到期无法或延迟收回应收账款,交易效率和安全必然受到影响。商业保理缓解甚至解决了企业应收账款不断累积,回收期限不断增长等困扰企业的难题。在互联网技术的支持下,传统商业保理融入互联网便捷、迅速、受众面广等特质,为债权人债权变现提供了更为广阔的空间。本章研究了我国互联网商业保理实践中的三种模式,针对其中常见的诸如保理业务合法性边界、应收账款真实性、投资者权益保护等问题,在比较域外成熟经验的基础上,提出法律建议。

一、商业保理的诞生、发展与现状

"互联网+"顺应时代脉搏,助力实体经济。在互联网技术日新月异的当下,诸如零售、信贷等行业均呈现较以往迥异且更具活力的业态特征。传统保理业务也顺应互联网技术的发展,诞生了互联网商业保理业务,为债权人债权变现提供了更快捷、更广阔的空间,也为投资人提供了更多投资机会。作为居中促成交易的互联网平台,无疑起到了极其重要的作用。

17世纪至18世纪英国工业革命时期,保理作为一种供应链融资模式得以诞生。1987年,中国银行与德国的"贴现与贷款公司"签订国际保理总协议,这标志着我国开始出现商业保理这一融资模式。自2013年以来,我国商业保理业务获得极大发展。据统计,截至2018年12月31日,全国已注册商业保理法人企业及分公司共计11 541家,注册资金累计超过8030亿元。据测算,全年商业保理业务量达到1.2万亿人民币,较2017年增长了

20%。[1]

在"现金为王"的市场经济中,中小企业不仅要提供高质量的商品或服务,还经常需要向客户提供赊销服务。赊销虽然可以吸引客户,扩大销路并提高企业利润,但也会导致企业应收账款不断增加,现金流压力持续加大。金融监管机构为盘活中小企业应收账款,颁布实施一系列规范性文件,如中国人民银行《应收账款质押登记办法》(2007年10月实施)和《中国人民银行征信中心应收账款质押登记操作规则》(2007年10月实施)。商业保理与互联网有机结合,互联网商业保理成为缓解中小企业资金紧缺的重要途径。同时,互联网商业保理也扩展了互联网经济的内涵,使得在互联网支付、借贷、众筹之后,互联网经济中又诞生了商业保理业务模式。

创新意味着实践变化迅速。在宏观监管未能作出及时反应的情况下,仅凭借地方所发布的规范性文件进行管理将不可避免地出现标准各异、措施不同等问题。在缺乏统一监管的情况下,实践中凸显的问题非常多,如信用机制欠缺、应收账款真实性存疑,以及投资者保护不利等。这些问题已成为制约我国互联网商业保理发展的障碍。

二、我国互联网商业保理的涵义与性质

(一)商业保理与商业保理合同

在明确互联网商业保理的涵义之前,需要首先明确其上位概念,即商业保理。对于商业保理,我国现行规范性文件并未作出规定。2018年4月16日中国服务贸易协会发布的《商业保理术语:基本术语》第2.1对商业保理作出了较为全面的界定,商业保理业务(commercial factoring)是指商业保理商受让应收账款的全部或部分权利及权益,并向债权人提供应收账款融资、应收账款管理、应收账款催收、债务人付款保证中至少两项业务的经营活动。[2]

对于商业保理,适用《民法通则》《民法总则》《合同法》《物权法》等一般规范性文件[3],同时也适用专门规范性文件。对于商业保理运作中最根

---

[1] "权威!《中国商业保理行业发展报告(2018)》正式发布",载 http://www.sohu.com/a/309117444_100014524,最后访问日期:2019年5月20日。

[2] 参见中国服务贸易协会:《商业保理术语:基本术语》(2018年4月12日发布)第2.1。

[3] 《民法典》于2020年5月28日,十三届全国人大三次会议表决通过,并于2021年1月1日起施行。自《民法典》实施后,《民法通则》《民法总则》《合同法》《物权法》等法律同时废止。

本的保理合同，我国《合同法》未作明文规定，其本身属于无名合同，但是《合同法》第 79 条 "债权人可以将合同的权利全部或者部分转让给第三人" 可以适用于商业保理业务。

从性质上讲，商业保理涉及三方主体、两个合同。2015 年 12 月 24 日，最高人民法院发布《关于当前商事审判工作中的若干具体问题》对案件受理、基础法律关系，以及保理法律关系作出规定。（1）对于保理合同的案由，强调保理成立的前提条件是债权人与债务人之间存在基础合同关系，而保理关系的核心则是债权人与保理商之间的应收账款债权转让。（2）对于当事人之间的权利义务，应当以当事人约定以及《合同法》有关债权转让的规定为依据。债务人在收到债权转让通知后，应当按照通知的要求支付应收账款。[1] 对于债权转让而言，《合同法》第 79 条第 2 项规定，对于约定不得转让的债权，债权人不得将合同权利转让给第三人，但如果第三人是善意的，则不可对抗善意第三人。换言之，如果第三人非善意，则转让无效。但是，在保理法律关系中，如果保理商明知基础合同约定债权不得转让仍然受让债权，尽管保理合同有效，但是保理商不得以保理合同有效为依据向基础合同债务人主张债权，债务人仍可以提出抗辩。（3）对于保理合同与基础合同之间的关系，债务人依据基础合同所享有的抵销权及抗辩权可以对抗保理商，但保理商与债务人另有约定的除外。[2]

《中华人民共和国民法典》合同编保理合同章对保理合同作出了较为详尽的规定，包括保理合同的内容和形式、价款支付、应收账款所有权转让的效力等具体事项。

（二）互联网商业保理的涵义

互联网商业保理，首先涉及基础交易合同。基础交易合同中的卖方享有应收账款。为及时获得融资，卖方会将自己的应收账款所对应的债权转让给保理公司，保理公司对该笔应收账的信息进行审查、核实，然后决定是否受让该笔应收账款，在受让之后将该笔已受让的应收账款信息在互联网平台予以发布，有意向的投资人经过考察可以决定购买，此后该笔应收账款集中或

---

[1] 参见杨临萍："最高法关于当前商事审判工作中的若干具体问题"，载 http://www.sohu.com/a/82397617_365918，最后访问日期：2018 年 10 月 24 日。

[2] 参见李良峰："应收账款转让未通知债务人情形下保理合同案件的裁判思路"，载《人民司法（案例）》2016 年第 32 期。

者分散地转让给平台上的投资者。此外，商业保理公司还可以与平台上的投资者约定一个回购条款，也就是在一定期限后，保理公司从投资者手中回购该债权，并给予投资者一定回报。

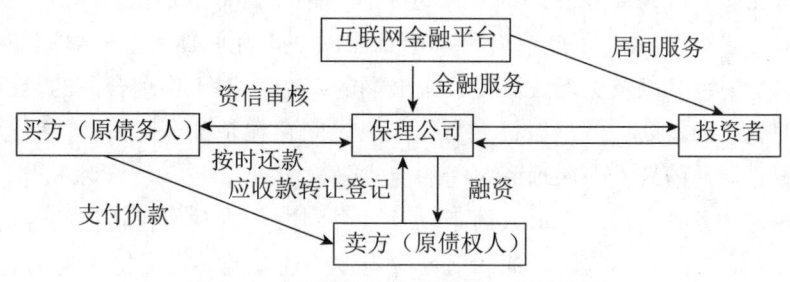

图 1-1 互联网保理理财业务一般模式图

互联网商业保理作为互联网金融家族的重要一员，为企业应收账款囤积问题提供了有效解决路径，也为广大中小企业或者个人提供了现实、高效的融资途径。我国互联网商业保理最初通过 B2B 平台进行。起初，只有在 B2B 平台进行交易的双方才能在 B2B 平台上进行保理融资。由于 B2B 平台上的交易主体数量极为有限，加之平台外的投资人与债权人数量不断攀升，B2B 平台逐渐向平台之外的投融资主体开放商业保理业务。由于 B2B 平台互联网商业保理模式不断取得成功，P2P 平台也开始试水互联网商业保理业务。随着我国经济增速相对放缓，企业应收账款累计增加，债权人的债权变现需求日益强烈，专门从事互联网应收账款融资服务的平台得以诞生。2013 年 12 月 31 日，中征应收账款融资服务平台上线试运行。[1]

我国没有专门针对互联网商业保理颁布规范性文件，有关商业保理的规范性文件同样适用于互联网商业保理。但是，互联网线上交易所具有的诸多特征导致直接适用现有规范性文件存在不足。由于缺乏统一的平台业务准入标准和行业规范，平台素质参差不齐。平台对应收账款的真实性审核不力，对后续融资活动管理不严，极易侵害投资人利益。对此，应基于互联网商业保理的特性，针对实践中的突出问题，在形成体系化思考的前提下，形成有效对策。

---

[1] 中国人民银行征信中心牵头组织并由下属子公司中征（天津）动产融资登记服务有限责任公司建设运营，旨在促进应收账款融资的信息服务。

三、我国互联网商业保理平台的类型及运营模式

（一）B2B 互联网商业保理平台及其运营模式

在 B2B 电子商务平台业务模式下，搭建 B2B 电子商务平台的电子商务公司向基础交易合同中的卖方，即资金需求方，提供融资服务。在这种模式下，电子商务公司直接提供融资服务，考虑到交易双方都是在平台上从事交易的主体，因此不要求卖方提供自身信用信息，也不要求其提供担保。由于电子商务公司直接向卖方支付资金，使得此类保理业务能够迅速完成。但是这种模式的问题也比较明显。电子商务平台为应对激烈的市场竞争，对商家的准入标准没有设定严格限制，导致平台上商家的质量参差不齐，加大了投资者在平台上进行融资交易的风险。近年来，还有很多电商平台为了扩大交易规模，将此类交易对外部交易主体开放。如 2013 年 12 月 6 日京东推出 "京宝贝" 三分钟融资到账业务。该业务仅仅针对京东供应商，不过后续可能会拓展到其他开放平台卖家。

（二）P2P 网贷平台及其商业保理运营模式

许多 P2P 网贷平台最初仅提供单纯借贷中介服务，但这种服务模式不可能使自身在众多 P2P 平台中脱颖而出。在激烈的市场竞争下，P2P 网贷平台不得不谋求创新，"P2P 网贷平台+商业保理" 模式应运而生。具体模式包括两种，分别阐释如下：

第一，商业保理公司直接参与交易的模式。在这一模式下，P2P 网贷平台与保理公司签订合作协议，此外，保理公司还可以将自己与应收账款债权人之间的回购协议和担保等一并转让给投资者。《暂行办法》第 2 条规定，网贷机构只能从事中介业务。《暂行办法》第 10 条第 8 项规定，网贷机构不得开展类资产证券化业务或实现以打包资产、证券化资产、信托资产、基金份额等形式的债权转让行为。2017 年北京监管部门下发的《事实认定及整改通知书》规定，P2P 公司 "对接保理公司" 资产系《暂行办法》第 10 条第 8 项所列举的行为。据此，"P2P+保理" 不符合网贷监管办法，存在被取缔的风险。除前述 "P2P+保理" 外，保理公司还将保理资产通过金交所挂牌，再通过 P2P 网贷平台进行交易。这一行为涉嫌违反《暂行办法》第 10 条第 7 项："P2P 网贷平台不得代销银行理财、券商资管、基金、保险或信托产品等金融产品"。北京监管部门下发的《事实认定及整改通知书》规定，P2P 资产端对

接金融交易所产品系《暂行办法》第 10 条第 8 项所列举的行为。

第二，不直接参与交易的模式。在这一模式下，商业保理公司发挥的作用更像是居间人，只承担推荐职能。商业保理公司将债权信息推荐给平台，为债权人提供或者争取债权变现的机会，作为回报，商业保理公司会收取一定费用。最终，债权转让交易是在应收账款债权人与平台上的投资者之间直接达成的。同时，投资者还可以要求应收账款债权人提供相应的担保或者与自己签订债权回购协议。当然，平台也可以要求进行推荐的商业保理公司提供担保或者承诺回购。这一模式实质上等同于 P2P 网贷的债权让与模式。不过，按照《暂行办法》的监管思路，P2P 网贷平台的债权转让类产品的生存空间已被严重压缩，合规的仅仅是 P2P 平台提供的不涉及用户资金的纯信息中介的债权让与模式。

（三） 互联网应收账款交易平台及其运营模式

如前所述，中征应收账款融资服务平台已运行近六年。[1]具体运作模式是：基础交易中的债权人将应收账款转让给保理商，之后保理商需要对应收账款进行查验，如果查验合格，则再对其进行分拆或者组合，并将应收账款集中或者单个在互联网应收账款交易平台交易。应收账款的债权人也可以自行将应收账款提交平台交易。保理商还可以作为投资者，与应收账款债权人、出售应收账款的其他保理商交易。

互联网应收账款交易平台主要从事两种业务。一是传统保理业务。平台为交易双方提供注册、上传信息和确认应收账款等服务。在双方上传信息后，平台将该笔应收账款视为真实有效，平台就可以进行交易信息的传递，在其撮合下，应收账款债权人与平台上投资者达成合意并交易。平台还会向交易双方提供应收账款的转让通知和质押登记信息。二是反向保理业务。如果基础交易中的买方是信用等级较高的大型企业，如国有企业，则可以承诺在未来某一时间向平台上的投资者回购该笔应收账款。这种做法可以在很大程度上帮助那些与大型企业存在交易的中小企业获得融资。

不论是哪种类型的互联网商业保理平台，从性质上讲依然属于信息中介。平台的权利、义务与责任，运营模式等都非常相似，实践中所出现的问题也

---

[1] 参见中征应收账款融资服务平台：http://www.crcrfsp.com/，最后访问日期：2018 年 2 月 18 日。

具有共性。因此，在对问题与对策进行探讨时，将三种平台进行了一体化考虑。

四、我国互联网商业保理平台实践中的问题及对策

（一）互联网商业保理平台的职能欠缺及对策建议

我国互联网保理平台为信息中介，如果当事人违约，平台只能追究或者协助追究违约责任。平台权利的有限性对于保理业务的展开是很不利的。对此，可以参考美国最大应收账款交易平台 TRE 的做法，在严格限定平台资质的情况下，在一定程度上赋予平台协同监管的权力。

美国路易斯安那州《应收账款交易法》和美国《统一商法典》均将"应收账款交易平台"（The Receivable Exchange，TRE）[1]定性为具有监管权力的融资信息中介。TRE 的交易特色及竞争优势在于，为保障交易安全，其对挂牌拍卖的卖家和进行投资的买家都设定了资质要求。其中，对卖家的要求是：卖家必须是在美国注册的企业，且经营 2 年以上、年营业额超过五百万美元，持有企业对企业（B2B）或者企业对政府（B2G）的应收账单；买家必须是"可信的投资者"。在 TRE 交易成功后，最快 24 小时资金就可以到账，因此 TRE 对于卖家而言颇具竞争力。[2]然而，尽管平台对卖方资质设定了条件，但是在企业财务不规范的情况下，其提交的财务资料的准确性和真实性都难以得到保证。此外，TRE 只是一个交易平台，其本身并不对违约行为承担责任，卖方也不会向买方提供任何直接担保，这大大增加了欺诈和违约风险。为提高交易安全性，TRE 采取了一些措施，如平台对买卖双方的基本情况要尽职调查；交易的应收账款账单需要按照美国商法进行 UCC 备案；平台就卖方与付款人之间的应收账款真实性进行调查；平台负责融资交易资金保管；平台雇佣专业欺诈调查专家进行侦查是否有潜在欺诈。[3]特别是，根据路易斯安那州法律，TRE 还享有一定的监管执法权。如果交易双方约定了回购条款，应收账款债权人应当依照约定回购却拒绝回购，那么在这种情况

---

[1] 该平台在美国路易斯安那州注册。
[2] 参见李耀东："TRE：美国最大的 P2P 应收账款交易市场"，载 http://www.01caijing.com/html/zl/1446_2292.html，最后访问日期：2018 年 5 月 18 日。
[3] 参见杨东伟、吴泠："境外互联网应收账款融资比较研究"，载《经贸实践》2017 年第 5 期。

下，TRE有权将这一行为认定为销售，将投资者视为消费者，相应地要求应收账款债权人回购应收账款，并对其违约行为进行处罚。

长期以来，我国为鼓励互联网金融的发展，对平台准入设定了较低的门槛，导致平台素质参差不齐。显然，在这种情况下赋予平台处罚职能是不负责任的。不过，如果提高互联网商业保理平台的准入门槛，并且在其不断经过市场优胜劣汰的洗礼后，可以考虑赋予其交易场所的准监管职能，对违法、违规行为享有一定的处罚权。

（二）互联网保理交易中的信用问题及对策

互联网商业保理交易中，一个至关重要的问题就是对应收账款债权人和债务人信用的考察。目前，平台能够获得的相关主体的信用信息，主要来源于互联网使用痕迹，并通过大数据、云计算等技术手段进行分析并得出报告。但是，平台在进行信息收集、处理和运用时，可能会侵犯相关主体的信息权。《征信业管理条例》第13条规定，"采集个人信息应当经信息主体本人同意"。但是实践中，不少网络平台并没有获得客户同意就采集、加工、处理并提供给征信机构，显然不符合规范性文件规定。此外，《征信业管理条例》第15条规定，"信息提供者向征信机构提供个人的不良信息，应当事先告知信息主体本人"，而实践中，一些互联网金融平台在相关主体不知情的情况下记录其不良信息，自建"不良信息数据库"并提供给征信机构、其他交易平台以及平台上的交易对手使用。上述行为都涉嫌违反《征信业管理条例》规定。

在不侵犯个人信息权和隐私权的前提下，为保障相关主体能够及时获得真实有效的信息，美国制定了一系列有关征信活动的专门规范性文件。其中，《公平信用报告法》（1971年生效、此后经过1996年、2002年、2003年、2011年四次修改）和《平等信用机会法》（1975年生效）是TRE获得、处理和使用信用信息的主要法律依据。总体而言，为提高社会信用水平，美国将法律规制的重心置于如何更有效地获取、处理并使用信用信息上。至于个人信息权或者隐私权，则被置于第二位。这种立法和实践模式为我国互联网商业保理的信用信息采集提供了可资借鉴的范例。

根据我国《征信业管理条例》第28条规定，只有从事信贷业务的金融机构才可以接入央行征信系统。作为信用中介的保理平台及其投资人并没有受到严格限制，平台及投资者的准入门槛较低，且其业务本质上属于普惠金融，由其向央行报送征信信息仍然存在问题。因此，尽管我国商业保理企业和互联网交易平台首选考虑接入的系统是金融信用信息基础数据库,但在当前保理平台良莠不齐的情况下,盲目接入系统必然会造成混乱。变通做法是:由央行主导设立专门数据库,该数据库由互联网保理平台报送信用信息并可以查询该数据库信息。正如一些创业型企业或者中小企业无法在主板上市,则可以单独开设二板、创业板甚至新三板,为其提供具有针对性的、符合其自身特质的服务。

(三) 应收账款真实性问题及对策

当前规范性文件未对互联网商业保理平台的业务种类和流程作出明确规定,导致互联网商业保理平台提供的服务模式各异,流程或复杂或简单。在应收账款债权人向平台提交并上传应收账款信息后,互联网商业保理平台据此认定债权真实有效,权属上不存在瑕疵。即使是作为我国最大的互联网商业保理平台的中征应收账款融资服务平台,也不过是对注册用户身份信息的真实性进行核实,而对于其信用等级、应收账款真实性以及权属真实性等则并不进行审查,导致实践中对应收账款真实性以及权属发生争议的情况频发。实践中,债权人为获得融资而将禁止转让的应收账款进行转让,导致的结果就是实践中频繁出现将同一笔应收账款重复转让、质押的情况,甚至还会出现伪造应收账款以获得融资的欺诈行为。如此一来,平台上的投资者不得不承担巨大的风险。

美国 TRE 会主动调查应收账款的真实性,并联系最终付款人并考察其支付能力。尽管 TRE 不是派专门人员进行线下调查,而只是调查应收账款债权人的信用,并制作相应的信用报告,然后再将债权人的信息以及应收账款信息上传到平台,供投资者查阅、评估,以保障投资者能够作出客观、理性的判断。墨西哥国家金融开发银行(National Financiera,NAFIN)下设的互联网平台,也会委派专门人员对应收账款的真实性进行审核,将符合审核标准的应收账款信息向上游企业发送,如果其确认信息真实无误,融资就可以进行了。

美国 TRE 与墨西哥 NAFIN 所承担的事前审查义务,对我国互联网商业保理业务具有启示。首先,应当通过法律明确规定商业保理"诚信条款",并要求相关主体在合同中,如平台与企业之间的合作协议、商业保理合同等。此外,还应当对"诚信条款"的内涵进行明确。其次,应当通过法律明确规定互联网商业保理平台在接收应收账款时,必须对融资交易双方的信用信息、应收账款信息等进行审查，而不只是简单地对应收账款交易双方的身份信息进行确认。最后，平台还应委派专门人员根据应收账款债权人的信用信息制作信用报告，提供给平台上的投资者查阅，由其决定是否进行交易。

（四）应收账款权属确认问题及对策

我国法律对"应收账款转让"与"应收账款质押"规定了不同的生效要件，导致实践中对应收账款的权属确认存在一定困难。《合同法》第 80 条规定，如果债权转让未通知债务人，那么该债权转让并不能约束债务人。可见，"应收账款的转让"以通知债务人为生效要件。《物权法》第 228 条第 1 款规定，"以应收账款出质的……质权自信贷征信机构办理出质登记时设立"。据此，"应收账款质押"是以登记为生效要件，而不以通知债务人为设立要件。法律对应收账款转让的达成与应收账款质押的公示方式作出了不同规定，导致实践中极易出现重复转让、先出质后转让，或者先转让后出质等问题。对此，关键的一点就是应核查、确认应收账款权属状况，从而保障应收账款的真实性。

为健全应收账款质押登记制度，中国人民银行于 2007 年 9 月颁布《应收账款质押登记办法》，规定由其征信中心建立"动产融资统一登记平台"。但是，征信中心本身属于征信机构，其对动产质押登记的管理也仅限于对登记事项的完整性、合规性等进行形式审查，而对于质押登记的真实性、合法性并不进行审查。如果商业银行在办理应收账款质押业务时未能对交易的真实性进行严格审核，在基础交易合同出现《合同法》第 52 条所规定的合同无效情形的情况下，或者买卖双方存在虚构交易、伪造合同的情况下，登记的质权也必然无效。即使在中国人民银行征信中心进行了登记，应收账款仍然可能存在瑕疵。[1]

为解决上述问题，可以采取一系列对策。第一，建立应收账款转让登记系统。相关主体应当将应收账款的权属变化及时提交该系统，避免产生应收账款权属争议。第二，应当强调平台在融资过程中有义务及时办理质押登记。对此，《天津市商业保理业试点管理办法》第 14 条有类似规定，平台应及时在应收账款质押登记公示系统办理登记，该规定可以作为后续更高层次立法

---

[1] 参见周远祎："论应收账款融资业务的法律问题"，载 http://www.sohu.com/a/219461447_481798，最后访问日期：2018 年 10 月 15 日。

的参考。第三，应建立"设质通知"制度。基础合同的债务人在接到来自出质人或者质权人的设质通知后，不得向通知所指定的账户之外的其他账户进行支付，即使支付，也不得以此为由向质权人主张其债务已经消灭。第四，平台有义务要求应收账款债权人、平台上的投资者在进行交易之前，进入央行征信中心"应收账款质押登记公示系统"进行查询、核对，以确定应收账款的权属真实性。简言之，平台负有提醒注意的义务，当事人负有查询的义务。第五，实现应收账款转让和质押系统的共享，以实现对应收账款权属信息的统一查询，避免因转让生效与出质设立公示方式的不一致而导致将已处分的应收账款用于再融资。

（五）互联网商业保理平台投资者保护不足及对策

由于我国投资者可投项目有限，加之互联网商业保理业务投资准入门槛低，回报率高，众多投资者进入互联网商业保理业务。但是，投资者能否被认定为消费者，尤其是金融消费者，是存在争议的。《中华人民共和国消费者权益保护法》（以下简称《消费者权益保护法》）规定，消费者是为个人生活需要而购买、使用商品或者接受服务的个人。在互联网保理业务中，平台提供此类服务，而投资人接受了此类服务，应属于消费者。当然，如果是企业，则不能被视为消费者。十部门联合颁布之《指导意见》的重要意义就在于其在第十六部分"消费者权益保护"中首次提出"互联网金融消费者权益保护"的概念，并原则性地提出了保护重点，如消费者教育、信息披露等。2016 年 12 月 14 日中国人民银行颁布的《金融消费者权益保护实施办法》第 2 条强调，金融消费者是指购买、使用金融机构提供的金融产品和服务的自然人；金融机构包括银行业金融机构、其他金融机构和非银行支付机构。

我国三种互联网商业保理平台性质上属于信息中介，不属于金融机构，平台上投资者只能被认定为普通消费者。但是，在金融创新不断融入互联网因素的情况下，对术语的理解应当是开放性的。从本质上讲，对金融消费者的界定应当从"金融活动"入手，即应理解为在"金融活动"中购买、使用金融产品或者接受金融服务的自然人。因此，只要承认互联网商业保理具有"金融服务"的本质属性，就可以据此将"互联网保理投资者"纳入"金融消费者"的范畴，继而要求平台履行相关义务，同时强化金融消费者相关权利。

对此，可以从以下方面加强对投资者的保护。一是通过立法明确互联网商业保理平台投资者金融消费者的身份。二是明确应收账款交易平台、应收账款债权人、商业保理公司与平台上投资者在发生争议时的责任承担机制。三是赋予符合条件的平台以一定的执法监督权。四是建立实时信息披露机制，平台负有对用户信息进行分类收集、整理，再进行分类披露的义务。对于存在重大违约或者严重失信的当事人，应将其信息向平台全体用户进行披露；对于非重大违约或非严重失信的当事人，只将其信息向与该交易有关的用户进行披露。五是提高平台上投资者的风险意识，使其能够事先了解交易流程和交易风险。在其进行每一步交易之前都对其进行风险提示，并向其说明保存电子单据或实物单据的重要性。

五、结语

金融创新带来了经济活力，但在监管缺失的情况下，极易导致风险累积。目前，我国许多互联网平台都已经开始尝试商业保理业务，但由于缺乏有效监管，导致平台诚信度差异大、业务水平参差不齐，保理实践问题频发。对此，应立足我国实际，从平台准入、业务流程、权利义务等方面加强互联网商业保理平台建设，并从征信制度、债权真实性确认、投资人保护等方面完善互联网商业保理制度。在实践不断拓展、法律制度不断健全的情况下，互联网商业保理平台能够为投融资双方提供更有效的信息服务。

第二章

我国"互联网非公开股权融资"平台的法律监管[1]

"互联网股权融资"(广义上的"股权众筹")作为互联网金融的重要组成部分,显著降低了中小企业融资成本,为大众投资开辟了新型渠道。我国将"互联网股权融资"分为"互联网非公开股权融资"和"互联网公开小额股权融资"(狭义上的"股权众筹")两类。本章以"互联网非公开股权融资平台"为研究对象,对我国现行监管规则进行梳理与评判,指出当前存在的诸如对平台管理标准与业务范围等未作规定、投资者门槛设定过高、领投人资质未作特别规定等问题,并提出相应的完善建议。

一、股权众筹的诞生与发展

2008年,作为金融衍生产品的次级贷款所引发的金融系统危机波及全球,全球银行的惜贷导致了中小企业融资难的问题。融资门槛低、效率高的股权众筹[2]应运而生,并迅速获得市场认同。2009年世界上第一家综合性网络众筹平台Kickstarter在美国成立。[3]2011年,全球第一家股权众筹平台Crowdcube在英国成立,此后全球范围内股权众筹平台不断涌现。其中,最具代表性的是美国的WeFunder、Angelist和法国的WiSeed等。从地区分布看,北美拥有最大的众筹市场,亚洲比欧洲略胜一筹。[4]从平台数量看,全球活跃的众筹网站近3000个,覆盖超过90%以上的国家,美国活跃的众筹平台数

---

[1] 本章主要采用此前发表的论文。赵玲、郑媛:"我国股权众筹的法律监管及其完善",载《贸大法律评论》2017年第00期。

[2] 广义上的"股权众筹"既包括"互联网公开股权融资",也包括"非公开股权融资"。在我国规范性文件下,对"股权众筹"采取狭义理解,指"互联网小额公开股权融资"。

[3] 参见辛欣:"境外股权众筹的发展与监管简述",载《清华金融评论》2015年第3期。

[4] 参见辛欣:"境外股权众筹的发展现状及其监管启示",载《互联网金融法律评论》2015年第1期。

量全球第一。

在我国，股权众筹方兴未艾。2011年，"点名时间"作为我国第一家互联网众筹平台成立，意味着众筹作为融合了互联网技术的当代金融创新模式在我国正式诞生。此后，互联网众筹在我国迎来迅速发展态势。截至2018年3月31日，国家互联网金融风险分析技术平台（以下简称互金技术平台）共发现开展互联网股权众筹运营平台105家，比2017年同期减少163家。自2017年8月至今，平台数量基本保持恒定，显示出行业发展趋于稳定（见表2-1）。105家运营平台在3月的活跃用户数，近22万人。其中的81家平台的部分项目成功融到了资金，剩余24家平台产生以来未成功融资过项目，自2018年1月份以来，技术平台检测到互联网股权众筹平台成功融资金额达到4.1亿元。[1]

表2-1 股权众筹平台数量

时间	数量（家）
2017.04	268
2017.05	230
2017.06	194
2017.07	151
2017.08	120
2017.09	125
2017.10	121
2017.11	118
2017.12	114
2018.01	113
2018.02	110
2018.03	105

"互联网+融资"改变了企业传统融资模式，反映了互联网和大数据技术对融资模式的深度改造。较之于公开募股、私募融资、银行信贷等传统融资模式，互联网股权融资不论是在投资者范围还是在投资项目选择上，都有了极大拓展，反映了其本身所具有的大众性和普惠性，有效解决了我国中小型企业融资难的困境。相对于互联网股权融资的迅猛发展，我国相关法律规制依然处于滞后状态。对此，应进行及时有效的对策设计，以满足当前庞大的投融资需求。

---

[1] 参见楼云："互联网股权众筹平台发展报告融资总额319亿，在运营105家"，载http://www.asiafinance.cn/jmnc/116606.jhtml，最后访问日期：2018年10月5日。

二、股权众筹的涵义

(一) 众筹及众筹类型

股权众筹的上位概念是"众筹"。"众筹"的英文为"crowdfunding",字面含义为"众人筹资"或"大众募资"。股权众筹属于小微金融的一种形式,指汇集大量中小投资者的资金,以支持初创企业和小微企业的发展。[1]"众筹"一般通过互联网平台牵手筹资人与投资人两端,在这个意义上也被称为"网络众筹"或者"互联网众筹"。

众筹将众包(Crowdsourcing)和微型金融(Micro-financing)的基本理念融为一体。众包,指突破自身成员与供应商之间的界限,在更广阔的范围内筹措技术、劳务、创意或观点,而众筹实质上是以资金为对象进行的"众包"。微型金融,是指为贫困人群和小微企业提供小额资助,以解决其生存和发展问题。[2]按照国际证监会组织(IOSCO)对众筹的界定,众筹是通过互联网从大量个人或组织获得较少的资金来满足项目、企业或个人资金需求的活动。

众筹包括捐赠型众筹(donation-based crowdfunding)、预售型众筹(pre-sales crowdfunding)、借贷型众筹(debt-based crowdfunding)和股权型众筹(equity-based crowdfunding)四种类型。[3]其中,股权众筹是指投资者为成为股东而通过互联网平台对公司或个别项目进行股权投资。股权众筹多适用于中小微企业或处于初创阶段企业的融资,并在消费品、计算机及通讯、软件、媒体等领域中得到较多应用。

(二) 股权众筹及其细化

股权众筹究竟以何种模式进行,在很大程度上取决于一国监管立法。不论在哪个国家,如果以向社会公众公开发行股份的方式融资,必然面临来自政府的严格监管:发行人必须提出申请,在获得核准之后方可发行,导致发

---

[1] See Peter C. Sumners, "Crowdfunding America's Small Businesses After the JOBS Act of 2012", 32 REV. BANKING & FIN. L. 38, 38 (2012).

[2] See Bradford C. Steven, "Crowdfunding and the Federal Securities Laws", *Columbia Business Law Review*, Vol. 1, 2012, p. 27; Paul Belleflamme, Thomas Lamber, Armin Schwienbacher, "Crowdfunding: Tapping the Right Crowd", *Journal of Business Venturing Forthcoming*, Vol. 29, No. 5, pp. 585-609.

[3] Bradford C. Steven, "Crowdfunding and the Federal Securities Laws", *Columbia Business Law Review*, Vol. 1, 2012, pp. 14-27.

行成本较高。如果向社会公众进行小额公开发行，一般会被豁免核准。如果采取私募发行，则可以适用私募发行豁免。在正式监管规则出台前，互联网股权融资一般是在一国现行证券发行体制下，采取私募发行或者在一定条件下豁免核准的方式进行。尽管发行门槛较低，但是由于所涉投资人有限，导致此类互联网股权融资的规模难以做大。

一些互联网股权众筹实践较为发达的国家已经颁布相关立法，如美国、英国、法国、日本和韩国等。2012年，美国推出JOBS法案，成为最早启动互联网股权融资立法的国家。2013年，意大利签署Decreto Crescita Bis法案及监管细则。2014年3月，英国金融行为监管局发布《关于网络众筹和通过其他方式发行不易变现证券的监管规则》（以下简称《股权众筹监管规则》），对借贷型众筹和股权型众筹进行统一规定。此外，还有一些国家或地区互联网股权众筹规模不大，发展速度不快，发展态势也不甚明朗，因此并未将其提上立法议程，而是采取继续运用现有法律加以规制的做法，如德国、我国香港地区等。此外，还有一些国家并没有股权众筹实践，也就谈不上对其的立法需求。

即使在股权众筹实践较为发达的国家，事实上也会由于本国股权众筹主导型模式的不同而导致监管模式不尽相同。总体而言，主要有三种模式。一是互联网公开股权融资及监管，典型代表是美国JOBS法案下的监管模式。企业根据规则公开发行证券，不过在一定条件下可以豁免注册和信息披露等要求。二是小额公开发行及监管，典型代表是澳大利亚小规模融资板块（Australian Small Scale Offerings Board，ASSOB）所适用的监管模式。ASSOB主要根据澳大利亚公司法第708条所规定的不必向澳大利亚证券投资委员会提交发行文件注册的几类情形[1]开展业务。在欧盟，10万欧元以下的募资在欧盟范围内可以豁免发布招股说明书；10万至500万之间的募资由各成员国自行规定相关规则，一些欧盟国家的众筹平台根据这一豁免规则开展业务。[2]三是以英国为代表的私募发行及监管。企业主要根据私募发行豁免规则，面向合格投资者发行证券。在一国之内，上述三种模式可能同时存在。

---

[1] 主要为小额公开发行豁免规则。
[2] 参见辛欣："境外股权众筹的发展与监管简述"，载《清华金融评论》2015年第3期。

三、我国对"股权众筹"的本土化界定及股权众筹所涉法律关系

（一）互联网非公开股权融资与互联网公开小额股权融资

如前所述，"股权众筹"一词来源于英文，指项目发起人通过互联网进行股权融资。在这一互联网融资模式最初被引入我国之时，仍然沿用了"股权众筹"这一称谓。但是，对于其内涵的理解却经历了一个演进的过程。2014年12月18日，中国证券业协会发布《私募股权众筹融资管理办法（试行）》（以下简称《股权众筹管理办法》）（征求意见稿），将私募股权众筹融资界定为"融资者通过股权众筹融资互联网平台以非公开发行方式进行的股权融资活动"，并规定监管机构为中国证券业协会。据此，股权众筹之"私募股权众筹融资"被提出。然而，正式的《股权众筹管理办法》并未出台。2015年7月29日，中国证券业协会发布《场外证券业务备案管理办法》，将"私募股权众筹"明确归属于"场外证券业务"。2015年8月10日，中国证券业协会发布《关于调整〈场外证券市场业务备案管理办法〉个别条款的通知》，将《场外证券业务备案管理办法》第2条第10项"私募股权众筹"修改为"互联网非公开股权融资"。2018年6月，由中国互金协会组织包括蚂蚁金服、京东旗下平台在内的多家平台起草的《互联网非公开股权融资暂行管理办法》已经过多轮调研与修订，该办法最终将提交证监会。

在"互联网非公开股权融资"被提出的同时，股权众筹之"互联网公开小额股权融资"也被提出。2015年4月20日，全国人大常委会审议的《证券法（修订草案）》第13条规定，"……以互联网等众筹方式公开发行证券，发行人和投资者符合国务院证券监督管理部门规定的条件的，可以豁免注册或核准"，但未被纳入《证券法》。2015年7月14日，人民银行等十部门发布《指导意见》，将股权众筹明确界定为"通过互联网形式进行公开小额股权融资的活动"，即"互联网公开小额股权融资"，但并未对"公开""小额"作出界定。2015年8月3日，证监会发布《关于对通过互联网开展股权融资活动的机构进行专项检查的通知》（以下简称《互联网股权融资通知》），将"股权众筹"界定为"通过互联网形式进行公开小额股权融资的活动，具体指创新创业者或小微企业通过股权众筹融资中介机构互联网平台（互联网网站或其他类似的电子媒介）公开募集股本的活动"，再次强调"股权众筹"为

"互联网公开小额股权融资";一些机构冠以"股权众筹"名义的活动,实际上是通过互联网进行的非公开股权融资或私募股权投资基金募集,不属于股权众筹融资的范畴。以《互联网股权融资通知》为界,监管者对股权众筹的态度由鼓励转为合规。2019年5月《证券法》(修订草案)向社会各界征求意见。该修订草案第 11 条有关"小额公开发行证券豁免核准、注册"的内容,为公募股权众筹在我国的正式推出铺平道路,但是将"小额公开发行证券豁免核准、注册"的平台和主体限定在互联网平台和证券公司。

"互联网非公开股权融资"实行中国证券业协会备案管理,而"互联网公开小额股权融资"仍实行牌照管理。实践中,除阿里巴巴、京东和平安取得"互联网公开小额股权融资"试点资质外,其他大部分互联网股权融资平台业务仍属于"互联网非公开股权融资"。

(二)"互联网非公开股权融资"相关主体及所涉法律关系

互联网非公开股权融资涉及三方主体:项目发起人、投资者,以及平台。项目发起人通常是希望获得资金支持的中小微企业的创始人。投资者主要是通过股权众筹平台了解自己感兴趣的创业项目并对其进行小额投资的数量可观的互联网用户。除大众投资者外,投资者还包括认证投资人、企业孵化器,以及专业投资机构。他们作为职业投资者,能够通过股权众筹这一新型融资模式,更有效地了解有潜力的创业项目,节约了以往为寻求项目而耗费的成本。

平台是为项目发起人与投资者提供信息的中介机构,其合理匹配投资者与融资者之间的投融资需求,并以此获得中间收益。平台作为居间人与投融资双方签订居间合同,对投融资双方信息的真实性进行审核,对项目发起人的项目进行审核与展示,并协助进行所募集资金的划转。在这一过程中,平台要特别关注投资者合法权益的保护。就平台所承担的多元化职能而言,其无疑在互联网非公开股权融资中占据核心地位。在这个意义上,平台应当成为法律规制的重点。

四、我国"互联网非公开股权融资"实践中的问题与监管之不足

(一)平台准入标准低、管理标准不明确,义务与责任未细化

《股权众筹管理办法》(征求意见稿)第 16 条,要求平台的设立需要向证券业协会申请备案,从而在行业自律层面对股权众筹平台的设立进行规范。

但《股权众筹管理办法》（征求意见稿）规定的平台准入标准较低，尽管市场准入门槛低有利于鼓励金融创新，促进投融资活动的展开，却不利于金融风险的防范。

平台管理标准、业务范围规定的缺失，使平台经营无具体规则可循，导致平台经营模式各异、良莠不齐，金融风险陡升。当前规范性文件并未对平台的资产规模、人员资质、技术标准、管理规则等作出强制性规定，对平台内控、合规措施等也缺乏具体规定。此外，对平台业务范围也未作强制规定，导致平台从事的业务类型多样，与相关服务机构的业务边界模糊。同时，对平台对于创业项目及自身情况的信息披露要求有限，无法有效保障投融资的合法性、有序性和可控性。虽然平台委托商业银行托管募集资金，但这种做法并不普及，且对于托管账户的管理也缺乏明确标准。

投融资活动中，从形式上看是以平台为核心签订的居间合同，但事实上平台在投融资过程中还承担监督者的责任。但是，现阶段此类合同未详细划分融资者、投资者双方的权利及责任。如天使汇股平台服务协议就规定平台有权修改协议条款，[1]在未获平台允许下，融资者与投资双方不能随意修改合同条款。此外，平台居中撮合达成的服务协议中的很多条款也是从平台自身利益出发，对投融资双方作出了诸多不合理限制。对于单笔投资金额较小、维权能力有限的普通公众投资者而言，如果其合法权益受到侵害，可采取的法律救济途径十分有限。《股权众筹管理办法》（征求意见稿）仅仅在第8条"平台职责"中规定，"当平台发现欺诈行为或其他损害投资者的情形时，应当及时公告并终止相关众筹活动"。这是基于对平台的充分信赖所作出的规定，但是如果平台故意或过失导致投资者权益受损，投资者应该如何救济却未作规定。

（二）易触碰"非公开发行"红线

在证监会《互联网股权融资通知》发布后，对于"互联网公开小额股权融资"的监管日趋严格。目前来看，已经拿到试点资质的平台可以突破"不允许公开发行""不允许向不特定人群融资"等诸多限制，但其他尚未取得试点资质的平台都不能通过公募方式开展活动。对于未取得试点资质的平台，

---

[1] 参见杨东、刘翔："互联网金融视阈下我国股权众筹法律规制的完善"，载《贵州民族大学学报》（哲学社会科学版）2014年第2期。

其融资活动面临触及公开发行证券红线的风险。2012年，美微传媒创始人朱江通过淘宝店铺销售会员卡，购买会员卡的消费者可获得美微传媒的原始股份，该行为被证监会宣布为不合规，美微传媒向投资者退还投资款项。

《证券法》第9条规定，公开发行证券应依法经证监会核准。根据该条，构成公开发行有以下三种情况，一是向不特定对象发行证券；二是向特定对象发行证券累计超过二百人；三是法律、行政法规规定的其他发行行为。《刑法》第179条规定了"擅自发行股票、公司、企业债券罪"，以维护证券发行秩序。最高人民法院《关于审理非法集资刑事案件具体应用法律若干问题的解释》第6条规定，未经批准、变相发行或超过人数限制发行均可构成擅自发行股票、公司、企业债券罪。"互联网股权融资"依托互联网实现融资，决定了其具有一定开放性，很有可能违反上述规定，构成向不特定对象发行或者超过人数限制发行。

为避免触及上述法律限制，一些平台采取规避措施。如为规避向不特定对象发行的禁止性规定，一些平台通过"投资者问卷"的方式进行投资者资格认证，如天使汇、天使客、爱合投。值得注意的是，根据《股权众筹管理办法》（征求意见稿）第10条即平台的实名注册用户，属特定对象的投资者。虽然《股权众筹管理办法》并未生效，但该区分特定对象与不特定对象的标准反映在了"诺米多与飞度居间合同纠纷案"的司法审判中。一审法院在认定飞度公司是否违反《证券法》关于公开发行的规定时，把投资人经过平台实名认证为会员作为考量因素。[1]从该案来看，法院在一定程度上认可平台采取实名认证作为区分"特定对象"与"不特定对象"的做法，但是未对成为实名认证会员的条件等进行深入论证。由于监管规则的缺失，对投资者资格认定尚未形成统一的认定标准，对实践中各平台所采取的规避做法也不能统一评判。为规避上述法律限制所采取的方式，从法律解释的角度来看往往不可靠。[2]

《公司法》规定设立股份有限公司，应当有二人以上二百人以下为发起人。2013年1月1日施行的《非上市公众公司监督管理办法》第2条规定：

---

〔1〕 参见北京市海淀区人民法院（2015）海民（商）初字第20357号民事判决书。

〔2〕 参见彭冰："非法集资行为的界定——评最高人民法院关于非法集资的司法解释"，载《法学家》2011年第6期。

本办法所称非上市公众公司是指有下列情形之一且其股票未在证券交易所上市交易的股份有限公司：（1）股票向特定对象发行或者转让导致股东累计超过二百人；（2）股票以公开方式向社会公众公开转让。《全国中小企业股份转让系统有限责任公司管理暂行办法》规定，"新三板"挂牌公司的股东人数可以超过二百人。据此，上市的股份有限公司（上市公司）股东人数没有上限，非上市公众公司股东人数也没有上限，但是普通的股份有限公司在设立时股东人数不得超过二百人。如果构成上市公司或者非上市公众公司，必须经国务院证券监督管理机构或国务院授权的部门核准，同时面临强制性信息披露准则和公司治理要求。一些平台通过建立多层股权结构突破二百人限制，即设立一家股份公司作为众筹基础平台，股东人数二百人，而这二百名股东不是自然人而是作为法人的公司，每家公司再由二百名自然人股东投资，从而可以吸纳四万名自然人股东，从而规避股东人数的限制。

（三）对投资者设定的门槛过高

《股权众筹管理办法》（征求意见稿）参照《私募投资基金监督管理暂行办法》相关要求，设定了"合格投资者"标准。《股权众筹管理办法》（征求意见稿）第 14 条规定，投资者为净资产不低于 1000 万元人民币的单位，或金融资产不低于 300 万元人民币或最近三年个人年均收入不低于 50 万元人民币的个人。互联网股权融资的核心价值在于满足普通大众的投资需求、发展普惠金融，如果投资者门槛过高，可能对中小企业融资及中小投资者多样化投资造成不利影响。另外，该规定仅凭投资者的经济状况来认定其风险承受能力，而未考虑投资者的投资水平、风险偏好等其他因素，这样"一刀切"式的判断标准过于死板，不能充分贴合各类投资者的实际情况，违背了保护投资者权益的初衷。[1]

（四）缺乏对领投人资质的具体要求

实践中，许多平台实行"领投人+跟投人"模式，如"京东股权众筹""蝌蚪众筹""聚募股权众筹""京北众筹"等股权众筹平台。在"领投人+跟投人"模式下，领投人通过平台选择筹资项目，与融资者交流后作出投资决策，跟投人则做出跟投行为。领投人往往具备一定的投资经验、风险识别及承担能力。跟投人一般是大众投资人，缺乏投资经验、专业知识及资源，受

---

[1] 参见曲君宇："我国股权众筹中的投资者权益保护"，载《西南金融》2018 年第 4 期。

到领投人的影响而进行跟投。对领投人设定准入门槛，设定资格审查标准及程序，对于保障普通投资者而言十分重要。[1]目前平台对领投人的资质要求、审查程序自行设定，无统一做法。在这种分散设定模式下，风险主要来源于两方面。首先，平台设定的标准过宽，或根本不具备审查能力，或审查不严，危害跟投人利益。其次，平台可能串通领投人损害跟投人利益。由于投资人的决策依赖于平台所提供的信息，如果平台失去其信用基础，相信其信用背书的投资人将遭受投资损失，而平台自身也将面临承担责任的法律风险。[2]

五、完善"互联网非公开股权融资"监管的对策

（一）强化对平台准入、管理、义务和责任的规范

首先，强化对平台准入的管理。平台作为"信息中介"为投融资双方提供中介服务，其服务与金融机构作为"信用中介"提供的服务既有重合，又有不同。是否应当对平台进行准入牌照管理，以及如何设定监管标准，直接影响平台的定位、运作模式，以及互联网股权融资市场的发展。[3]实际上，较之于金融信用中介，平台本质上属于信息中介，并不需要牌照管理；但是较之于普通信息中介，应当对平台规定更高的准入门槛。事实上，平台是融资者及投资者进行信息交流的纽带，也承担投融资者资格认证、项目审查、监督所筹得资金、防范欺诈、保障信息安全等诸多功能。因此，应当以平台为切入点，确立监管框架。

英国通过对现有法规进行微调从而将平台纳入监管体系，如果平台业务不涉及受监管的行为就无须持牌，如果从事业务涉及受监管的行为，则需要持牌或与持牌机构合作。一些国家则为平台设立一类单独牌照，如法国、美国、日本，其将平台定位为"集资门户"，但获得此类牌照的标准明显低于获得金融业务牌照。持牌机构可以自动开展股权众筹业务而无须取得监管部门许可。[4]持有"集资门户"牌照不能开展证券承销、投资咨询、投资顾问、

---

[1] 赵玲、郑媛：《我国股权众筹的法律监管及其完善》，载《贸大法律评论》法律出版社2017年第00期。

[2] 参见何欣奕：《股权众筹监管制度的本土化法律思考》，载《法律适用》2015年第3期。

[3] 参见辛欣：《境外股权众筹的发展与监管简述》，载《清华金融评论》2015年第3期。

[4] 参见辛欣：《境外股权众筹的发展与监管简述》，载《清华金融评论》2015年第3期。

推介、经纪、资产保管等业务，如果要开展，必须取得相应的金融业务牌照。总体而言，除日本、韩国、西班牙设定了较低的资本金要求外，各国对平台的准入一般不设定资本金要求。就我国而言，建议设立平台时不仅应按规定的条件向证券业协会申请备案，还应经过证监会的核准。证监会及证券业协会在审核平台的设立申请时，应从平台财务信息、资产状况、人员配置、投资者保护机制、风险控制、纠纷处理等层面进行考察。

其次，明确平台管理标准。规范性文件应当对平台的从业人员条件、网络技术标准、企业治理、合规措施等作出强制性规定。同时，为让投资者在投资决策形成过程中获取关键信息，应要求平台对风险相关信息及其他投资者教育资料进行披露，以确保每位投资者都了解这些信息，明白交易风险。对于募集期资金管理，应强制性要求平台委托银行对投资资金进行托管。

再其次，为保护投资者利益，应加强平台相关义务。（1）平台在公布发行人的要约之前，须对发行人及其管理层进行尽职调查；督促发行人按要求公布信息，并对发行人公布的信息进行一定程度的审查。[1]（2）平台须对大众投资者进行风险警告，投资者通过平台认购股份前须签订风险认知书；投资者通过平台购买股份前，平台须要求投资者提供没有超过投资限额的确认书，并审查投资者是否遵守了投资额限制。监管机构还应对平台单方制定的不合理的服务条款进行规范，排除侵害投融资各方合法权益的免责条款的法律效力，以有效保护投资者合法权益。（3）平台不应持有发行人的股权或享有其他财务利益，包括接受发行人的股权作为所支付的费用；不得持有投资者资金，该资金应由合格的第三方机构托管，该第三方机构须书面承诺由自己持有资金并在发行完成后将资金转给发行人或在发行被撤销后将资金转给投资者。

最后，强化平台责任。《股权众筹管理办法》（征求意见稿）规定了平台应履行的义务及禁止从事的行为，却弱化了平台的法律责任。对此，应明晰平台出现未尽到审查义务、内控制度不符合法律规定等违法行为时应承担的法律责任。如果平台明知或事实参与发行人的欺诈或其他违法行为，应对投资者的损失承担连带赔偿责任。此外，可采取定期评估及不定期检查的方法来认定平台的运营是否符合法律规定，并要求不合规的平台整改或取缔严重

---

[1] 参见樊云慧："股权众筹平台监管的国际比较"，载《法学》2015 年第 4 期。

违法的平台。

(二) 明确互联网下"非公开发行"边界

监管部门应对互联网股权融资的"公开发行"与"非公开发行"进行特别认定，否则现有的互联网非公开股权融资很难真正做到"非公开"。各国、各地区立法基本上都以"特定对象""特定人数""公开劝诱"等作为划定标准。我国《证券法》第9条有关"非公开发行"的规定也反映了上述标准。《股权众筹管理办法》（征求意见稿）则落实了《证券法》第9条：一是投资者必须为特定对象，即经股权众筹平台核实的实名注册用户；二是投资者累计不得超过二百人；三是股权众筹平台只能向实名注册用户推荐项目信息，股权众筹平台和融资者均不得进行公开宣传、推介或劝诱。[1]

非公开股权融资意味着通过私募方式针对"特定对象"募资，而不能公开向"社会公众"募资。如何界定、区分"社会公众"与"特定对象"？能否将"社会公众"转化为"特定对象"？事实上，特定与不特定，只是一个相对说法。"社会公众"这一概念的核心是对投资者进行保护。在这个意义上，"投资者的身份和资质"是区分"社会公众"与"特定对象"的重要标准。美国最高法院在 Ralston Purina 一案中，关于"特定"与"公开"的表述为："公开"指一般大众，与具有某些共同利益或者特征的个人群体不同。将"公开"与"特定"进行有效区分，应考察区别存在的决定因素，并寻求建立这种区别的目的。但是，采用何种标准可以实现这种"特定化"，我国《证券法》未作规定。《股权众筹管理办法》（征求意见稿）第10条在界定"特定人员"时，强调"经股权众筹平台核实的""实名注册用户"，反映了对实践中很多平台通过会员制以实现"社会公众"向"特定对象"转变的采纳，从而适当降低特定投资者的标准。

此外，还有投资者人数标准，即投资者总人数能否超过二百人。我国《证券法》于1999年7月1日起生效，后经过2005年10月27日、2013年6月29日、2014年8月31日和2019年12月28日四次修订，"二百人"首次出在2005年《证券法》修订中，即"向特定对象发行证券累计超过二百人的"属于公开发行。《国务院办公厅关于严厉打击非法发行股票和非法经营证券业务有关问题的通知》（2006年12月12日发布）对"非公开发行股票的"

---

[1] 参见谭亮："互联网金融监管框架体系的建构分析"，载《中国统计》2018年第12期。

作出类似规定。《股权众筹管理办法》（征求意见稿）禁止平台为众筹项目提供股权代持，但此项规定也存在一定的灵活之处：没有明确规定是否要对二百人进行穿透检查，这反映监管层对于创新还是留下了足够空间。此外，为避免"变相公开发行"，还应继续完善非公开发行股份的转售限制。

《国务院办公厅关于严厉打击非法发行股票和非法经营证券业务有关问题的通知》规定，非公开发行股票及其股权转让，不得采用广告、公告、广播、电话、传真、信函、推介会、说明会、网络、短信、公开劝诱等公开方式或变相公开方式向社会公众发行。但"公开劝诱"只是有可能影响普通投资者的判断，如果投资者是一名合格投资者，公开劝诱本质上并不会影响投资者自我保护的能力，此类规定实质上并没有太大意义。实际操作中，平台利用互联网等新兴媒体宣传平台，本身并没有触及政策监管红线。通过公开宣传平台的方式已经达到了向公共宣传的目的，因此在互联网非公开股权融资领域，这种"劝诱"规定的实际价值确实不大。因此，《股权众筹管理办法》（征求意见稿）并未对这一问题展开，一方面可以理解为一般法已经作出规定，特别法不需要再规定；另一方面也可以理解为对行业创新的包容。

（三）投资者的界定及投资金额的限制

首先，合理界定投资者。考察各国立法与实践，界定私募中"合格投资者"的主要标准有三个：投资经验、与发行人的特殊关系，以及财富。在英国《2000年金融服务与市场法》下，股权众筹得到了有效监管。2014年3月，英国金融行为监管局发布《股权众筹监管规则》对借贷众筹和股权众筹作出了统一规定，并对股权众筹监管作了微调。调整的结果有两个，一是放宽投资者准入，在传统私募投资者之外，新增一类基于投资限额的零售投资者，让更多投资者参与股权众筹。二是强调投资者的适当性，确保只有能够理解和承担相应风险的投资者才能够参与股权众筹。实践中，英国的股权众筹是在私募发行框架下展开的，监管的重点是投资者的适当性。[1]总体而言，英国对于股权众筹并未设置新的监管规则，而更多适用原有监管框架。

我国《证券投资基金法》第87条对"合格投资者"的界定是：达到规定资产规模或收入水平，并且具备相应的风险识别和风险承担能力，认购金额

---

[1] 参见辛欣："境外股权众筹的发展与监管简述"，载《清华金融评论》2015年第3期。

不低于规定限额的单位和个人。合格投资者的筛选必须经过注册、申请和审核三个程序,通过审核的合格投资人才可以查看全部项目信息,参加线下路演等活动,并进行股权投资。《股权众筹管理办法》(征求意见稿)第14条对私募股权融资的合资格投资者进行了界定[1],但该规定对合资格投资者设定了过高的准入门槛,不利于满足大众投资者的投资需求。对此,应综合考虑投资者的实际能力和融资者的融资需求,对投资者类别进行细分。为避免投资者盲目投资从而引发金融市场"羊群效应"对金融市场造成冲击[2],应充分考察我国资本市场行业发展实际,对股权众筹进行分类并在此基础上设定投资者类型。2013年12月25日国务院办公厅发布的《关于进一步加强资本市场中小投资者合法权益保护工作的意见》(以下简称"新国九条")也要求依据我国资本市场实际,制定并公开中小投资者分类的标准及依据并进行动态评估和调整,进一步规范不同层次市场及交易品种的投资者适当性制度安排,明确适合投资者参与的范围和方式。建议不仅仅限于成熟投资者。一则我国资本市场的发展时间短,成熟投资者的群体不大;二则如何判断成熟投资者在我国目前仍然没有很好的标准且在实践中也很难得到遵守。允许大众投资者投资股权众筹才能真正发挥股权众筹的作用,同时减少并分散股权众筹的风险。

其次,合理限定投资金额。但是为避免或者降低投资风险,应对投资者投资的投资金额进行限制。出于对投资者利益保护以及股权融资安全的考虑,很多国家都对投资者投资额上限进行限制。英国《股权众筹监管规则》要求,非成熟投资者(投资众筹项目2个以下的投资人),其投资额不超过其净资产(不含住房产、养老保险金)的10%,成熟投资者不受此限制。[3]

---

[1] 2014年12月《私募股权众筹融资管理办法(试行)》(征求意见稿)第14条规定:私募股权众筹融资的投资者需要满足下列条件之一:①《私募投资基金监督管理暂行办法》规定的合格投资者;②投资单个融资项目的最低金额不低于100万元人民币的单位或个人;③社会保障基金、企业年金等养老基金,慈善基金等社会公益基金,以及依法设立并在中国证券投资基金业协会备案的投资计划;④净资产不低于1000万元人民币的单位;⑤金融资产不低于300万元人民币或最近三年个人年均收入不低于50万元人民币的个人,上述个人除能提供相关财产、收入证明外,还应当能辨识、判断和承担相应投资风险;⑥证券业协会规定的其他投资者。

[2] See Eunkyoung Lee, Byungtae Lee, "Herding Behavior in Online P2P Lending: An Empirical Investigation", *Electronic Commerce Research and Applications*, 2012, p. 502.

[3] See "The FCA's regulatory approach to crowdfunding over the internet, and the promotion of non-readily realizable securities by other media (Feed-back to CP13/13 and final rules march 2014)", 4.7.

对我国而言，不建议选择与投资者的收入和净资产相挂钩的模式，因为我国监管机构尚无法真正获知公民的收入或净资产状况；也不建议选择限制投资者一年内能投资的全部股权众筹发行人的数量或总金额，因为如果发行人通过不同的众筹平台发行、投资者通过不同的众筹平台认购，在我国现行体制下很难做到准确掌握投资者的投资总额。建议选择限制投资者投资于每一股权众筹发行人每一次发行的资金数额，这种限制在实践中较容易做到，也能够起到分散风险的作用。至于这个限额应规定多少合适，仍需经过详尽调查再作决定。各国法律大多没有对投资者的投资额下限作出规定，因为这属于投资自由范畴，但是如果不加以限定，则有可能增加筹资方筹资的成本并增加单个投资者保护的成本。但是法律难以考察所有筹资公司的情况，因此无法作出统一规定，因此投资额下限可以由筹资公司或者众筹平台作出个别规定。

（四）对领投人资质作出具体要求

领投人作为单项私募股权投资基金的主要投资者，首先应满足上述条件。但同时应当对领头人的资质作出更高要求。实践中，各平台一般对领投人作出具体要求。以"大家投"及"天使汇"为例。对于领投人资质，"大家投"要求领投人具备一定年限的相关从业经验或具有投资一定数量项目的经验。"天使汇"从投资人活跃度、判断力强弱、经验丰富程度、影响力大小、资源丰富程度、风险承受能力、时间充裕程度、成功项目数量及分享精神等方面对领投人作出要求。对于审查程序，"大家投"在收到领投人提交的申请材料后，对其进行背景调查，然后决定是否通过申请。从监管角度而言，可以将上述平台实践中的标准予以规范化，作为对领投人资质的具体要求。

六、结语

中小企业在社会经济中发挥的重要作用与其难以通过传统融资途径获得充分资金支持之间的冲突，是世界上许多国家均面对的顽疾，这也一度成为各国经济发展道路上的强大阻力。互联网股权融资应时代之需，凭借网络通信技术的迅猛发展与"大众创业""万众创新"氛围的高涨，将社交媒介与投融资活动相结合，形成了对有限的传统融资模式的有益补充，有效地提高了融资的效率，大大地降低了融资的成本。然而，互联网股权融资的兴起与迅速发展也对既有法律规制体系提出了严峻考验。对于这种金融创新模式，一种合理思维是：根据金融创新的运行模式，对其进行归类，然后按照"不变性约束原理"——相同情况相同对待——来确定相应的规制体制。[1]在制度建构中，需要根据融资需求和融资方式的差异，建立并完善层次不同、内容多样的监管制度，同时也需要与其他相关法律规范相协调。以互联网股权融资的法治化为契机，不断推动我国互联网法制创新。

---

[1] 参见［印］阿马蒂亚·森：《理性与自由》，李风华译，中国人民大学出版社2012年版，第339~341页。

第三章

第三方支付平台的法律规制及其完善建议

互联网技术的进步激发电子商务的诞生，而电子商务的迅猛发展又极大冲击了实体购物这一传统消费模式。作为新型支付方式与交易模式的网络第三方支付应运而生。第三方支付增强了交易双方的信任度并提高了交易效率。为适应第三方支付实践的需求，我国颁布一系列规范性文件，但效力等级不高、系统性不强，对于诸如沉淀资金及孳息利用、信用卡套现、洗钱、网络诈骗等问题未能进行有效规制。本章分析了第三方支付平台的运营模式及所涉法律关系，着重研讨平台实践中的问题，在顺应我国法治建设理念的基础上，对完善我国第三方支付平台法律规制提出建议。

一、第三方支付平台的监管法律文件

第三方支付平台提供的第三方支付服务作为支撑网络交易的工具，大大降低了交易结算成本，提高了交易效率。1999年，我国第一家支付机构——首信易支付在北京诞生。[1]它具有指令传递功能，把用户的支付需求告知银行，然后转接到银行网站上的支付页面。2003年，我国网络购物尚处萌芽阶段，买方与卖方之间的互不信任抑制了网络购物的发展。为此，2003年10月淘宝设立支付宝业务部，推行"担保交易"。2004年12月支付宝独立上线运营，标志着阿里巴巴电子商务圈中的信息流、资金流和物流开始明晰。2005年，腾讯旗下的支付公司"财付通"成立。随着网络技术的发展以及企业信息化的推进，第三方支付从单纯的网购支付工具走向更多领域，不断渗入传统行业的支付结算市场。2009年，我国互联网支付市场规模达到5766亿元人

---

[1] 首信易由北京市政府与中国人民银行等部委共同发起，作为首都电子商务工程示范性平台，主要提供跨银行、跨地域银行卡在线交易服务。

民币。此时，整个支付行业仍处于监管空白，实践中出现了许多问题，如参与第三方支付的主体之间法律关系混乱、用户沉淀资金及沉淀资金所产生的利息权属不清、消费者权益易受侵害、网络洗钱频发等。

为解决第三方支付乱象，2010年6月中国人民银行颁布《非金融机构支付服务管理办法》，确定通过申请审核发放支付牌照的方式把第三方支付企业正式纳入国家监管体系。2010年12月中国人民银行出台《非金融机构支付服务办法实施细则》（以下简称《支付实施细则》）。2012年中国人民银行发布《支付机构反洗钱和反恐怖融资管理办法》（以下简称《反洗钱管理办法》），2013年发布《支付机构客户备付金存管办法》（以下简称《存管办法》）（已失效）。上述规范性文件对我国第三方支付主体的市场准入、监管、反洗钱义务、法律责任等作出规定，确立了我国第三方支付的基本法律框架。自2016年起，监管力度不断加强，领域不断扩展，法律法规密集出台。2016年4月中国人民银行发布《非银行支付机构分类评级管理办法》；2018年8月全国人大常委会通过《电子商务法》；2018年9月中国人民银行等联合发布《互联网金融从业机构反洗钱和反恐怖融资管理办法（试行）》。这一时期的立法从更高层面对包括第三方支付在内的互联网金融领域进行全面、深入规制，第三方支付平台的发展更加专业化、规范化，步入了成熟期。但是不可否认，我国当前有关第三方支付平台及支付的相关立法依然存在效力等级不高、体系性不强等问题。此外，对于平台及其支付中的突出问题，如支付机构的准入与退出、信息披露与客户权益保护、沉淀资金法律属性及管理、民事责任制度等，仍存在规制不充分等问题，对此仍需深入研究并推动立法完善。

二、第三方支付平台的涵义、模式与所涉法律关系

（一）第三方支付平台的涵义与模式

第三方支付平台的概念最早由阿里巴巴集团CEO马云在2005年瑞士达沃斯世界经济论坛上提出。2010年6月14日，中国人民银行公布的《非金融机构支付服务管理办法》明确规定了第三方支付平台"非金融机构"的法律属性，规定了第三方支付平台的三种业务范围，但并未涉及第三方支付平台的交易模式、运营机制等。学界普遍认为，第三方支付平台是指具备符合市场准入要求取得支付牌照的独立机构，通过与各大银行签约提供与银行支付结算系统链接接口的交易支付服务，并为交易双方提供资金划转与服务的企业。

在我国，第三方支付平台的运作模式主要有支付网关模式和虚拟账户模式。前者是建立在商户或消费者与银行之间，平台与商业银行签订协议，将银行接口与平台对接，连接商户、消费者与银行。用户下达支付指令后，必须经过支付网关处理才能进入银行支付结算系统，平台将用户指令传递给银行，银行完成转账后将支付信息传递给平台，平台收到信息后再通知商户并进行结算。在整个交易过程中，平台并未参与交易，只是起到中间人作用。该模式以首信易为代表，优势是独立性强，劣势是技术含量不高导致行业准入门槛较低，缺乏安全保障，易引发信用风险。

虚拟账户模式下，第三方支付机构建立一个虚拟平台，客户在平台上设立账户，并进行资金存储、收付款以及转账等活动。具体包括两种亚模式：一是第三方支付机构不承担信用担保责任，只是负责将资金从付款人（买方）的虚拟账户转移至收款人（卖方）的虚拟账户，资金不在支付平台上停留，也就是即时到账业务。二是付款人（买方）将虚拟账户中的资金转移至第三方支付平台账户，由其暂为保管，平台向收款人（卖方）发出指令，由卖方发货。当买方收到货物并确认接受后，平台再将保管的资金划入卖方账户。其间，支付平台扮演信用中介角色，为买卖双方提供保证。支付宝是这一模式的典型代表。

（二）第三方支付平台支付所涉法律关系

第三方支付中所形成的法律关系主要有三种：交易双方之间、第三方支付平台与用户之间、第三方支付平台与银行之间的法律关系。其中，后两种是最为关键的两种法律关系。

第三方支付平台与用户之间的法律关系。交易中，买方、卖方都需要在平台注册，成为该平台的用户，在买方、卖方与平台之间达成服务合同。用户注册时，有义务保证资料真实性，否则平台有权拒绝提供服务；用户也有权要求平台妥善保管个人信息资料。买方下单并付款后，资金从买方银行账户转至平台账户，买方收到货物并验收合格后，向平台发出确认收货指令，平台就会将相应价款转移至卖方银行账户。在发货与收货的时间差期间，货款暂存于平台账户，形成沉淀资金。平台对沉淀资金应基于委托合同进行管理。此外，用户可以提前将资金充值到自己在平台的账户，该资金暂时由平台保管；未得到用户指令，平台不得将资金挪作他用。此时，用户与平台之间是资金保管法律关系。

第三方支付平台与银行之间的法律关系。第一种法律关系存在于平台与用户的开户行之间，另一种存在于平台与备付行之间。在此，以支付宝为例加以说明。在第一种法律关系中，买方的开户行为付款行，买方开户银行在接到买方付款指令后划拨货款；卖方的开户行为收款行。平台在开展业务前与各银行签订金融服务协议，由各银行向平台提供网关接口，平台将不同银行的网关接口整合在统一界面，平台与用户开户行之间的法律关系属于支付服务合同关系。在第二种法律关系中出现了备付行，即与平台签订备付存管协议的银行，承担为客户备付金提供存管服务的义务。交易中平台收到的买方付款的资金应存管在平台开通的备付行中，备付行有义务对客户备付金账户进行妥善管理，保障资金安全。平台与备付行之间属于资金存管法律关系。

三、我国对第三方支付平台及其支付行为的法律规制及评价

（一）我国对第三方支付平台及其支付行为的法律规制

为使相关规范性文件显示更加清晰，在此采取表格形式对有关第三方支付平台的规范性文件按照制定时间、制定机关、立法名称等进行梳理。

表 3-1　第三方支付平台相关规范性文件[1]

制定时间	制定机关	立法名称	
2004 年之前		《中华人民共和国商业银行法》（以下简称《商业银行法》）	第三方支付平台起步时，我国没有颁布专门规范性文件，主要参考《商业银行法》等。
2004 年	全国人大常委会	《电子签名法》	它是规制电子商务活动的第一部法律，也是我国立法机关第一次针对电子支付进行的立法。明确规定了电子签名、数据电文具有与普通手写签字及盖章相同的法律效力。但该法内容不够完善，不足以为第三方支付提供全面指引和规范。
2005 年	中国人民银行	《电子支付指引（第一号）》	它着重调整银行与用户之间关系以及风险责任分配机制等，对于当时的第三方支付平台，该指引起到了引导作用。

---

[1] 作者整理。

续表

制定时间	制定机关	立法名称	
2006年	全国人大常委会	《反洗钱法》	规定在我国境内设立的金融机构和按照规定应当履行反洗钱义务的特定非金融机构，应当履行反洗钱义务。
2010年	中国人民银行	《非金融机构支付服务管理办法》	它是第三方支付平台监管历程中里程碑式的立法，首次对第三方支付平台的性质予以界定。它将第三方支付平台纳入央行监管范畴，确定了其业务内容和业务范围，规定了行业准入的注册资本要求，对申请人的主要出资人资格也作出限制，并且要求非金融机构开展支付业务须申请《支付业务许可证》，明确了申请程序及审批的要求，规定了终止支付业务方式，对于备付金的管理和反洗钱问题也作出初步规定。
2010年	中国人民银行	《非金融机构支付服务管理办法实施细则》（以下简称《支付实施细则》）	《支付实施细则》对《非金融机构支付服务管理办法》加以细化。
2010年	商务部	《关于促进网络购物健康发展的指导意见》	
2012年	中国人民银行	《反洗钱管理办法》	
2013年	中国人民银行	《存管办法》	它全面规范了客户备付金的存放、归集、使用等存管活动，明确了备付金银行分类和账户分层管理、资金封闭运行和使用、备付金信息核对校验以及人民银行、自律组织和商业银行共同监督等一系列监管措施。《存管办法》明确且细化了人民银行关于客户备付金的监管要求，强化支付机构的资金安全意识以及备付金银行的监督责任。

续表

制定时间	制定机关	立法名称	
2014年	中国人民银行、银监会	《关于加强商业银行与第三方支付机构合作业务管理的通知》	
2015年	中国人民银行	《非银行支付机构网络支付业务管理办法》	它对支付机构实施差别化管理，采用扶优限劣的激励和制约措施。要求支付机构以显著方式提示风险，账户须由客户"自题开立、自担风险"；要求制定有效措施和风险控制机制保护客户信息；要求支付机构审核不严而进行验证的交易无条件全额承担客户风险损失赔付责任。
2016年	中国人民银行	《非银行支付机构分类评级管理办法》	央行及其分支机构将根据支付机构的分类评级结果采取差异化监管措施，评级指示包括监管指示和自律管理指标，多次出现低评级的机构将被暂停支付业务，甚至注销业务牌照。分类监管有利于调动第三方支付平台发展的积极性，有利于进一步提高支付机构风险管理水平。
2016年	中国银联业务管理委员会	《银联卡受理终端业务准入管理规则》	明确银联卡受理终端准入要求，规范银联卡受理终端准入管理，保障银联网络信息安全。
2018年（2019年实施）	全国人大常委会	《电子商务法》	规定了电子支付服务提供者的民事赔偿责任，如提供电子支付服务不符合国家有关支付安全管理要求，造成用户损失的，应承担赔偿责任；对未经授权的支付造成的损失，承担赔偿责任；如能证明因用户过错造成的，不承担责任等。

续表

制定时间	制定机关	立法名称	
2018年（2019年实施）	中国人民银行	《互联网金融从业机构反洗钱和反恐怖融资管理办法（试行）》	明确互联网金融机构包括但不限于网络支付、网络借贷、网络借贷信息中介、股权众筹融资、互联网基金销售、互联网保险、互联网信托和互联网消费金融等，规定互联网金融从业机构反洗钱和反恐怖融资的基本义务。

（二）当前规制的不足

1. 效力等级不高、体系化不强

我国对第三方支付极为重视，颁布的规范性文件非常多。尽管《电子签名法》、《反洗钱法》和《电子商务法》等法律对第三方支付有所涉及，但主体仍是中国人民银行制定的行政规章。央行既是立法者又是执法者，在制定规范性文件时难免具有部门利益，而在行使监管职权时又缺乏来自其他部门的有效监督。第三方支付作为互联网与金融相结合的产物，不仅涉及金融，还涉及通信、技术、竞争等，仅仅依靠央行主导制定的规范性文件远远不够。

此外，当前立法体系略显零散，内容相对杂乱。[1]从立法顺序来看，都是在第三方支付实践中某一问题亟须解决时才进行立法，并无立法规律可循。当然在一定程度上这种立法状况也是情理之中的，因为互联网金融的复杂性导致难以对第三方支付进行超前规制。此外，鉴于第三方支付的行业特性明显，对其大多依行政法规进行监管，如《支付业务许可证》的申请、备付金银行的监督责任等，而未重视对主体之间民事关系的调整。尽管对此能够以现行民事规范性文件进行调整，但毕竟缺乏针对性。

2. 市场准入严苛、退出后续制度欠缺

《非金融机构支付服务管理办法》及《支付实施细则》规定：从事支付业务要有《支付业务许可证》；根据从事支付业务范围的不同，规定了一亿和三千万的实缴注册资本要求；并对主要出资人规定了限制条件。支付业务涉及资金安全，严格的市场准入有利于建立第三方支付平台的公信力，有利于

---

〔1〕 参见李莉莎：《第三方电子支付法律问题研究》，法律出版社2014年版。

防范、化解金融风险。但较高的市场准入标准有可能将具有创新力和发展潜力的公司拒之门外，使早前从事支付业务的公司在监管不严甚至没有监管的情况下抢占先机，也极易引发行业垄断。此外，还有可能导致意图进入第三方支付行业的中小企业不惜铤而走险无照经营，或采取与有证企业利益分成的方式违规经营。尽管《非金融机构支付服务管理办法》规定不能转让、出租、出借许可证，但对这种行为行政处罚过轻。[1]

《非金融机构支付服务管理办法》明确了第三方支付平台的两种退出方式：申请退出与责令退出，但是对第三方支付平台退出后如何保护客户权益等，《支付实施细则》并没有作出具体规定。支付机构申请终止支付业务的，应提交客户合法权益保障方案以及支付业务信息处理方案。《支付实施细则》细化了这两方面的内容，规定了客户知情权、隐私权、选择权，以及支付业务信息处理方案。但对于违反上述义务的法律责任却没有特别规定，只能运用兜底条款，其他损害客户合法权益或危害支付服务市场的违法违规行为。支付机构在经营中存储了大量客户信息，包括客户姓名、身份证号、银行卡号、交易记录等。如果支付机构在退市时没有妥善处理上述信息，极有可能引发大规模侵权事件，严重影响社会秩序。尽管兜底条款能够在一定程度上进行应对，但较之于对该问题作出明文规定，其效力与适用性仍显不足。考察国内第三方支付公司的支付服务协议或章程，几乎都未对终止业务时如何保障用户权益作出说明。这种情况直接导致第三方支付平台退市时，用户权益难以得到保障。目前，我国第三方支付平台已处于洗牌期，平台公司一旦解散，用户资金、账号及账号中的信息将面临风险。因此，有必要对第三方支付平台退出时用户权益保障机制进行立法补缺。

《非金融机构支付服务管理办法》第39条规定："支付机构因解散、依法被撤销或被宣告破产而终止的，其清算事宜按照国家有关法律规定办理。"从常理来看，本条规定可以指向《企业破产法》。《企业破产法》规定，债务清偿顺序为，先支付破产费用和共益债务，其次是职工类债权，再次是其余的社会保险费用和税款，最后才是普通破产债权。在支付机构清算时，客户作为债权人其受偿权排得非常靠后，是否有违保护客户权益的立法精神？对比《商业银行法》"商业银行破产清算时，在支付清算费用、所欠职工工资和劳

---

[1] 参见《非金融机构支付服务管理办法》第43条。

动保险费用后，应当优先支付个人储蓄存款的本金和利息"的规定[1]该规定有利于激发存款人存款的积极性，将其适用于支付机构也是合理的。但是，《非金融机构支付服务管理办法》将支付机构界定为非金融机构，直接适用《商业银行法》似乎不太妥当。可以说，该问题缺乏明确指引，不利于支付机构顺利退出市场。

3. 沉淀资金管理缺乏有效监管

沉淀资金通常包括两种：一种是在交易中买卖双方付款与收款之间的时间差导致货款暂存于第三方支付平台账户；另一种是非交易情况下暂存于平台账户的资金，如用户为使用方便而提前存入资金，再如因交易未成功导致的退款暂存于平台账户。《非金融机构支付服务管理办法》对沉淀资金的归属作出明确规定，"支付机构接受的客户备付金不属于支付机构的自有财产"。对于沉淀资金如何运用，《存管办法》规定，沉淀资金应存入专用账户，并对沉淀资金的用途作出了严格限制。实践中，许多平台，尤其是无牌照平台，将沉淀资金挪作他用。由于没有明确的罚则，导致对沉淀资金的监管缺乏力度。但从另一方面讲，在严格控制平台质量并辅之以保障措施的情况下，应适当允许平台以沉淀资金进行投资，避免资源浪费。

对沉淀资金产生的利息，现行规范性文件并未对其归属作出安排。学理上讲，沉淀资金及其作为孳息的利息应当属于同一人所有。但实践中，由于支付机构发展初期为吸引客户而免费提供服务，沉淀资金的利息就成为其盈利的主要来源。支付机构一般会以格式条款确认自己对利息的所有权。为支持创新企业的发展，将利息归属于支付机构也是政策使然。随着支付机构的逐步发展，一些业务开始收费，其营利渠道不断增加，因此应当重新考虑利息归属。但是，由于客户群体极其庞大、账户极为分散，将沉淀资金的利息每天返还给客户也不具有可操作性。此外，第三方支付大多为小额交易，将利息返还到账户的实际意义不大。不过，这并不意味着客户失去利息所有权，立法应考虑如何发挥该笔资金的最大价值，既降低利息派发成本，又能够保护客户财产权。

4. 信息披露义务及客户交易安全机制不健全

《非金融机构支付服务管理办法》规定，支付机构应当有健全的风险管理

---

[1] 参见《商业银行法》第71条。

措施，但是并未涉及支付机构的风险披露义务。《非金融机构支付服务管理办法》规定了第三方支付平台保护客户信息的义务，《支付实施细则》规定平台不允许泄露客户个人信息等，但缺乏保护个人信息的具体操作要求。《电信和互联网用户个人信息保护规定》也体现了对消费者信息的保护，但过于概括。平台因内控不健全而泄露客户信息时，监管机构无法及时掌握，当前立法对个人信息安全保障缺乏有力的监管措施。

此外，当前立法大多规定相关主体的行政或刑事责任，对于民事责任却未提及，极易导致民事争议。按照过错责任原则，作为原告的客户需要承担举证责任，以证明支付机构侵害了自己的合法权益。但实践中，大多数资料都由支付机构保存，同时又涉及很多技术问题，客户承担举证责任确实有些困难。但是，如果适用无过错责任原则，将导致支付机构不得不应对各种纠纷，显然不利于企业的发展。鉴于支付平台就具有很强的特殊性，单纯以《侵权责任法》或《合同法》解决支付纠纷，显然是不充分的。

四、完善我国第三方支付平台法律规制的建议

（一）以平台为核心监管对象的体系化立法、立体化监管

从监管角度考虑，既包括对平台本身的主体监管，也包括对平台支付行为的功能监管，这两方面尽管是并行不悖的，但也应有所侧重。欧盟将第三方支付平台视为电子货币机构，注重对第三方支付平台本身的监管。美国将其视为从事货币转移业务的机构，注重对支付业务进行监管，而非平台本身。[1]美国的第三方支付监管法律包括联邦和州两个层级。联邦政府负责监管全国范围内的货币转移业务，主要监管机关是联邦存款保险公司（FDIC）和美国联邦储备委员会；各州可以按照各自不同的法律采取监管措施。[2]从我国监管模式来看，从对第三方支付平台准入资金规定的标准几乎可以与银行相提并论来看，监管模式类似于欧盟；但从对第三方支付平台业务的界定来看，更类似于美国。第三方支付平台作为连接不同客户群体的核心媒介，其本身是否规范关系到支付行为是否合规，以及客户权益能否得到充分保障。

---

〔1〕参见张德富："第三方网上支付业务监管模式的国际比较及借鉴"，载《金融会计》2008年第6期。

〔2〕参见张芬、吴江："国外互联网金融的监管经验及对我国的启示"，载《金融与经济》2013年第11期。

加之平台本身时刻参与支付行为，诸如信息披露、客户保护、反洗钱等，无不与平台密切相关，以平台监管为主辅之以功能监管是较为客观的监管模式。

对于互联网第三方支付机构而言，其处于迅速发展阶段，显然不能以稳定性极强的法律进行预先规制。此外，互联网金融领域的新生事物极其庞杂，不可能针对每一种互联网新生事物都进行人大常委会立法。美国采取在现有法律制度上延伸的方式，并没有专门立新法监管。[1]我国当前比较可取的做法，仍然是以行政法规对第三方支付进行统一规制，并在具体支付业务层面以行政规章进行细化。通过对行政法规、规章进行体系设计，实现对平台、平台支付行为的全方位规制，并实现彼此之间的整合。

在监管模式上，可以借鉴欧美立法，并结合我国国情，建立社会共治体系。[2]以央行作为主要监管机构，并将部分权力分配给其他机构，从而形成立体化监管体系。央行发挥主导作用；行业协会作为协调机构，通过制定规则规范企业行为；第三方组织对申请企业进行认证；公众可以充分披露不良信息，引发社会关注；社会媒体可以对企业行为进行报道，减少信息不对称；支付机构也应成为治理体系的主要参与者，不仅要实现企业内部自律，还要实现企业之间的监督与制约。

（二）有条件放宽市场准入、细化退出后续制度

1. 有条件放宽市场准入

在美国，一些州对支付机构的定性不同于联邦。在联邦层面，《统一货币服务法案》规定了许可证制度，并规定了申请许可证需要提交的各项材料，但是允许各州作出不同规定。支付机构在一州申请的许可证只在本州有效，如果希望在其他州开展业务，还需另行申请。《统一货币服务法案》未规定注册资本条件，而采取资产净值条件，即支付机构必须满足最低 2.5 万美元的资产净值要求；此外，还规定了保证金制度，即申请人在获得许可证时需要提交 5 万美金的保证金，并按照每在一州申请便增加 1 万美金的原则缴纳，最多不得超过 25 万美金。[3]各州可以根据本州的具体情况对上述数额进行调

---

〔1〕 参见钟志勇：《网上支付中的法律问题研究》，北京大学出版社 2009 年版，第 16 页。

〔2〕 参见徐小斌、何东蕾："以社会共治模式破解市场监管难题"，载《中国市场监管研究》2016 年第 1 期。

〔3〕 See Uniform Money Services Act, 42 National Conference of Commissioners on Uniform State Laws § 204（2004）.

整。这极大降低了支付机构的准入门槛，同时还保证了支付机构的清偿能力。

欧盟将平台定性为电子货币机构，将第三方支付业务定性为发行电子货币[1]。平台主要由欧盟中央银行监管。支付机构必须首先取得电子货币机构的营业执照。[2]为方便支付机构在欧盟各国开展业务，立法规定一旦支付机构获得执照，即可以在欧盟各国通用。欧盟还对符合条件的中小企业实施豁免准入原则，但该执照只能在申请国使用。《2000/46/EC指令》最初制定的标准非常严格，初始资本不得少于100万欧元，此外，还对企业自有资金及持续资金也提出要求。此后，为鼓励企业创新，《2009/110/EC指令》对资本要求作出修改，将初始资本降至35万欧元，并在其他准入条件方面也有所放松。

我国对第三方支付平台的注册资本规定了较高门槛，尽管能够更好地保障客户权益，但是也会弱化优胜劣汰的自然选择，甚至形成行业垄断。建议适当降低第三方支付平台注册资本要求，给更多中小企业进入第三方支付行业创造机会。为防范市场准入门槛降低所带来的风险，可以借鉴美国和欧盟的做法，建立其他互补性制度加以防范。考察美国和欧盟立法与实践，企业在进入支付市场前的资金状况、信用状况、用户评价等，都可以作为考察企业资质的要素。我国也可以将其纳入立法考虑的范畴，使之成为与注册资本同等重要的申请条件。在降低门槛促进竞争的同时，确保企业资信状况。

从近几年央行颁发许可证的情况来看，先松后紧导致许可证资源稀缺，甚至出现许可证违法转让的情况。反观美国和欧盟，尽管采取了类似许可证制度，但办法相对宽松，申请企业较容易获得批准。尽管我国不能像美国和欧盟那样建立如此宽松的许可证颁发制度，但至少应当合理设置许可证颁发的速度与频率。对于已经获得许可证的企业要持续考察，一旦不具有资格就应当及时清理，为其他企业的进入创造条件。此外，还可以缓解原有企业只能通过收购其他企业来获取许可证的尴尬局面。

2. 细化退出后续制度

在美国，如果暂停或吊销支付机构的许可证，需要举行听证会。为防止支付机构在听证过程中转移资产等，监管机构可以发布禁止令，禁止支付机

---

[1] 参见朱绩新等："第三方支付监管的国际经验及其启示"，载《中国金融》2010年第12期。

[2] 参见巴曙松、杨彪："第三方支付国际监管研究及借鉴"，载《财政研究》2012年第4期。

构在听证会期间从事某些特定行为,直至听证程序结束,以保护客户资金安全。此外,支付机构在市场准入阶段需要缴纳一定的保证金。在退市后的一定期间,其不得动用保证金,但可以根据其尚未清偿资金状况来调整保证金金额。欧盟《支付服务指令》规定了监管当局可以撤销电子货币机构营业执照的情形:12个月内未实施业务或者停止相应商业活动超过6个月。这两种情况都是针对电子货币机构在获取执照后未从事应有经营活动的情况。持有执照却不开展业务,不仅造成资源浪费,对于资质良好却难以获得执照的企业而言也是不公平的。监管主体作出撤销决定后,应当将撤销理由告知电子货币机构,并予以公布。

在我国,市场退出与市场准入具有同等重要性,甚至比市场准入牵涉利益更多、更广。一是鉴于许可证资源紧缺,有必要在一定条件下将已取得许可证但并未积极从事业务的企业从名单中剔除。对此,可以借鉴欧盟考察期的做法。同时,为防止监管机构滥用权力,在监管机构撤销许可证之前应举行听证会。二是明确准用规则。《非金融机构支付服务管理办法》对支付机构退出市场时准用的规则并未明确规定,存在适用《企业破产法》还是《商业银行法》的争议。2015年上海畅购公司的倒闭向监管者发出了危险信号,立法者必须积极应对第三方支付企业退市后出现的各种情况。支付机构尽管被定性为非金融机构,但毕竟涉及广大客户的权益,因此应参考《商业银行法》有关金融机构破产的规定,即支付机构在支付清算费用、职工工资和劳动保险费用之后,应当优先对客户进行清偿。三是设置禁止令。在美国,为防止支付机构在破产清算期间从事不法行为,损害客户权益,禁止支付机构从事一定行为的命令。如果采纳该制度,需要细化禁止令的具体操作步骤。禁止令的发起人既可以是利害关系人(主要是客户),也可以是监管机构。在出现危害客户财产权益的高风险时,如支付机构涉嫌转移、隐匿财产,或者退市前信用状况或财产状况较差,或者支付机构所欠债务数额较大等,发起人可以申请禁制令。如果支付机构违反禁止令,除追究其民事、行政,甚至刑事责任外,还应将其不良记录纳入征信系统。

(三) 确定沉淀资金利息归属并拓展投资渠道

与我国不同的是,美国允许机构对沉淀资金进行投资,但同时也对投资领域、投资限额作出了限制性规定。根据《统一货币服务法案》的规定,沉淀资金只能投资于银行储蓄、具有较高评级的债券、美联储支持的银行承兑汇票等；此外，投资金额不得超过允许投资金额的50%。《联邦存款保险法》规定了"存款延伸保险"制度。银行开展吸收存款业务，必须购买联邦存款保险公司的保险。在该制度下，支付机构应当将客户资金存放于银行开设的无息账户，而该笔资金产生的利息则用于支付银行缴纳的保险费。一旦沉淀资金出现问题，就可以用保险金弥补客户损失。这一制度既避免了支付机构与客户之间因沉淀资金的利息归属而产生争议，也可以为客户资金安全提供保障。

欧盟也将电子货币机构自有账户与在银行开设的沉淀资金账户分离，以保证客户资金安全。此外，还有限制地允许支付机构以沉淀资金投资。《2009/110/EC指令》规定，电子货币机构只能将客户的沉淀资金投资于低风险且流动性较强的领域，并在与投资有关的重大事项调整时负有报告义务。欧盟将电子货币机构区别于银行金融机构，因此沉淀资金不属于存款。《2009/110/EC指令》禁止电子货币机构向客户支付利息，从而解决了利息归属争议。为进一步保障客户权益，欧盟还采取了回赎制度。在任何情况下，客户都可以要求电子货币机构偿还其虚拟账户的资金，机构无正当理由不得拒绝，也不得设置回赎资金的限制。回赎的基本原则是免费，但是在特定情况下机构可以收取一定费用，但仅限于实际成本。

对于沉淀资金的利息归属，《存管办法》并没有作出明确规定。即使规定利息归属于用户，但实际操作中也不可能把利息返还用户。沉淀资金是用户资金转移滞留形成的，每笔资金的数量和滞留时间都不相同，且网络交易中大部分人的单笔交易资金较少，单笔利息更少。如果把这些利息分别返还用户，第三方支付平台的经营成本将不可避免地上升，导致平台不得不从用户获得更多收入以保证其利润不缩水。事实上，平台中的沉淀资金所产生的利息也并没有返还用户。对于沉淀资金产生的利息，《存管办法》规定，将利息的10%计提风险准备金，其余利息则未涉及。除支付宝等大型企业外，大多数中小企业仍处于探索阶段，加之大多数支付业务都是免费提供，支付企业也需要盈利才能生存。因此，当前应保留支付企业对部分利息的所有权，同时鼓励企业拓展业务渠道，降低利息所得对企业的重要性。当企业不再依靠利息所得时，则可以进行适度调整。将部分利息归属企业所有后，应利用其余利息为客户谋福利。如以沉淀资金为保险标的投保，客户作为被保险人。当沉淀资金发生损失时，客户可以用保险金弥补损失。再如开设客户权益保障基金，当客户与支付机构发生争议时，可以用该笔资金来补偿客户支出的合理费用。

我国不允许以沉淀资金投资，以保障客户资金安全，但是数额庞大的沉淀资金不能用于投资无疑是一种浪费。随着我国监管制度的日益成熟，并参考国外实践，以沉淀资金进行有限度投资是可行的。但是立法者应当对投资范围以及投资限额作出规定。考察我国实际以及国外实践，低风险、高流动性的项目是沉淀资金的投资首选，如国债、信用评级高的企业债券、银行定期存款等。此外，还应设置保证金制度，不同于《存管办法》规定的风险准备金，保证金制度是为了在支付机构运用沉淀资金期间产生损失时，弥补客户资金损失的制度，应向央行或者其分支机构缴纳。

（四）强化信息披露义务及客户交易安全机制

在美国，有关信息披露、客户权益保护，主要规定在《诚实借贷法》和《电子资金划拨法》及其对应的 Z 条例与 E 条例中。《诚实信贷法》及 Z 条例对信用卡类消费者的权益保护作出了明确规定。如第三方支付平台负有严格的信息披露义务，并对信息披露的方式和形式作出规定。《电子资金划拨法》和 E 条例主要对第三方支付平台在支付过程中承担的法律义务作出规定，如未经用户授权发生资金划拨的，用户及时（2~60 个工作日）通知第三方支付平台，则用户承担最高 50~500 美元的损失；如果用户超过 60 个工作日未通知，则应承担更多甚至所有损失。同时，允许客户在商品存在缺陷、交货不符约定情形下，直接撤销该笔交易的权利。

在欧盟，此类规定主要体现在 2007 年制定的《支付服务指令》中。《支付服务指令》根据不同的合同类型，规定了不同程度的信息披露义务。对于一次性交易，只需提供双方权利义务、交易成本费用，以及服务状况等信息；对于框架合同交易，电子货币机构负有更为严格的信息披露义务，除基本信息外，还应提供支付服务的限制、所需的技术性要求等。如果客户在未授权交易发生之前，发现该笔交易并及时通知电子货币机构，则客户无需承担该交易产生的损失；但是如果客户在交易之后才发出通知，除非客户存在故意或重大过失，否则只承担不超过 150 欧元的法律责任。

就信息披露义务与客户交易安全问题，我国可以从以下几个方面加以完善。第一，加强信息披露。可以考虑根据不同情况设置不同程度的信息披露义务，包括支付机构发展所处阶段、业务类型、交易数额等。支付机构所处的阶段越深入、业务类型越复杂、交易数额越庞大，其所面临的风险就越高，披露义务也就越重。此外，对于与客户权益相关的事项，应进一步明确披露内容。支付机构应当就支付业务的风险、沉淀资金的投资情况、客户信息的安全保障措施等，向客户说明并提请客户注意。同时，还应规定违反义务的严格的法律责任，以保障义务的切实履行。

第二，充分保护消费者个人信息。应细化现有制度，一个重要切入点是如何使用户知情。对此，可以建立个人信息双向通知系统。实践中，第三方支付平台对于客户对自身信息的操作非常清楚，但是客户对于平台对客户信息的操作却并不知情。通过建立个人信息双向通知系统，平台对个人信息进行非本次交易操作时，将会向用户发送通知，询问用户是否允许平台进行此次操作。这种做法的目的在于保障客户对自身信息采集与处理的知情权，同时能够在一定程度上减少信息泄露的风险。此外，还应加大对泄露信息行为的惩处力度，如依据泄露个人信息的严重程度划分责任等级，并按照等级确定罚款数额。

第三，增加公益诉讼、明确归责原则。我国《民事诉讼法》只规定了侵害消费者合法权益及环境污染事件的公益诉讼。《消费者权益保护法》引入消费者公益诉讼机制，[1]在保护消费者权益方面发挥了重要作用。在公益诉讼下，由专门机构代表广大客户提起诉讼，不仅可以解决客户对诉讼时间、成本等方面的忧虑，还能够有效弥补客户在专业知识方面的欠缺。随着实践诉求的不断强化，第三方支付中的客户也应被理解为广义上的消费者。立法可以对代表客户提起诉讼的机构、举证责任的分担、胜诉利益的分配等作出具体规定。《非金融机构支付服务管理办法》及《存管办法》对于产生纠纷后的民事责任没有规定，归责原则缺失。对此，实践中的做法不一。从前文对各项归责原则的利弊分析来看，最符合实际的应当是过错推定原则。如果支付机构不能证明自己没有过错，则应承担赔偿责任。这是一种公平的风险分担机制，支付机构作为优势一方，掌握客户难以获得的大量信息，一旦客户提起诉讼声称自己权益受损，支付机构完全可以利用其优势地位举证证明自

---

[1]《消费者权益保护法》第37条："消费者协会履行下列公益性职责：……（七）就损害消费者合法权益的行为，支持受损害的消费者提起诉讼或者依照本法提起诉讼……"，从而确立了消费者公益诉讼制度。

己无过错,而不是强人所难地让客户承担举证责任。这是对《侵权责任法》中过错推定原则的延伸,对于维护弱势群体、实现社会正义具有积极意义。

(五) 完善法律责任制度

与欧美国家相比,我国立法明显存在处罚过轻甚至存在漏洞等问题。建立严格的责任追究机制,不仅是市场发展的需要,也是维护立法权威的手段。对此,可以从以下几方面加以完善:一是设置合理的处罚金额。如前所述,1万元到3万元的罚款不足以起到威慑和惩戒作用,应根据支付行业的平均发展水平提高这一金额。鉴于支付行业的复杂性,可根据违法企业的主观因素、违法行为的危害程度等设置多层次处罚。二是针对不同阶段采取不同措施。宽进严出作为欧美国家的立法原则,对我国具有一定启示。支付机构在进入市场前期,由于资本、经验等方面的不足,难免存在违反规定的情况,为体现对新兴企业的扶持,有必要适度减轻对其的处罚力度,避免对企业造成毁灭性打击。当企业进入市场一定时间后,应恢复原有的处罚力度。在企业退出市场时,因涉及客户各项权益,应实行更为严格的处罚,以防止企业逃避义务。

第四部分

互联网金融其他问题之网络虚拟货币的法律属性及其保护

第四部分　互联网金融其他问题之网络虚拟货币的法律属性及其保护

随着我国互联网技术的不断提升和网络游戏的日益普及，网络虚拟商品、虚拟服务交易急剧增多。网络虚拟货币在电子商务与网络游戏的刺激下，迎来空前发展。虚拟货币的数字化属性、交易模式的复杂性，导致虚拟货币的法律属性难以确定，实践中诸如盗窃、诈骗网络虚拟货币、大数据收集整理者权利不明确、民事救济途径不顺畅等问题频发。但我国当前规范性文件却存在诸多疏漏，导致权利人的合法权利无法得到充分保护。本部分回顾了虚拟货币的产生与发展，明确了虚拟货币的涵义与法律属性，并针对虚拟货币实践中的突出问题提出对策。

一、研究背景

虚拟货币以计算机技术和通信技术为手段，以数字化形式存储于网络或电子设备中，并通过网络系统传输实现其流通和支付功能。最初的虚拟货币是 1999 年 3 月 15 日一家名为 Beenz.com 的美国公司创造出的一种被称为 beenz（网豆）的网络货币。客户在"Beenz.com"上免费注册账户后即可得到若干"网豆"，还可以通过购物或参与公司指定的网上活动赚取"网豆"。客户所获得的"网豆"记录于自己在网站开设的账户下。客户可以在附近 200 家认可 Beenz 支付方式的电子商务网站消费。此后，该公司又与万事达卡旗下的 Modex 合作，将"网豆"与 Modex 智能卡绑定，消费者还可以在传统商店里使用存有"网豆"的智能卡。此后网络虚拟货币迅速在各国互联网领域蔓延，各种虚拟货币不断涌现，如比特币、以太币、莱特币、狗狗币等。

我国最早出现的网络虚拟货币是 2000 年中文利网（China Bounz.com）以积分形式向消费者提供的虚拟货币。2001 年，腾讯推出的 Q 币是一种在腾讯线上、线下都可以统一支付的虚拟货币。Q 币可以通过购买 Q 币卡、电话充值、银行卡充值等方式获得，Q 币可以用来支付 QQ 的所有服务，还可以购买 QQ 游戏中的道具。此后，各大网站为在虚拟货币市场抢占先机，纷纷搭建自己的支付平台，如 2003 年 10 月淘宝网推出的支付宝，2005 年 7 月易趣网推出的贝宝等。最初虚拟货币只能在互联网上购买虚拟商品，如网络游戏中的装备、服装等。随着互联网技术的不断发展，虚拟货币不再限于虚拟世界，而逐渐渗透到实际产品和服务的购买和消费上。一些网络货币完全可以在网上购买实物商品，如新浪的 U 币可以在新浪商城购买商品，百度币可以用于 MP3 收费下载，Q 币可以购买瑞星所有的在线产品。同时，还出现了专门提供虚拟货币与法定货币双向兑换的网站。由于虚拟货币日益突破网络虚拟交易的限制而渗透到实体交易之中，甚至可以与人民币双向兑换，由此产生一系列诸如盗取网络货币、侵犯客户信息记录等问题。

在诸多虚拟货币中，2009 年出现的比特币（Bitcoin）发展最为迅速，影响最为广泛，其使用范围已从互联网渗透到现实世界。有人认为，比特币的出现是对现行货币体系的巨大挑战，甚至有人称其为"未来的黄金"。但不可否认，比特币作为虚拟货币具有匿名性、支付迅速、跨境流通等特点，国家难以对其进行有效监管，从而为洗钱、非法交易、逃避外汇管制等违法行为提供了便利。2013 年 12 月 3 日，中国人民银行等五部门联合发布《关于防范比特币风险的通知》（以下简称《比特币风险通知》）指出比特币"没有集中发行方、总量有限、使用不受地域限制、匿名性"四个特点，并明确尽管比特币被称为"币"，但其不是由当局发行，不具有法偿性、强制性等货币属性，不能被视为货币，比特币最终被定性为"特定的虚拟商品"。《比特币风险通知》要求金融机构和支付机构不得开展与比特币相关的业务、防范比特币所可能产生的洗钱风险、并加强对比特币互联网站的管理。

对于虚拟货币，应当在承认权利人对其享有民事权利的前提下，对如盗窃、诈骗网络虚拟货币、大数据收集整理者权利、民事争议解决机制不顺畅等问题予以关注并提出法律对策。此外，还应对其发行、运行和退出进行宏观规制，并对诸如利用虚拟货币进行洗钱、规避外汇管制等违法行为进行防范与制约。本部分着重从微观层面对权利人对虚拟货币所享有的民事权利及其法律保护进行阐释。

二、虚拟货币的界定及法律属性

（一）虚拟货币的界定

在对虚拟货币作出界定之前，需要首先探讨与之相关的两个术语：货币与电子货币。马克思将货币定义为："一种商品变成货币，首先是作为价值尺

第四部分 互联网金融其他问题之网络虚拟货币的法律属性及其保护

度和流通手段的统一,换句话说,价值尺度和流通手段的统一就是货币。"[1]经济学家弗雷德里克将货币定义为"在产品和服务支付以及债务偿还中被普遍接受的东西。"[2]对于电子货币,巴塞尔银行监管委员会(BCBS)于1988年将其界定为一种执行支付的"储值"和预付支付机制,可用零售支付,在销售终端、电子设备和公开网络(如互联网)上流通使用。这是目前各方公认的、较权威的界定。电子货币通常有"电子钱包"和"数字现金"两种。前者如智能卡和多功能信用卡等;后者则在某种软件或网络中,由一串0、1编码和数字签名构成,要求输入正确的货币编码、密码和金额进行支付。电子货币的发行者是国家,其实质是货币的电子形式。《中华人民共和国人民币管理条例》规定,"禁止制作和发售代币票券"。尽管目前对于何谓"代币票券"并没有明确的司法解释,但诸如比特币等虚拟货币很容易被纳入"代币票券"中。2013年12月3日,中国人民银行联合四部门下发《比特币风险通知》,明确指出比特币不是货币当局发行的,不具有法偿性与强制性等货币属性,因此并不是真正意义的货币,而是一种虚拟商品。

虚拟货币被打上了现代科技的烙印,在一定程度上反映了互联网时代对诸如便利、快捷、低成本等货币支付功能的需求。但事实上,便利、快捷、低成本不是虚拟货币的特性。信用卡、网银等实际货币的电子化载体都能满足这些要求,并且这些电子化的本位货币得到了银行体系支持,更加安全和便捷。科技发展的确能推动人类社会不断进步,甚至在一定条件下改变人类社会,但任何技术都无法取代人类社会的本质属性,就像计算机无法取代人类的思维一样。[3]

(二)虚拟货币的法律属性

从我国当前立法机关和监管层发布的规范性文件来看,尽管否认虚拟货币的货币属性,但并不否认其作为一项民事权利的存在。2016年7月5日全国人大常委会公布的《民法总则》(草案)(征求意见稿)第104条创造性地将虚拟财产作为"物权"加以规定。但2016年10月31日全国人大常委会讨

---

[1] 马克思、恩格斯:《马克思恩格斯全集(第十三卷)》,中共中央马克思、恩格斯、列宁、斯大林著作编译局译,人民出版社1962年版,第113页。

[2] 弗雷德里克·S·米什金:《货币金融学》,中国人民大学出版社2013年版,第52页。

[3] 参见盛松成:"虚拟货币本质上不是货币",载http://opinion.hexun.com/2016-06-07/184276206.html,最后访问日期:2016年12月23日。

论的《民法总则》（草案）（二审稿）取消了虚拟财产作为"物权客体"的表述，改为"物包括不动产和动产。法律规定权利作为物权客体的，依照其规定。"正式出台的《民法总则》第115条延续了"物包括不动产和动产。法律规定权利作为物权客体的依照其规定"的表述；第116条规定："物权的种类和内容，由法律规定。"从征求意见稿对虚拟财产的"物权"定性到正式出台的《民法总则》删除此类表述，表明立法者对网络虚拟财产法律属性的存疑。但《民法总则》第127条规定："法律对数据、网络虚拟财产的保护有规定的，依照其规定"，却也反映了立法者将网络虚拟财产纳入民事权利，归入民法保护范围的意图。[1]目前，网络虚拟财产被视为一种民事权利，依照现有法律进行保护，至于其法律属性，则留待未来立法予以明确。

2017年9月4日，包括"一行三会"在内的七部委联合发布《关于防范代币发行融资风险的公告》[2]，再次重申代币发行融资中使用的代币或"虚拟货币"的性质：不具有与货币等同的法律地位，不能也不应作为货币在市场上流通使用。同时，对代币发行融资活动予以禁止：任何组织和个人不得非法从事代币发行融资活动；有关部门严肃查处不停止的代币发行融资活动以及已经完成的代币发行融资活动中的违法违规行为。七部门的发文主要针对代币发行融资与交易存在的多重风险而予以严格监管，而并不意味着否认网络虚拟货币的民事权利属性。

至于虚拟财产权究竟是何种民事权利，如前所述，学者观点各不相同。本书认为，虚拟财产权应被视为一种物权。随着科技的发展，物的范围在不断扩大，人们已摒弃"物仅限于有体物"的陈旧观点，电、热、声、光、气等自然力，在能够为人力控制和支配后也被列入物的范畴。虚拟财产虽然看似无形，但它是存储于服务器上一组电磁记录数据，是真实存在而非虚幻的。此外，虚拟财产的所有人对于此虚拟财产享有实际上的支配权，包括占有、使用、收益和处分四种权能。虚拟财产不仅在网络世界中具有价值，在现实世界中也同样具有价值，只要双方达成交易意愿，虚拟财产持有者可以用其进行交易并获得现实世界里的金钱或者物品。

对于虚拟财产权是物权的质疑，首先集中在虚拟财产是否被持有者实际

---

[1] http://www.npc.gov.cn/npc/xinwen/2017-03/15/content_ 2018907.htm.

[2] http://www.csrc.gov.cn/pub/newsite/zjhxwfb/xwdd/201709/t20170904_ 323047.html.

第四部分 互联网金融其他问题之网络虚拟货币的法律属性及其保护

控制。对此,学界一直存在争论,这也是有学者将虚拟财产权划为债权的主要原因之一。他们认为,虚拟财产被网络服务提供商实际控制,基于协议(或者合同)向虚拟财产持有者负有债务。最普遍的关于虚拟物品的现实是这样的:现实世界中的某人(网络虚拟空间的用户)通过注册在网络服务提供商运营的网络虚拟世界里取得特定的身份,也就是自己在虚拟世界中的化身,通过向网络服务提供商支付一定的对价获得虚拟货币据以在网游世界中娱乐或者换取高级的装备、道具等虚拟物品,或者在社交世界中交友、装扮自己的虚拟形象、互赠礼物等,或者享受诸如看电子书、看电影、听歌等其他类型的服务。不管是用现实货币购买的虚拟货币,还是在虚拟世界中获得的虚拟物品,都是保存在网络服务提供商服务器中电磁记录数据,因此从表面看起来这些虚拟财产在网络服务提供商处,但实际上可以操作和处置这些虚拟财产的只有这些虚拟财产的持有者也就是用户本人,成为何种虚拟角色、取得何种虚拟物品完全均取决于他而不是网络服务提供商,他可以不去考虑和顾及网络服务提供商的想法、按照自己的意愿任意处置自己所拥有的虚拟财产,网络服务提供商在整个过程中只是提供了一个稳定、舒适的网络空间、各种可供消费的网络服务和虚拟物品。举例说明,在电影中经常会看见类似桥段:某人出于了防盗、防火、防洪、防攻击的目的,或基于各种因素,将贵重的宝石、贵金属、货币,或重要的文件(比如各种契据或者遗嘱)寄存在金融机构等的保险箱内。按照协议约定,使用保险箱前,租用者需要支付费用,而保险箱只能用专门的钥匙、银行的主密钥、特有的签章,或者各种性质的混合密码开启,另外有些银行使用人体辨识技术加强安保。在这里被保管的财物表面上是在保管方的控制之下,但其所有权由被保管方拥有,保管行为是保管方基于合同(或协议)为被保管方有偿提供的服务。

对于虚拟财产权是物权的另一个主要的质疑是合同(或协议)的存在,这也是部分学者认为虚拟财产权是债权的原因之一。要想享受网络服务提供商所提供的虚拟网络空间,首先要签订一个关于提供网络空间和网络服务的合同(或协议),在合同(或协议)中网络服务提供商制定的相关规定需要被遵守,而网络服务提供商自身在提供服务的过程中也需要遵守相应的义务。这个合同(或协议)虽然规定了网络服务提供商向用户提供服务,但不妨碍用户通过支付对价或者通过自身在网络虚拟世界中的努力取得虚拟财产,前者的服务内容或许是在确定的范围内的,但后者虚拟财产是具有不确定性的,完全取决于用户的意愿，因此认为虚拟财产仅仅是用户享有要求网络服务提供商提供服务的请求权、是一种债权凭证，显然是片面的，容易忽略虚拟财产本身独立于合同的价值。

（三）基于虚拟货币等虚拟财产而产生的大数据收集整理者的权利

如果诸如虚拟货币等虚拟财产的物权属性能得以确定，网络游戏、大数据等行业将都将获得更广阔的发展空间。长期以来，我国大数据交易面临着尴尬：虽然通过分析用户数据可以创造更大价值，但淘宝等网络平台并不能光明正大地利用用户数据进行二次开发和循环利用；而如果网络平台私自利用用户数据进行二次开发和利用，所产生的价值也"跟用户没有关系"。这正是当前我国大数据产业发展的难题。由于对数据的权属并无详细规定，所以数据的二次开发和衍生数据的价值权属也非常模糊，造成虽然用户在享受网络服务时所产生的数据有其独特价值，但企业、政府并不能合法地二次开发和利用这些数据，用户也无法获得自己的数据所产生的价值。

国家发改委的一份关于推动大数据交易发展的报告显示，大数据产业发展面临几大难题：首先就是数据权利类型没有明确，无法确定该适用所有权法、产权法、知识产权法哪种法律；其次是数据权利主体究竟属于数据生产者（个人、企业、政府）还是数据持有者（企业、政府）存在争议；再次是数据的控制和使用权利界限不明，如何分离尚不明晰；最后是数据通过互联网非常容易复制，权属保护很困难。

如果物权属性得以确认，那么衍生数据和数据的二次开发所产生的价值应当属于数据整理收集者，承认数据的知识产权也能够更为有效地保护数据整理、分析者的利益。同时，个人用户也可以要求分成。举例而言，如果淘宝等平台上的用户数据被拿来二次利用，产生的增值收入个人用户有权要求获得分成。

在明确虚拟财产的法律属性后，即能更有效地应对实践中对虚拟财产的一系列侵权甚至盗取行为，以保护虚拟财产权利人的合法权益，并针对虚拟货币的特殊性设计有效的救济路径。

三、我国虚拟货币实践中的突出问题及对策

（一）对"盗窃""诈骗"用户虚拟货币行为法律规制的不足及对策

瑞星和网游网曾联合发布一份针对网络游戏安全的调查报告。调查涉及

第四部分　互联网金融其他问题之网络虚拟货币的法律属性及其保护

全国3.1万玩家、32家网络游戏公司以及4560家网吧。报告显示，61%玩家的虚拟物品与装备经常被盗，盗窃网络虚拟财产和虚拟货币已成为严重危害我国互联网络安全和秩序的行为。[1]

理论上讲，盗窃网络虚拟财产行为符合盗窃罪的构成要件。此类行为对象是网络虚拟财产，如游戏ID、金币等；客观表现为行为人通过木马程序盗取他人账号、密码，通过入侵他人电脑或者拦截他人数据，或者在现实中通过不正当手段获取他人的信息等手段，占有他人网络虚拟财产。此类行为主要通过对程序和数据等无形信息进行操作，具有一定隐蔽性，符合"秘密窃取"要件。

此外，"诈骗"虚拟财产也符合诈骗罪的构成要件。从客观行为来看，行为人的诈骗方式一般包括：冒充游戏运营商或虚拟货币发行人公司工作人员，采用信息提示的方式，骗取网络虚拟货币使用人的账号、密码；在相关的第三方交易平台上发布虚拟货币交易的虚假信息，诱使他人与其进行交易；网络高手利用网络游戏的漏洞，将虚拟货币复制，然后将其复制的虚拟货币出售获利。QQ游戏、热血传奇以及奇迹等游戏都出现过游戏装备被复制的事件，实际上这种以虚构事实或者隐瞒真相的方法骗取虚拟财产或虚拟货币的行为是符合诈骗罪的客观构成要件的。[2]

但实践中，尽管有"盗窃""欺诈"之实，却无法以"盗窃罪""欺诈罪"追究行为人的法律责任。《刑法》第92条规定，"本法所称公民私人所有的财产，是指下列财产：（1）公民的合法收入、储蓄、房屋和其他生活资料；（2）依法归个人、家庭所有的生产资料；（3）个体户和私营企业的合法财产；（4）依法归个人所有的股份、股票、债券和其他财产。"据此，财产犯罪的犯罪对象应当是我国《刑法》第92条所规定的财产，因此在刑事司法中以"盗窃罪"或者"诈骗罪"追究行为人的法律责任，而只能以诸如"破坏计算机信息系统罪"等罪名来进行定罪量刑，导致量刑过轻，违法成本过低。

1986年制定的《民法通则》规定："公民的个人财产包括公民的合法收

---

[1] 参见皮勇、张晶："论盗窃网络虚拟财产行为的性质——以网络虚拟财产的法律属性为视角"，载《信息网络安全》2006年第10期。
[2] 参见苏宁：《虚拟货币的理论分析》，社会科学文献出版社2008年版，第240页。

入、房屋、储蓄、生活用品、文物、图书资料、林木、牲畜和法律允许公民所有的生产资料及其他合法财产。"对于何谓"其他合法财产",法律并未作出明确解释。2004年修改《中华人民共和国宪法》,将"公民合法的私有财产受到保护"写入宪法,这一"合法的私有财产"的概括性规定,为民法对财产的解释提供了极大空间。2000年12月28日全国人大常委会通过的《关于维护互联网安全的决定》第4条规定:"为了保护个人、法人和其他组织的人身、财产等合法权利,对有下列行为之一,构成犯罪的,依照刑法有关规定追究刑事责任……利用互联网进行盗窃、诈骗、敲诈勒索"及第6条的规定:"……利用互联网侵犯他人合法权益,构成民事侵权的,依法承担民事责任。"其对网络虚拟财产没有明确但也未否定,从而也对网络虚拟财产的扩大解释提供了空间。

对此,美国、德国、韩国等国在虚拟财产的法律保护上走得更深。从美国法院的相关判例可以发现,无论是将网络虚拟财产认定为"私人领地"还是视其为"动产",美国的司法机构和法官都是将其作为民法上的"物"来进行保护的。这是在现有法律没有规定的情况下,由法官通过扩展现有法律的适用范围,解释相关法律的适用条件或者延续传统法律的相关原则的办法来解决这些新问题的。

2010年11月1日,美国俄克拉荷马州通过一项法律,将上传的数字相片、往来的电子邮件等虚拟财产纳入遗嘱执行范围。在德国,数字遗产是按照普通继承财产统一管理的,在认证有金钱价值时,在死者死后10年内,其数字遗产的财产权都受到法律保护。韩国则直接将虚拟财产认定为财产,属于物权法上的"物",具有物的属性。因此,在韩国法律中,虚拟财产的性质与银行账号中的财产本质上并无差别。

2016年6月27日,我国首次提请十二届全国人大常委会第二十一次会议审议的《民法总则》(草案)第103和104条规定,民事主体依法享有物权,法律规定具体权利或者网络虚拟财产作为物权客体的,依照其规定;第108条第2款规定,民事主体依法享有知识产权,同时列举了作品、专利、商标等9种客体,其中包括"数据信息"。尽管上述条款没有被立法机关最终通过,但其对虚拟财产"物权"客体的描述,以及将"数据信息"纳入知识产权保护范畴的做法,无疑将开启对虚拟财产专门立法保护的序幕。

第四部分 互联网金融其他问题之网络虚拟货币的法律属性及其保护

(二) 当前民事争议解决机制对虚拟货币争议适用性不强及对策[1]

对于网络虚拟货币争议的解决,尽管可以沿用当前争议解决机制,但鉴于虚拟货币的特殊属性,当前解决机制在适用过程中难免出现问题。

首先,现有的举证责任的分担机制不利于客户。在"谁主张,谁举证"的举证原则下,原告如果不能提供支持自己主张的证据,就要承担不利的诉讼后果。在网络游戏环境下,大多数客户所用的注册资料都是不真实的,在这种情况下,不仅要证明自己 ID 的真正主人,还要证明丢失的网络虚拟财产的种类、数量等,显然极其困难。此外,网络虚拟财产的运营和交易始终是动态进行的,网络虚拟财产失去以后,客户很难以再去寻找有关痕迹,要证明自己的合法所有权也就更难。其次,网络虚拟财产的价值较难确定。目前网络虚拟财产价值的评估、计算没有统一标准,纠纷发生后很难得到公平赔偿。最后,网络虚拟财产案件在证据确认上难以适用现有的证据规则。从本质上讲,网络虚拟财产不过是存储在电脑当中的一组数据,它的特点就是可以无限复制。另一方面,由于游戏服务器是无时无刻不处于高速运动状态,这就给证据的固定带来了极大困难。而网络虚拟财产一旦消失或者被运营商删除,再去找与案件相关的证据也不容易。《民事诉讼证据的若干规定》第 90 条明确规定,下列证据不能单独作为认定案件事实的依据:"(五) 无法与原件、原物核对的复印件、复制品。"就网络虚拟财产而言,原被告双方提供的以网络虚拟财产本身、图片、截图等为表现形式的证据,原件和复制品是很难加以区分的。显然,网络虚拟财产案件在证据确认上难以适用现有的证据规则。对此,立法或司法解释亟需对现有证据规则有所突破。

对此,可以采取以下对此。首先,对于虚拟财产价值的认定,建议采取以下几种方式:(1) 组成一个由相关行政主管部门、游戏开发商、游戏玩家等共同参与的机构,制定一套虚拟财产的认定和评估体系。(2) 通过计算社会必要劳动时间计算虚拟财产的价值,虚拟财产的取得必须是玩家经过一定的劳动而取得的,通过游戏高手以及运营商的合作共同计算出虚拟财产的社会必要劳动时间来确定其价值。(3) 根据玩家的投入成本计算出具体虚拟财产的价值,其中玩家必须出示合法的具有说服力的证明。其次,对于网络游戏中的举证困难,司法中应明确界定举证责任的分配。鉴于网络公司与网吧

---

[1] 参见吕照军:"网络虚拟财产的民法保护",载中国法院网。

共同控制着网络中的一些重要信息,而网民或游戏玩家不能实际控制这些信息,这种信息不对称使网民或游戏玩家处于弱势地位。从民法的公平原则出发,应侧重保护弱者的合法利益,在实践中可采用过错推定,实行举证责任倒置。就现阶段而言,由于没有相关法律可以适用,可以司法解释的形式作出具体规定。

四、结论

随着互联网技术的日益提升,以及互联网经济的迅猛发展,虚拟世界与现实世界之间的界限越来越模糊。在这一趋势下,虚拟货币的使用范围将会不断扩大,其较现实货币和电子货币的优势将进一步显现,价值也将进一步凸显。虚拟财产虽依赖于网络环境,然而经过流通其最终会转化为现实经济利益,于此期间所产生之经济纠纷亦不可避免地会影响现实的社会秩序。因此,出于对权利人合法权益的保护,也出于适应互联网经济的发展需求,法律亟需对虚拟货币进行有效规制。在对其法律属性、法律地位予以明确的前提下,针对实践中围绕虚拟货币而发生的一系列问题进行有效应对。当然,还应从监管体制上进行专门化的制度设计,以保障和支持虚拟货币的合理发展。

参考文献

一、中文参考文献

1. ［印］阿马蒂亚·森：《理性与自由》，李风华译，中国人民大学出版社 2012 年版。
2. 巴曙松等：《中国网络支付安全白皮书：网络支付结构创新与风险治理》，中国发展出版社 2014 年版。
3. 白江："我国股权众筹面临的风险与法律规制"，载《东方法学》2017 年第 1 期。
4. 白云：《个人信用信息法律保护研究》，法律出版社 2013 年版。
5. 卜亚、印梦婷："P2P 网络借贷行业自律：理论模型与跨国经验"，载《金融监管研究》2018 年第 8 期。
6. 陈益青："行业演变中我国 P2P 借贷平台的法律性质认定"，载《金融法苑》2013 年第 12 期。
7. 冯果、蒋莎莎："论我国 P2P 网络贷款平台的异化及其监管"，载《法商研究》2013 年第 5 期。
8. 何欣奕："股权众筹监管制度的本土化法律思考——以股权众筹平台为中心的观察"，载《法律适用》2015 年第 3 期。
9. 何欣奕："民商法视域下 P2P 网络借贷平台法律问题思考——以涉及到的主要法律风险与合同类型为中心的观察"，载《法律适用》2015 年第 5 期。
10. 胡金焱、李建文："信贷市场存在行业歧视吗——以 P2P 网络借贷为例的研究"，载《财贸经济》2019 年第 7 期。
11. 黄小强："P2P 借贷服务业市场发展国际比较及借鉴"，载《金融与经济》2013 年 12 期。
12. 黄余送："网络借贷与互联网征信"，载《征信》2015 年第 5 期。
13. 雷阳、黄卓："征信体系是 P2P 回归信息中介的关键"，载《理论研究》2016 年第 4 期。
14. 李爱君："民间借贷网络平台的风险防范法律制度研究"，载《中国政法大学学报》

2012 年第 9 期。

15. 李莉莎：《第三方电子支付法律问题研究》，法律出版社 2014 年版。
16. 李永升、胡冬阳："P2P 网络借贷的刑法规制问题研究——以去了近三年的裁判文书为研究样本"，载《政治与法律》2016 年第 5 期。
17. 李真："P2P 网贷信用征信：金融分析与法律建构"，载《当代经济管理》2015 年第 7 期。
18. 刘然："我国 P2P 网络借贷平台的法律性质"，载《法学杂志》2015 年第 4 期。
19. 马梅等：《支付革命：互联网时代的第三方支付》，中信出版社 2014 年版。
20. 牛贝贝等："社交信息能用于个人信用风险评估吗？——来自 P2P 平台的证据"，载《管理现代化》2019 年第 5 期。
21. 彭冰："P2P 网贷监管模式研究"，载《金融法苑》2014 年第 2 期。
22. 彭冰："P2P 网贷与非法集资"，载《金融监管研究》2014 年第 6 期。
23. 彭冰："非法集资行为的界定——评最高人民法院关于非法集资的司法解释"，载《法学家》2011 年第 6 期。
24. 彭冰："股权众筹的法律构建"，载《财经法学》2015 年第 3 期。
25. 曲君宇："我国股权众筹中的投资者权益保护"，载《西南金融》2018 年第 4 期。
26. 孙艳军："基于 P2P 金融模式变异法律性质之论证构建其监管模式"，载《中央财经大学学报》2016 年第 3 期。
27. 谭天骄、李亘："P2P 网络借贷平台风险预警研究"，载《金融与经济》2019 年第 8 期。
28. 汤媛媛："贷款保证保险合同法律问题研究"，载《行政与法》2013 年第 4 期。
29. 仝凌云等："P2P 网络借贷平台信用风险识别研究"，载《金融理论与实践》2019 年第 10 期。
30. 王超："互联网保理理财产品的法律分析与监管应对"，载《西南金融》2016 年第 8 期。
31. 王培成、张威："肃整互联网金融"，载《财经》2016 年第 12 期。
32. 魏琼、吕金蓬："论我国股权众筹市场准入条件的设置"，载《西南金融》2015 年第 9 期。
33. 吴景丽："P2P 网贷中的担保、保理、配资和对赌问题"，载《人民司法》2016 年第 7 期。
34. 谢远扬："信息论视角下个人信息的价值——兼对隐私权保护模式的检讨"，载《清华法学》2015 年第 3 期。
35. 辛欣："境外股权众筹的发展与监管简述"，载《清华金融评论》2015 年第 3 期。
36. 邢会强："P2P 网络借贷规制的证券法方案"，载《上海大学学报》（社会科学版）

2018 年第 3 期。

37. 徐明："第三方支付的法律风险与监管"，载《金融与经济》2010 年第 2 期。
38. 许明、王珊珊："第三方支付市场发展与监管问题研究"，载《人民论坛》2013 年第 5 期。
39. 杨波："应收账款质押融资难"，载《中国金融》2016 年第 13 期。
40. 杨超："探析发展我国 P2P 保险的路径与策略"，载《金融发展研究》2018 年第 8 期。
41. 杨东、黄尹旭："合理监管——促进中国式股权众筹发展"，载《中国社会科学报》2015 年 3 月 4 日 A07 版。
42. 姚海放："网络平台借贷的法律规制研究"，载《法学家》2013 年第 5 期。
43. 叶文辉："P2P 网络借贷风险与监管对策研究——对近期 P2P 平台集中爆发风险事件的思考"，载《金融与经济》2018 年第 10 期。
44. 叶正欣、万波主编：《商业保理法律实务与案例》，复旦大学出版社 2016 年版。
45. 张芬、吴江："国外互联网金融的监管经验及对我国的启示"，载《金融与经济》2013 年第 11 期。
46. 张富强、李梦露："完善互联网金融税收立法的思考"，载《法治论坛》2014 年第 4 期。
47. 赵增强："互联网金融及其风险防控"，载《税务与经济》2018 年第 1 期。
48. 郑志来："P2P 网络借贷演化背景下问题平台成因与路径重构"，载《学术论坛》2019 年第 4 期。
49. 周灿："我国股权众筹运行风险的法律规制"，载《财经科学》2015 年第 3 期。
50. 网贷天眼：https://www.p2peye.com/。
51. 网贷之家：https://www.wdzj.com/。
52. 网贷中心：http://www.wdzx.com/。

二、英文参考文献

53. Akindemowo Eniola, "Recalibrating Abstract Payments Regulatory Policy: A Retrospective After the Dodd-Frank Act", *Kansas Journal of Law & Public Policy*, Vol. 21, No. 1, 2011.

54. Andrew Verstein: "The Mis-regulation of Person-to-Person Lending", *UC Davis Law Review*, Vol. 45, No. 2, 2011.

55. Claxton, N., "Progress, Privacy, and Preemption: a Study of the Regulatory History of Stored-Value Cards in the United States and The European Union", *Arizona Journal of International & Comparative Law*, Vol. 28, No. 2, 2011.

56. Colin Rule, Larry Friedberg, "The Appropriate Role of Dispute Resolution in Building Trust Online", *Artifical Intelligence Law*, Vol. 13, No. 2, 2005.

57. E Lee, B Lee, "Herding Behavior in Online P2P Lending: An Empirical Investigation", *Electronic Commerce Research & Applications*, Vol. 11, No. 5, 2012.
58. Edoardo D'Ippolito, Matteo Musitelli, Antonella Sciarrone Alibrandi: "Protecting Crowdfunders, Is a MiFID-Mimicking Approach Appropriate?", *European Company Law*, Vol. 13, No. 1, 2016.
59. Francis J. Facciolo, "Unauthorized Payment Transactions and Who Should Bear the Losses", *Chicago-Kent Law Review*, Vol. 83, 2008.
60. Gregor N. F. Weiss, Katharina Pelger, Andreas Horsch, "Mitigating Adverse Selection in P2P Lending-Empirical Evidence from Prosper.com", *SSRN Electronic Journal*, 1 Aug 2010.
61. Jeremy Michels, "Do Unverifiable Disclosures Matter? Evidence from Peer-to-Peer Lending", *The Accounting Review*, Vol. 87, No. 4, 2012.
62. Mann, R. J., "Regulating Internet Payment Intermediaries", *Texas Law Review*, Vol. 82, No. 3, 2004.
63. Mohammed Jamal Uddin, Giuseppe Vizzari, Stefania Bandini, Mahmood Osman Imam, "A Case-based Reasoning Approach to Rate Microcredit Borrower Risk in Online Kiva P2P Lending Model", *Data Technologies and Applications*, Vol. 52, No. 3, 2018.
64. OECD. Report on Consumer Protection in On line and Mobile Payments, http://www.oecd-ilibrary.org/.
65. Peter C. Tucker., "The Digital Currency Doppelganger Challenge or Harbinger of The New Economy", *Cardozo Journal of International and Comparative Law*, Vol. 17, No. 3, 2009.
66. Phoebus Athanassiou, N. Mas-Guix., "Electronic Money Institutions-Current Trends, Regulatory Issues and Future Prospects", *European Center Bank Legal Working Paper*, 2008.
67. Rainer Lenz: "Peer-to-Peer Lending: Opportunities and Risks", *European Journal of Risk and Regulation*, Vol. 7, No. 4, 2016.
68. Seth Freedman, Ginger Zhe Jin, "Do Social Networks Solve Information Problems for Peer-to-Peer Lending? Evidence from Prosper.Com", *NET Institute Working Paper*, 2008.
69. Seth Freedman, Ginger Zhe Jin, "The information value of online social networks: Lessons from peer-to-peer lending", *International Journal of Industrial Organization*, 2017.
70. Sugiura, Nobuhiko, Translated by Jean J. Luyat, "Electronic Money and the Law: Legal Realities and Future Challenges", *Pacific Rim Law & Policy Journal*, Vol. 18, No. 3, 2009.
71. Sven C. Berger, Fabian Gleisner: "Mergence of Financial Intermediaries in Electronic Markets: The Case of Online P2P Lending", *Business Research Journal*, Vol. 2, No. 1, 2009, pp. 39-65.
72. Uriel S. Carni: "Protecting the Crowd through Escrow: three ways that the SEC Can Protect Crowdfunding Investors", *Fordham Journal of Corporate & Financial Law*, Vol. 19, 2014, p. 681.

73. Yuliya Komarova Loureiro, Laura Gonzalez, "Competition against Common Sense: Insights on Peer-to-Peer Lending as a Tool to Allay Financial Exclusion", *International Journal of Bank Marketing*, 2015.

后　记

　　本书是作者主持的国家社科基金一般项目"创新与监管博弈视野下我国P2P网络借贷平台公司的法律规制"的最终研究成果。2014年，在获批国家社科基金一般项目之后，作者赴韩国首尔大学法学院访学，因此又多了一些酝酿与思考的时间。回国之后，便将此前在国内外收集与整理的资料进行重新梳理，在厘清问题点的基础上，设计研究方法与研究路径，在研究与摸索中形成了一个较为系统的研究框架，这也是本书基本结构的雏形。

　　最初申请课题之时，P2P网贷尚属新生事物。作为一种普惠金融模式，P2P网贷便利了那些亟需资金而又无法通过正规金融获得融资的个人与小微企业，一系列文件也都将其称为正规金融的有益补充。但是，随着P2P网贷问题频发、风险凸显，监管者的态度也逐渐发生变化。当风险有可能突破边界，监管者对P2P网贷的态度则从趋严监管转变为基本否定。尽管当前规范性文件只是强调不合规的P2P网贷平台退出或者转型，但实践中各地往往对P2P网贷平台采取一刀切的措施。实际上，P2P网贷本身并无过错，而只是运行不规范与监管不到位的问题。实践需求推动制度创新，制度创新挑战政府监管。在监管制度不断完善的情况下，P2P网贷平台与网贷业务应被认可，并给予其在法治框架下的发展空间。

　　在这几年的研究中，作者更深刻地体会到一项制度创新的诞生与发展与宏观政策环境紧密相关。在我国的特定背景下，在持续几年的追踪研究中，作者将P2P网贷研究置于一个特定的时空框架之中，并赋予P2P网贷研究以特殊意义。

　　本书得以顺利完稿和出版，要感谢我的研究生们。他们协助我收集、整理了国内外各类文献资料。资料繁多，浩如烟海，但他们依然不辞辛劳，与我一起度过了积累与思考期。他们是苏诗琼、郑媛、张怡、张园园、龙晓莉、

后　记

卢靖娟、刘煦……当然，协助我工作的研究生还有很多，在此对他们一并表示感谢。感谢中国政法大学出版社的魏星和刘振海老师、北京大学出版社的郎志广老师，是他们的帮助，才使本书得以顺利出版。

感谢我在北京大学法学院求学时期的各位老师，杨紫烜教授、刘瑞复教授、盛杰民教授、吴志攀教授、甘培忠教授、张守文教授和刘剑文教授。在他们的教导下，我逐步形成了系统的法学思维，掌握了多元的法学研究方法。

感谢对外经济贸易大学法学院和各位同事。贸大法学院求真、求实、和谐的氛围，学校和学院所提供的各类文献资料与数据库，丰富多样的学术活动，以及同事之间对学术问题的探讨与交流，都为本书的完成提供了非常有益的支持。

还要感谢我的家人。感谢我父母，是他们把我引入了法学领域。感谢我的先生刘凯博士，他对新生事物的把握与分析，对我的研究起到了非常重要的作用。当然，我的两个孩子并没有在我工作的时候过多打扰我，反而是自主学习，对此我也深感欣慰。

最后，感谢一切关心我的人，谢谢您们！

赵　玲

2020 年 11 月 5 日于惠园